本书由湖南科技学院、湖南省佛教协会、阳明山国家森林公园管理局合作出版。

湖南省社会科学普及基地项目

阳明山文化研究

圣辉 陈弘 主编

中国社会科学出版社

图书在版编目(CIP)数据

阳明山文化研究／圣辉，陈弘主编. —北京：中国社会科学出版社，
2014.8

ISBN 978-7-5161-4618-7

Ⅰ.①阳… Ⅱ.①圣…②陈… Ⅲ.①山—文化—研究—湖南省
Ⅳ.①K928.3

中国版本图书馆 CIP 数据核字(2014)第 171610 号

出 版 人	赵剑英	
责任编辑	韩国茹	
责任校对	王佳玉	
责任印制	王炳图	

出　　版	中国社会科学出版社	
社　　址	北京鼓楼西大街甲 158 号 （邮编100720）	
网　　址	http：//www.csspw.cn	
	中文域名：中国社科网　010-64070619	
发 行 部	010-84083685	
门 市 部	010-84029450	
经　　销	新华书店及其他书店	

印　　刷	北京君升印刷有限公司	
装　　订	廊坊市广阳区广增装订厂	
版　　次	2014 年 8 月第 1 版	
印　　次	2014 年 8 月第 1 次印刷	

开　　本	710×1000　1/16	
印　　张	15	
插　　页	2	
字　　数	225 千字	
定　　价	45.00 元	

编 委 会

神秘、神奇、神圣的阳明山

——在阳明山文化研讨会上的讲话

圣　辉

　　今天是个非常吉祥的日子。我们省里很多有名的学者、教授汇集在舜文化、楚文化、瑶文化的发祥地之一——永州，参加由湖南科技学院主办的阳明山文化研讨会，实在是因缘殊胜，得未曾有。在这开幕式上，我谨代表湖南三湘四水的佛教弟子，对研讨会的成功举办表示热烈的祝贺！

　　阳明山文化研讨会应该来讲是第一次，但是阳明山的很多重大的活动举行了很多次，我就参加过两次。阳明山，在这五六年，我来得比较多，第一次我是为了永州高山寺的恢复问题到永州来的。大家知道，我们湖南跟江西自六祖慧能之后，是传播佛教南宗顿悟法门的主要地域，并衍演成了一句俗语，叫作"走江湖"。实际上这个"走江湖"原义是体现了湖南和江西在中国佛教史上的地位和品位。因为六祖慧能以后，在湖南跟江西形成了一个禅宗网络。禅宗网络在湖南有永州的高山、衡阳的衡山、衡南的岐山、益阳的药山、常德的德山、石门的夹山、宁乡的沩山，这些山都是祖师道场，是祖庭。永州双牌的阳明山，到明朝的时候秀峰禅师开创了万寿寺，在山中修行，并留下了真身舍利。几百年来由于秀峰禅师的感召力，阳明山更加庄严神圣。几年前在万寿寺又一次修复开光的时候，是我来主法的。还有一次阳明山举办的杜鹃花节，也请我参加了。所以对阳明山我是很有感情的，而且我救灾也到过阳明山。我第一次来的时候，新公路还没修通，走老路，非常险峻，陪同我的人跟我讲，尽管阳明山老公路很险峻，由于阳明山很有灵气，所以老公路从来没有出过事故。

阳明山确确实实很美，美在什么地方？我认为就是美在山水秀丽，美在人文深厚，美在历史悠久和生态和谐！正是由于山水秀丽、人文深厚、历史悠久和生态和谐，从而形成了阳明山的特色，这个特色就是神秘、神奇、神圣；集大气、灵气、和气于一身的自然天成。

对于阳明山，今天我们在研讨它的时候，我觉得最值得我们赞叹的，也值得万幸的，就是阳明山没有像其他名山一样，还保持了它的原始生态的纯净。现在很多名山被开发了，有的开发可以讲不是科学地开发，而是破坏性地开发，什么一个又一个的星级宾馆，一栋又一栋的水泥房子，与宁静的青山绿水争夺空间，实在是怪怪的，把自然原始的生态和谐的环境破坏了。所以今天我们举行阳明山文化研讨会，刚才从苏书记的介绍中也提到了，阳明山要作为旅游胜地的品牌，而要形成品牌，这里面就涉及开发的问题。

首先，我个人认为，阳明山以前还没有大规模地开发过，所以它是一片净土，如何保护好阳明山这片净土，通过文化的宣传，使它更好地体现自己山河秀丽、自然优美、生态和谐的真善美的内涵，让阳明山成为社会大众的精神家园，我觉得保护好阳明山的原始自然生态，就是最好的开发。所以不要一说开发就是建高房子、搞旅游区、办酒店。

我的第二点意见，就是必须坚持阳明山就是阳明山，不要一下子跟这个比，一下子跟那个比，必须坚持阳明山就是阳明山，没有什么可比性。就算有可比性的话也是各有千秋。阳明山在永州，它就是一座山美、人美、水美，神圣、神奇、神秘，大气、灵气、和气的大山，这么丰富的内涵还不够吗？还要去比什么、攀援什么？有时候比来比去反而失去了它的本地风光，没有了它的原汁原味。

　　第三点，就是要很好地挖掘阳明山的大气文化，所以讲阳明山大气，就是阳明山的超越性和包容性。给阳明山带上或儒、或佛、或道的标签，都不全面，只有超越了这些标签才能体现出阳明山的大气。我看了一些论文，有的说它是佛教的名山，因为阳明山出了秀峰禅师，而且还修成了肉身；有的论文说阳明山是道教，因为先有道，后有佛；有的论文说阳明山是以大儒王阳明先生的名字命名，所以是儒教名山。我觉得这些论文都讲得有道理，但这些道理没有讲彻底，没有讲透，所以不全面。因为讲秀峰禅师，尽管修成了肉身菩萨，但他不过就是几百年的历史。而舜帝在永州，难道他就没有到过阳明山？史载我们那个舜帝的弟弟象，就锢禁在阳明山的腹地。所以讲阳明山的文化不但有宗教文化、儒家文化，更应该有始祖文化。还有柳宗元被贬到永州，他与阳明山的关系也要很好地研究……

　　尤其从近代来讲，为什么蒋介石败退到台湾要把那个"草山"改成"阳明山"，从而使海峡两岸各有一个阳明山？因为对于阳明山，历史上的解释，就是阳出山明。阳出山明，即是说，在一天中，太阳一出来，整个山就明亮起来了，百鸟争鸣，百花齐放，生气勃勃！所以阳明山的明亮，代表一种生命力，一种更新，一种自新。蒋介石败退到台湾之后，是否也考虑过自新，当然这是对传说的联想而已。但有一点可以肯定，我们湖南是人杰地灵的地方，蒋介石败退到台湾后，不但把台湾草山改成了阳明山，而且他在台湾还设立了衡山指挥所。这可以假设蒋介石败退台湾后，不但想自新而且还有怀旧的意思。因为在抗日中，国共两党团结合作，抵抗日寇的入侵，他到湖南来过好几次；而且抗日战争的几次大会战，只有我们湖南打了几次胜仗。有一位很有品位的先生和我讲过，整个抗日战争中，只有湖南跟广西没有出过汉奸。

　　再者，明朝的大儒王阳明是宋明理学的重要人物，又是军事家、文学家，还自命为宋明理学的正统继承人。所以他的名字叫阳明，我个人认为实际上表达了他对复兴中国文化的担当精神和使命感。

　　所以名为阳明山——是古往今来，人们对祖国山河的一种真诚向往和赞美；

　　所以名为阳明山——是海峡两岸的人民热爱祖国的一种情怀；

所以名为阳明山——不管它是永州的阳明山还是台湾的阳明山，代表了中国文化的一种根，代表了一种精神。

阳明山就是阳明山，是大气的，它能包容一切！在阳明山，你要是儒教的学人，经过山水的养育，定能成为圣贤；你要是道教的道士，经过春夏秋冬的自然轮回，定能成为高道；你要是佛教的僧人，经过灵气的滋润，定能开悟成为祖师；你要是凡夫俗子，经过宁静致远的熏陶，定能脱俗高尚；你要是心底浮躁不安，经过山风的吹拂，定能心旷神怡，得到心灵的净化……

悠悠阳明山，源远流长，既神秘又神奇更神圣，所以我们要保护它、热爱它、时刻向往它。

最后很对不起，因为我不能像那些专家学者一样讲得头头是道，我是有什么就讲什么，讲得不对，请各位领导、各位专家学者批评指正。

（作者系中国佛教协会副会长，湖南省佛教协会会长，麓山寺方丈）

发挥高校科研资源优势　做好永州地方文化研究

——在阳明山文化研讨会上的讲话

陈　弘

　　非常欢迎各位莅临湖南科技学院，由于你们的到来，使得我们这所大学见识更广阔，学术氛围更浓厚。

　　湖南科技学院位于永州这所历史文化名城，有着丰厚的人文底蕴和文化积淀，是文人墨客的神往之地。舜帝是我国第一部史书《尚书》开篇所记的核心人物，在永州这块神奇的土地上，留下了众多的舜帝为民服务的动人故事，留下了不少文人骚客朝拜九嶷山的幽怨、怀念和美好的赞誉；"唐宋八大家"之一的柳宗元在永州谪居 10 年，寄情于永州山水，写出了名扬千古的《永州八记》、《捕蛇者说》、《江雪》、《渔翁》等名篇佳作；理学开山周敦颐"出淤泥而不染，濯清涟而不妖"的莲之品格成为仁人志士修身励志的一道标杆；怀素草书的狂放不羁、"女书"的神秘莫测及以千家峒为代表的瑶文化等等，都是中华文化史上不可多得的瑰宝。近年来，学校注重内涵式发展，先后成立了舜文化研究基地、柳宗元研究所、濂溪研究所等科研机构，发挥高校科研资源优势，做好地方文化研究，不断加强与永州区域经济、文化的对接。

我们举行这次"中国·永州阳明山文化研讨会",是根据市委陈文浩书记的提议,学校以永州历史文化研究作为切入点,是为地方文化教育、社会经济发展服务的一次有益的探索和尝试。

阳明山是永州的一张文化名片。阳明山最早是道教场所,始于王真人,并在元初被赐额"万寿宫";明嘉靖间秀峰禅师,禅定于此,改名为"万寿寺";后因王阳明而改为"阳明山"。迄今阳明山已成功举办七届"永州市阳明山文化节",是一座儒佛兼备、山水秀美的文化名山。我们通过邀请国内外在历史文化领域有广泛影响和学术地位的专家学者来到湖南科技学院,不仅深化了永州历史文化的研究,而且进一步推动了大学的内涵建设。

我们衷心地希望这次研讨会取得圆满成功!同时更重要的是,希望通过这次研讨,加强我们彼此之间的学术交流和友好往来。诚挚地希望各位领导、各位专家学者常到我们这里来走一走、看一看,为共同建设好湖南科技学院,共同为永州这块宝地更好的发展作出我们集体的贡献。

祝大家身体健康,在永州快乐,谢谢大家!

（作者系湖南科技学院院长、校党委副书记）

序三

阳明天下秀 文化九州同

——在阳明山文化研讨会上的讲话

石艳萍

　　在这新旧轮替的年关时节，在这气候渐冷的寒冬季节，你们不辞旅途奔波之苦，远道而来，相聚在这潇湘故里的永州古城，相聚在这潇水之滨的湖南科技学院，就我市的阳明山文化进行专题研讨，这不仅是一种缘的牵引，更是一种文化的担当。你们的莅临，令我们深受感动和鼓舞。在此，请允许我代表中共永州市委、永州市政府对研讨会的成功召开表示最热烈的祝贺，向莅临研讨会的圣辉大师、各位专家学者表示最诚挚的欢迎和感谢！

　　永州虽地处湘楚边陲，但文化资源异常丰厚，如九嶷山的舜文化、零陵古城的柳子文化、怀素草书文化、祁阳浯溪的摩崖碑刻文化、道州濂溪的理学文化、世界独特的女书文化、神奇深睿的阳明山文化等，如一朵朵绚丽奇葩开放在潇湘大地上。

　　尤其是阳明山文化，非常值得发掘和研究。这主要表现在：

　　一是地理位置的独特。它处在道江盆地与零祁盆地的要冲，南北文化在这里交融、交汇、错杂、冲突与碰撞，使其形成了一种独有的文化现象——这就是"和"。目前，阳明山的"和文化"节已成功举办了七届，已成为两岸四地的一个重要文化活动。

二是自然山水的优美。阳明山之美，唐代柳宗元于《游黄溪记》这样记载道："北之晋，西适豳，东极吴，南至楚、越之交，其间名山水而州者以百数，永最善。环永之治百里，北至于浯溪，西至于湘之源，南至于泷泉，东至于黄溪东屯，其间名山水而村者以百数，黄溪最善。"而黄溪不过是阳明山的一条小溪，其水石之美就若此这般奇绝无比，其腹地的大、小黄江源与阳明诸峰等景物，定是可想而知。明清以来，题咏吟诵之作，非常繁富。

三是宗教文化的壮观。洪武《永州府志》载：元初有王真人修炼于此，后被封为"懿德真人"。据《阳明山志》记载：阳明山，古为阳和山，在宋元期间，这里就有僧人和道士在此建室修炼。据《复修碑》载："阳明山之有佛殿，始于宋，重建于明。"后因秀峰禅师在此山中入关坐化，山上的万寿寺成为佛家胜地。自此之后，寺内香烟缭绕，信众络绎不绝，开创了湘南佛教文化的一大景观。

四是儒家文化的悠久。阳明山文化为湖湘文化的一个重要源头。北宋理学鼻祖周敦颐，出生于道州濂溪，属阳明山文化生态圈的道江盆地。在这个文化生态圈里名人辈出，如湖南唐代第一状元李郃、宋代特科状元乐雷发等皆出于此。清初，思想家王船山为图复明大业，逃避满清的追捕，曾隐居于阳明山的瑶人之中。又据湖南省文物局考古所谢武经教授发现，明代第二位皇帝朱允炆自"靖难之役"中逃离南京，亦曾长期隐居在阳明山东南侧的赛武当山。此外，传说中舜帝还将其亲弟象敕封阳明山脚下的双牌江村。

五是与台湾阳明山缘渊的密切。蒋介石 1949 年退据台湾后，将台北市的草山更名为阳明山。于是，海峡两岸以阳明山为纽带，山同名，文同脉，人同祖，阳明山成为促进两岸文化经济交流的一大平台。

在当今世界多极化、经济全球化、文化多元化的时代背景下，以习近平同志为总书记的党中央，提出"中国梦"的宏伟蓝图和实现繁荣富强的社会主义强国的历史任务。我们要紧跟时代步伐，认真研究和发掘阳明山文化的内涵和精髓，其本质就是弘扬湖湘文化，为建设和谐湖南、为古城永州的发展奠定坚实的文化基础。我殷切期盼与会专家学者围绕阳明山文化几个核心主题，尤其希望大家在阳明山的文化定位与两岸交流上献智出力，展开广泛的讨论，碰撞出一些闪光的思想火花，为加快推进永州的文化产业而努力。

预祝此次研讨会取得丰硕成果！

祝各位身体健康、生活幸福、吉祥如意！

（作者系湖南省永州市委常委、宣传部长）

序四

文化是旅游发展的生命 旅游是文化发展的依托

——在阳明山文化研讨会上的讲话

苏小康

今天应湖南科技学院邀请，省内外知名的专家学者云集在美丽的零陵古城举办这场高规格的阳明山文化研讨会，这是永州阳明山旅游开发建设的一件大事，也是永州文化发展史上的一件盛事。必将对阳明山各项事业发展，尤其是文化旅游的发展起到积极的促进作用。在此，我代表中共双牌县委、双牌县人民政府对各位专家学者心系阳明，不辞辛劳，莅临永州，传经送宝，表示衷心的感谢！向长期以来关心支持阳明山发展的各级领导、各界人士表示崇高的敬意。

阳明山位于永州市双牌县东北，自古以来就是天下名山，具有古、崎、名、秀四大特色。森林覆盖率达到98%，拥有"天下第一杜鹃红"、"亚太第一天然氧"、"华中第一高山湖"、"湘南第一大竹海"等奇观盛景。从北宋开始，就是湘粤桂的佛教胜地，素有"生态画卷"、"天然氧吧"、"湘粤凉岛"、"佛教圣地"之美誉，现在是国家 AAAA 级景区、国家级自然保护区、国家森林公园、国家水利风景名胜区、绿色中国环境文化示范基地、湖南重点宗教场所、湖南首批生态旅游示范区，入选了"新潇湘八景"和百姓喜爱的"湖南百景"，是永州乃至湖南重要的旅游胜地。

文化是山水的灵魂，山水是文化的载体。阳明山不仅有美丽的自然风光，还有厚重的人文历史。不仅是一座生态之山，也是一座文化之山。千百年以来，阳明山源远流长的佛教文化、生态文化、红色文化与永州的虞舜文化、柳子文化、女书文化、瑶家文化等各种文化交相辉映、相互滋润，造就了永州绚丽多彩、蔚为大观的历史文化画卷，也成就了阳明山博大精深、富有内涵的"和"文化体系，形成了独树一帜的、色彩鲜明的文化风格，赋予了生生不息、愈久弥坚的文化生命力。文化是旅游发展的生命，旅游是文化发展的依托。

近年来，我们高举"和"文化大旗、唱文化大戏、推旅游开发，进一步丰富了"和"文化的载体。修善了万和湖，命名了万和山，筹备建设中华万"和"大鼎和中华"和"文化主题公园，在全世界开展寻"和"之旅，广泛征集"和"之墨宝。现已征集到包括联合国前秘书长安南在内的各界名流显要题写的"和"字共一万余幅，并在阳明山建设了专门的"和"字馆陈列展出。先后连续举办了七届阳明山"和"文化旅游节，"和"文化品牌日益打响，阳明山逐步打开了山门走向世界。同时我们彰显了"和"文化主题，开启了两岸"和"的真诚。抓住永州阳明山与台湾阳明山同名同姓、同根同源的独特优势，积极推动了与台湾阳明山在文化、旅游、经贸上的交流与合作，架起了海峡两岸民众交往的重要桥梁。阳明山即将成功创建为海峡两岸交流、对台交流基地，已经成功创建为海峡两岸文化交流基地，开创了湖南乃至全国对台交流的一个品牌。

和生万物，和泽天下。海纳百川是"和"文化的特征，"有容乃大"是阳明山的情怀。特别是当前市委、市政府已明确将零陵古城和阳明山的一山一城作为全市旅游开发的龙头，这更加坚定了双牌县发展旅游业的信心和决心。今后我们将以更加开明的想法、更加开放的姿态、更加开阔的视野，保护好、传承好、发展好阳明山的文化，进而推动阳明山旅游开发再上新的台阶。

真诚地希望各位专家、学者以你们广博的学识和聪明才智，为阳明山的建设与旅游开发献计献策、添砖加瓦，为我们传授更多的先进文化和旅游发展理念和经验，使我们在推动阳明山文化旅游发展中，思想更解放、目标更明确、思路更清晰，努力开创阳明山文化旅游大发展、大繁荣的新局面。同时，也借此机会欢迎各位专家、领导和学者能够多到阳明山走一走、看一看。相信阳明山美丽的自然风景和浓厚的文化气息一定会给各位专家、各位领导和学者们留下美好的回忆。

　　最后，预祝本次阳明山文化研讨会取得圆满成功，祝大家身体健康、工作顺利、万事如意！谢谢！

　　　　　　　　　　　　　　　　　（作者系湖南省双牌县委书记）

目　录

阳明山与中国传统文化研究

秀峰禅师行迹研究

阳明山文化开发研究

附　录

阳明山与中国传统文化研究

从"阳明"语义看阳明山之得名
及其与王阳明的关系

万 里

　　中国以"阳明"名山者有三，其一位于浙江东北部绍兴（古名会稽）地区之诸暨市枫桥镇乐山村东北部与绍兴县交界处的会稽山，又名秦望山，该山被称为道教第十洞的"阳明洞天"，一名"极玄大元之天"[1]，得名于宋代之前，洞天的具体位置在秦望山山后禹庙之西南，世称"古禹穴越之胜境也"[2]，为"群仙所栖"的"仙圣天人都会之所"[3]。其二位于湖南省西南部永州市郊区、双牌县东北隅的阳明山，得名于明代嘉靖年间。其三位于台湾北端之台北市近郊、纱帽山之东北、磺溪上源谷中，原名"草山"，1950 年，蒋介石为纪念明代学者王阳明，将该山改名为阳明山。考诸史籍，"阳明"是一个出现得比较频繁的语词，但以其作为地名（山水）或字号之名的却非常罕见，笔者仅见上述三处。

　　本文拟就"阳明"之语义内涵进行考释，进而探讨三处阳明山（洞天）与王阳明先生之关系。

---

　　① （明）徐应秋：《玉芝堂谈荟》卷二十二，《文渊阁四库全书》影印本，台湾商务印书馆 1986 年版。

　　② （元）陶宗仪：《辍耕录》卷二十四"会稽阳明洞天"，《文渊阁四库全书》影印本，台湾商务印书馆 1986 年版。

　　③ （宋）王十朋：《梅溪后集》卷一"会稽风俗赋并叙"云："洞曰阳明，群仙所栖。"《龟山白玉上经》曰：会稽山，周回一百二十里，名'阳明洞天'，皆仙圣天人都会之所。"《文渊阁四库全书》影印本，台湾商务印书馆 1986 年版。

一

较早记载"阳明"语词的，是旧题为春秋末晋国温（今河南温县）人、孔子学生卜子夏（前507—？）所撰之《子夏易传》。该书卷六对《周易》"丰传"之"兑下巽上。九二，鸣鹤在阴，其子和之。我有好爵，吾与尔縻之象。曰：其子和之，中心愿也"文进行解释云："鹤者，阳明之物也，而守阴处内，修德立诚，名达而隐也。上中，孚也，求中信以致，虽居阴也，时亦索之，中心愿与之为治，同志而相求也。故公家之有好爵，而相与縻之矣。君子之道在于进德乎！无隐而不彰，上求下治之本也。故君子而求其母也。"① 称鹤为阳明之物，具有守阴处内、修德立诚、名达而隐的特性。正是如此，王阳明有《来仙洞》诗咏道："古洞春寒客到稀，绿苔荒径草霏霏。书悬绝壁留僧偈，花发层萝绣佛衣。壶榼远从童冠集，杖藜随处宦情微。石门遥琐阳明鹤，应笑山人久不归。"②

《子夏易传》接着对《周易》"说卦传"之"乾为首，坤为腹，震为足，巽为股，坎为耳，离为目，艮为手，兑为口"文进行解释说："乾为首，尊在上也；坤为腹，无不藏也。震为足，动在下也；巽为股，巽于下而随足也；坎为耳，阳明在其内也；离为目，阳明照于外也；艮为手，外刚而能执止也；兑为口，外柔而能说人也。"③又以人之四肢、五官为喻，认为坎为耳，阳明在其内；离为目，阳明照于外。这两处说法点明了"阳明"以其守阴处内之修德立诚而光照于外。古代医家与养生家则在此基础上称："人身脉运于中，血气周流不已。三阳三阴之中有阳明者，为两阳合明。厥阴者，为两阴交

---

① （春秋）卜子夏：《子夏易传》卷六"周易·丰传第六"，《文渊阁四库全书》影印本，台湾商务印书馆1986年版。

② （明）王守仁：《王文成全书》卷十九"外集一"，《文渊阁四库全书》影印本，台湾商务印书馆1986年版。

③ （春秋）卜子夏：《子夏易传》卷九"周易·说卦传第九"，《文渊阁四库全书》影印本，台湾商务印书馆1986年版。

尽也。"① 古代医家与养生家从天人相应的角度自省身体，认为有十
四经络勾连并统辖四肢百骸，维持人体生理（命）机能的精气神通
过这种经络渠道流通维系，进而以此作为祛病养生以及辨证施治的依
据。其中除任、督二脉外，有十二经络以阴阳区分，即手、足各有三
阴、三阳经络，分别以太阳、少阳、阳明命名；以"阳明"命名的
是手阳明大肠经与足阳明胃经。正如宋人陈渊在《三绝句寄几先》
诗中所云："阳明连络四支中，胃气由来处处通。但使黄婆能饱饭，
客邪端的不须攻。"②"黄婆"为古代道教养生家炼丹的术语，认为脾
内涎能涵养其他脏腑，故名"黄婆"。可见阳明经在维系人体正常机
能乃至祛病延年中的重要作用。

　　唐代史征撰《周易口诀义》对"蒙"卦进行解释说："蒙，坎下艮
上。蒙亨者，蒙者童稚之名，暗昧之义。处童蒙之时，所愿获通，故曰
蒙亨。匪我求童蒙，童蒙求我者。匪，非也；童蒙者，谓五也；我谓二
也。五处童蒙之时，当求九二之明师也。……上九，阳明之德，处众阴
之上，能于众阴击去蒙暗，故曰击蒙也。"③ 也将"阳明"与"德"联
系在一起。

　　宋代司马光撰《易说》"系辞上"云："无咎者，善补过也，是故
列贵贱者存乎位，齐小大者存乎卦。阴幽祸恶为小，阳明福善为大。"④
这里将"阳明"与"阴幽"作为一对对立的范畴提出，认为阴幽祸恶
为小，阳明福善为大。

　　清代傅恒等在乾隆二十年（1755）奉敕所撰之《御纂周易述义》
中对乾隆《御纂周易折中》之"和兑之吉，行未疑也。孚兑之吉，信
志也来。兑之凶，位不当也。九四之喜，有庆也。孚于剥，位正当也。

　　① （明）高濂：《遵生八笺》卷三"四时调摄笺"，《文渊阁四库全书》影印本，台湾
商务印书馆1986年版。

　　② （宋）陈渊：《默堂集》卷七，《文渊阁四库全书》影印本，台湾商务印书馆1986
年版。

　　③ （唐）史征：《周易口诀义》卷一"上经一·蒙"，《文渊阁四库全书》影印本，台湾
商务印书馆1986年版。

　　④ （宋）司马光：《易说》卷五"系辞上"，《文渊阁四库全书》影印本，台湾商务印书
馆1986年版。

上六，引兑未光也"文进行述义云："阳明无疑，阴暗有疑。卦之六
爻，惟初不比于阴柔，故行未疑。九二孚兑，其志有以自信，不为外物
所移也。三位不当，说不以道，故凶。四之从五也，专则喜在四，而庆
在五矣。五位正当，故于剥我者，亦化而孚之也。柔之力未必能引人，
而卒为所引者，皆其心之未光者为之也。"① 《四库全书》馆臣称该书
"所解皆融会群言，撷取精要，不条列姓名，亦不驳辨得失，而遗文诠
释简括宏深，大旨以切于实用为本"。所谓"融会群言，撷取精要"，
表明述义是采取了大众认同的说法释义；而目的则是"以切于实用为
本"，用于指导社会的实践。述义所云"阳明无疑，阴暗有疑"，即认
为"阳明"光明磊落"其志有以自信，不为外物所移也"故无疑；而
"阴暗"反之。

宋代学者魏了翁撰《尚书要义》云："日出曰旸。谷，地名，即
嵎夷。……《禹贡·青州》云：嵎夷既略，青州在东界外之畔为表，
故云东表之地称嵎夷也。阴阳相对，阴暗而阳明也。故以旸为明，谷
无阴阳之异，以日出于谷而天下皆明，故谓日出之处为旸谷。"② 他
也将"阴暗"与"阳明"作为一对相对的范畴提出来，并认为"日
出于谷而天下皆明"，故地处东方的"旸谷"即因是日出之处而
得名。

宋代学者蔡沈撰《洪范皇极内篇》云："二气之神，阴精阳明，
消息变化，有立有行。立则形具，行则气著。先后其施。一行一立，
为辟为翕，何千万年无终穷焉。"③ 将"阴精"与"阳明"对应，认
为是上下其仪、有立有行、为辟为翕、消息变化的阴阳"二气之
神"。

在岁时中，阳明对应仲夏五月，明人彭大翼撰《山堂肆考》云：

---

① （清）傅恒等述义：《御纂周易述义》卷七，《文渊阁四库全书》影印本，台湾商务
印书馆 1986 年版。

② （宋）魏了翁：《尚书要义》卷一"尧典"，《文渊阁四库全书》影印本，台湾商务
印书馆 1986 年版。

③ （宋）蔡沈：《洪范皇极内篇》卷一，《文渊阁四库全书》影印本，台湾商务印书
馆 1986 年版。

"五月斗建午。午，长也，言万物皆长大也。是月曰仲夏，亦曰暑月、皋月。日在东井昏亢中、旦危中。其日丙丁，其虫羽，其音徵。律中蕤宾。日月会于鹑首。"并称该月"升山"，"《月令》：是月也，可以居高明，可以远眺望，可以升山陵，可以处台榭。注云：凡此皆顺阳明之时"。①

　　《庄子》中有"阳子"其人，晋人郭象《庄子注》云："阳子，阳朱也。"②宋人王雱撰《南华真经新传》云："阳子者，阳明之人也，处幽阴者不可问其影，居阳明者不可饰其形，故宜两忘而已矣，两忘则所谓能冥其极也，故庄子言于寓言之篇终。"③认为"阳子"即"阳明之人"。王雱又对先秦道家心目中的智者形象进行了阐释，称："夫窈冥寂寞希夷微妙者，至道之真体。体固不可以情求，不可以智窥，惟以无知而为得矣。庄子因而作《知北游篇》。夫智者言其阳明也，北者言其阴晦也。能不用明而自晦，则入于至道之妙也。故曰知北游于玄水之上，隐弅之丘，适遭无为谓焉。故无为者未免于有为也。未免于有为，则岂足以知道，此所以不答知之所问也。智以无为之不答，复之阳明而所以决其所问焉。故曰反于白水之南，登狐阕之上，而睹狂屈焉。白水之南者，言阳明也。"④这是较早直接地将"阳明"与个体之人联系在一起记载，并且认为"智者言其阳明也"，所谓"能不用明而自晦，则入于至道之妙"，意即将阳明作为一种自觉的修养充塞于人的内心，则达到至道的境界。如此，便可以如同《子夏易传》所说的：阳明以其守阴处内之修德立诚而光照于外。

　　以上为古人对"阳明"语词的基本释义。王阳明或许是在对阳明的透彻理解中体味出阳明在修身养性中的重要作用，而以"阳明子"

　　①　（明）彭大翼：《山堂肆考》卷十一"时令·五月"，《文渊阁四库全书》影印本，台湾商务印书馆1986年版。

　　②　（晋）郭象注：《庄子注》卷七"山木第二十"，《文渊阁四库全书》影印本，台湾商务印书馆1986年版。

　　③　（宋）王雱：《南华真经新传》卷十五"寓言篇"，《文渊阁四库全书》影印本，台湾商务印书馆1986年版。

　　④　（宋）王雱：《南华真经新传》卷十"知北游篇"，《文渊阁四库全书》影印本，台湾商务印书馆1986年版。

自号，由"道"入儒，并建立起自己的心学体系。

二

　　汉代班固《汉书·艺文志》云："儒家者流，盖出于司徒之官，助人君，顺阴阳，明教化者也。游文于六经之中，留意于仁义之际。祖述尧、舜，宪章文、武，宗师仲尼，以重其言，于道最为高。"① 作为"顺阴阳，明教化"、"留意于仁义之际"、"于道最为高"的儒家，当然会对"阳明"的传统意蕴进行阐释并丰富其内涵，进而作为"以切于实用为本"、"助人君"以指导社会实践的理论工具。但是，要真正懂得"顺阴阳，明教化"则并非易事，此即宋代理学的开创者周敦颐在《通书》中所说的："厥彰厥微，匪灵弗莹。此言理也，阳明阴晦，非人心太极之至灵，孰能明之？"② 另一位宋代理学的开创者张载在《正蒙》中亦云："莫非天也，阳明胜则德性用，阴浊胜则物欲行。领恶而全好者，其必由学乎？"③ 南宋著名理学家朱熹对张载的这段话阐释云："阳明胜则德性用，阴浊胜则物欲行。只将自家意思体验，便见得人心虚静，自然清明。才为物欲所蔽，便阴阴地黑暗了，此阴浊所以胜也。"④ 清代著名学者李光地《注解正蒙》云："德性者，心统性之所具；物欲者，形感物之所发。推所自来，莫非天也。但百体顺令于天君，则人心皆化为道心矣。天君下徇于百体，则天理将灭于人欲矣。清明在躬，气志如神，阳明胜德性用之效也；蔽交于前，其中则迁，阴浊胜物欲行之时也。阴本非恶，不顺于阳，则流为恶耳。引其恶以归于

---

　　① （汉）班固：《汉书》卷三十"艺文志第十"，《文渊阁四库全书》影印本，台湾商务印书馆1986年版。

　　② （宋）周敦颐：《通书》"理性命第二十二章"，《周元公集》卷一，《文渊阁四库全书》影印本，台湾商务印书馆1986年版。

　　③ （宋）张载：《张子全书》卷二"正蒙一·诚明篇第六"，《文渊阁四库全书》影印本，台湾商务印书馆1986年版。

　　④ （宋）朱熹：《朱子语类》卷九十八"张子书之一"，《文渊阁四库全书》影印本，台湾商务印书馆1986年版。

善，则莫非天也。此条义最精粹。"① 正是这些理学的开创者提出并重视"阳明"与以道德为核心的君子之道的关系，历代儒家尤其是宋明理学家作了大量的阐述。自张载将"阳明胜则德性用，阴浊胜则物欲行"提高到"莫非天（理）也"的高度后，历代以此来阐发人心道德、修身治国之理的论述不胜枚举。

君子之说本出于《周易》，即所谓"君子以成德为行"②。元代学者胡震《周易衍义》阐释易理时称："孰为君子？孰为小人？唯其气质不同，习尚各异。阳明胜而循天理，则为君子；阴浊胜而狥人欲，则为小人。"③ 又云："南属离火之方，文明之地也。前进而达于文明之地，则阳明胜而德性用尊，阴浊蔽而物欲不行，所以吉也。"④

作为中国最早之阐释自然之理与人文之理的《周易》，对古代的三教九流、诸子百家都产生了影响，而受其影响最大的，是道家和儒家（阴阳家等姑置勿论），由于道家已经将《道德经》视为众经之首，无形之中在一定程度上冷落了《周易》；因此，有着"顺阴阳，明教化"等重要内容的《周易》便成为儒家的众经之首。基于此，在古代诸子百家中，对"阳明"谈得较多的还是道家与儒家，而真正将其奉为修身要义的则是后者。

南宋学者黄裳称："南方阳明而主生，有君子之道焉，生则子民之仁，明则君国之智。北方阴险而主杀，有强者之道焉，君子之强而强不足以名之者，以其能强能弱也。宽柔以教，所谓能弱；不报无道，所谓能强；袵金革死而不厌，所谓能强而不能弱。能强则不流，能弱则

---

① （清）李光地：《注解正蒙》卷上"诚明篇第六"，《文渊阁四库全书》影印本，台湾商务印书馆 1986 年版。

② （唐）李鼎祚：《周易集解》卷一，《文渊阁四库全书》影印本，台湾商务印书馆 1986 年版。

③ （元）胡震：《周易衍义》卷四，《文渊阁四库全书》影印本，台湾商务印书馆 1986 年版。

④ （元）胡震：《周易衍义》卷十一，《文渊阁四库全书》影印本，台湾商务印书馆 1986 年版。

不倚。"①

朱熹借阐释"琴律"而加以发挥，称："……至其三宫之位，则左阳而右阴，阳大而阴小，阳一而阴二。故其取类，左以象君，右以象臣。而二臣之分，又有左右：左者阳明，故为君子而近君；右者阴浊，故为小人而在远。以一君而御二臣，能亲贤臣、远小人，则顺此理而国以兴隆；亲小人、远贤臣，则拂此理而世以衰乱。是乃事理之当然，而非人之所能为也。"② 古人习惯于以坐北朝南的位置确定方位，左者即东方，为日出之方位。故云左者为君子。在《傅伯拱字序》中，朱熹对此进行了最为详尽的阐释："盈天地之间所以为造化者，阴阳二气之终始盛衰而已。阳生于北，长于东，而盛于南；阴始于南，中于西，而终于北。故阳常居左，而以生育长养为功，其类则为刚，为明，为公，为义，而凡君子之道属焉；阴常居右，而以夷伤惨杀为事，其类则为柔，为暗，为私，为利，而凡小人之道属焉。圣人作《易》，画卦系辞于其进退消长之际，所以示人者深矣。而又于其制礼之时，所以依象取类而立教者，亦莫不审诸此。故凡吉礼则尚左，其变则尚右。自夫手之拱以拜也，以及夫祝号诏相之所由也，咸率是而分焉，盖不惟其理象之。然有不可易者，抑所以使夫天下之人平居，暇日宗庙朝廷之上，族党庠序之中，君臣、父子、师友、宾主之间，一拜一揖，一进一退，视其所尚而有以不忘乎君子之道焉。此其所以立教之微，指夫又岂不深切而著明哉！今建宁傅公之季子伯拱以其名来请字，予惟拱之为礼略矣。然奉手当膺端行正立，则其心固已肃然而主于一矣。从而论其平居吉礼之所尚，则夫所以尊阳抑阴而使之不忘乎君子之道者，其精微之意又如此。故请得奉字曰'景阳'而遂书其说以授之。……必使阳明胜而德性用，阴浊去而物欲消，刚不屈而明不伤，公足以灭私而义足以胜利，

---

① （宋）黄裳：《演山集》卷五十二，《文渊阁四库全书》影印本，台湾商务印书馆1986年版。

② （宋）朱熹：《晦庵集》卷六十六"杂著·琴律说"，《文渊阁四库全书》影印本，台湾商务印书馆1986年版。

则庶乎其不迷于入德之途而有以进夫君子之域也无疑矣。"① 序中所谓
"景阳",即景仰阳明,"所以尊阳抑阴而使之不忘乎君子之道"。

古人还认为,阳明之气是一股流行于宇宙间的清气,可以熏陶出贤
人君子来,此即南宋学者家铉翁所云:"天秉阳位乎上,而其清气流行
于宇宙间,钟而为贤人君子。刚方直大,不与世变相为推移者,清气之
所钟也。斯人也出而见用于世,发为议论,著为事业,屹底柱于中流,
会百川而注沧海。世道每恃之以升降者,一清之所为也。然亦有出而见
用于世,乃与奸邪小人对峙而并立,君子之势常不胜乎?小人则阴浊有
以间吾之阳明,而其清者不得直遂焉耳。三代而下,惟两汉多君子,而
东汉君子所立视西(汉)尤伟。"②

正是 "阳明" 在古代修身治国中有着重要的含义,而且为众所周
知,故古代官吏经常以此来鉴戒国君。如宋人彭龟年《论雷雪之异为
阴盛侵阳之证疏》云:"窃闻近日宣召夜直,多在诘朝臣不知蝼蛄游息
之时。何以为存养夜气之道?阳明升则德性自用,阴浊盛则物欲必行。
保护清明,孰如义理。臣闻唐宦官仇士良尝教其徒曰:'天子不可令
闲,常令以奢靡娱其耳目,使日新月盛无暇及他事,则吾辈可以得志。
切勿使亲近儒生,彼见前代兴亡,心知忧惧,则吾辈疏斥矣。'要知小
人陷君于恶亦有术。然则人主欲远小人,安可不知昔者禹恶旨酒而好善
言,旨酒既疏,善言方迩。深思大禹之策,政反士良之谋,盖此重则彼
轻,此消则彼长,安可徒徇一日之乐,反易终身之忧。此臣所谓阳德不
修之目三也。……"③

南宋著名理学家黄干发挥张载之说,将 "阳明" 提到君子小人、
人性善恶的境域分析,他在《复辅汉卿主管书》中云:"昨所论性无善
恶、心有善恶。乾以为性,亦可谓之有恶者,盖因明道,恶亦不可不谓
之性而发。盖天地之间,只是个阴阳五行,其理则为健顺,五常贯彻古

① (宋)朱熹:《晦庵集》卷七十六 "傅伯拱字序",《文渊阁四库全书》影印本,台湾
商务印书馆 1986 年版。

② (宋)家铉翁:《传清堂记》,《则堂集》卷一,台湾商务印书馆 1986 年版。

③ (宋)彭龟年:《论雷雪之异为阴盛侵阳之证疏》,《止堂集》卷一 "奏疏",《文渊阁
四库全书》影印本,台湾商务印书馆 1986 年版。

今，充塞宇宙，舍此之外别无一物，亦无一物不是此理。以人心言之，未发则无不善，已发则善恶形焉。然原其所以为恶者，亦自此理而发，非是别有个恶，与理不相干也。若别有个恶与理不相干，又却是有性外之物也。《易》以阴阳分君子小人。周子谓性者刚柔善恶，君子小人不同而不出于阴阳，善恶不同而不出于刚柔。盖天下未有性外之物也。人性本善，气质之禀，一昏一明，一偏一正，故有善恶之不同。其明而正者，则发无不善；昏而偏者，则发有善恶。然其所以为恶者，亦自此理而发也。故曰：恶亦不可不谓之性也。……张子所谓'莫非天也，阳明胜则德性用，阴浊胜则物欲行'，亦是此意。张子曰：'论气不论性，不明；论性不论气，不备。'故知性之本善，又知善恶皆性，然后复明且备也。"①

南宋另一位著名理学家真德秀则从"刚""柔"的范畴论述"德性"与"物欲"的关系，云："刚者，天德也。天德者，谓纯乎天理而不杂以人欲也。乾六爻皆阳，故曰刚健中正纯粹精也。人之与天本一无二，惟其有私欲以间之，是以与天不相似，若能尽去私欲，则复乎天矣。此君子所以贵乎刚也。……又横渠先生曰：'阳明胜则德性用，阴浊胜则物欲行。'德性者，吾之所固有仁义礼智之性也；物欲者，因耳目口鼻之接于物而生者也。凡为人刚明果决则理存而欲泯，故德性用，言德性为主而用事也。为人阴柔昏浊则欲胜而理泯，故物欲行，言物欲为主而肆行也。阳明阴浊虽禀于气质，然可学以反之。人能自力于学，则柔者可强，暗者可明；不能学，则强者或转而柔，明者或趋而暗。横渠此言，正欲人以学力变气质，使阳明日胜则德性常用，而物欲不行也。"② 真德秀在阐述"刚""柔"与"德性""物欲"的关系后明确指出，"阳明阴浊虽禀于气质，然可学以反之"，从而为儒家的道德修养者指出了一条光明大道。"阳明"可胜"阴浊"，是古人哪怕在最艰难恶劣的环境下都始终持有的信念，此即宋元之际的著名学者张伯淳

① （宋）黄干：《复辅汉卿主管书》，《勉斋集》卷七，《文渊阁四库全书》影印本，台湾商务印书馆1986年版。

② （宋）真德秀：《西山文集》卷三十一"问答·问刚与欲"，《文渊阁四库全书》影印本，台湾商务印书馆1986年版。

《寄焦达卿》诗中所云："别后蹉跎白发侵，关情日暮碧云深。诸公饱挹湖山趣，倦客销残铁石心。身世百年浑是梦，交游四海要知音。浙间久雨伤农否，自古阳明可胜阴。"① 用现代语言表达，就是自古光明可以战胜黑暗。当然，"阳明"与"阴浊"的消长并不可能一蹴而就，有一个渐进的过程，南宋文士卫宗武《和友人新阳韵》诗中有句云："生机天地宁终藏，剥极复反开新阳。阳明渐进阴浊散，辉光万象熏佳祥。"②

　　正是理解到"阳明"与"阴浊"之间有着交相胜的辩证关系，南宋学者王柏指出："天地间所可大恨者，气运之不齐也。天理固未尝须臾亡，天理之亡，此气昏之也。自阳明一染于阴浊，氤氲缪辖，而阳明不得以自全矣。于阴浊之中，而阳明湛然不杂者实不易遇，故清淳精一之会，钟而为大圣大贤，或千百年而一得，是天地之间气也。以大舜之圣而顽嚚、象均不能同德于一家，而管、蔡之愚不率德于周鲁封域之间。于圣贤之外，求其世世一德相传之久，固无是事也。无是事则不敢轻责天下之人，故先王之教，厚人伦、美风俗者，所以不可一日废也。"③ 王柏认为，无论是外部环境（含天地自然与社会人文环境）还是内心世界，"阳明"与"阴浊"之气总是交织在一起的，"阳明"如果染上"阴浊"，则"阳明不得以自全"；只有"千百年而一得"的"大圣大贤"，才是"于阴浊之中而阳明湛然不杂者"。因此，宋明以降的理学家将增阳明以祛阴浊奉为修身养性的日课而坚持不懈。

　　既然大圣大贤须千百年而一得，那么普通的人需要怎么修身养性呢？南宋学者黄仲元在《陈耀卿字叙（名晖）》中给予了如此回答："《易小象传》曰：'君子之光，其晖吉也。'光者，明之体；晖者，明之用。光至于晖，其明著矣；晖至于耀，明又盛矣。尝譬之日光，其质

---

　　①（元）张伯淳：《寄焦达卿》，《养蒙文集》卷九，《文渊阁四库全书》影印本，台湾商务印书馆 1986 年版。

　　②（南宋）卫宗武：《和友人新阳韵》，《秋声集》卷二，《文渊阁四库全书》影印本，台湾商务印书馆 1986 年版。

　　③（宋）王柏：《鲁斋集》卷十一"题跋·跋武昌解氏善居图"，《文渊阁四库全书》影印本，台湾商务印书馆 1986 年版。

也晖。旭，旦也。耀则中天而明，无不照也。天地始判，日即生焉。若非日昱乎昼，宇宙晦冥，万物何所睹哉？人之所以光明俊伟者，以阳明之气塞吾其体也。故积中发外，如日之晖。学问之充，事业之见，炳炳烺烺，照人耳目，又晖之耀。《书》曰：'爽邦由哲。'哲即晖之义，爽即耀之义。爽以事言，哲以人言。以哲人而理邦政，事事爽快，明白决矣。"① 黄仲元认为，人之所以光明俊伟，是有爽朗的阳明之气塞于身体，因此可以积于中而发乎外，就像太阳一样明亮，学问之充、事业之见，均可由此发生。

南宋学者袁甫为宋嘉定七年（1214）进士第一，他在一次御前讲席（经筵）上以《易经》作为"发题"，阐述了"阳明刚健"在修身治国中的重要作用，云："臣闻日月为易，有日则有月，而日月不相离也，日为阳，月为阴，有阳则有阴，而阴阳不相离也。阳为刚，阴为柔，有刚则有柔，而刚柔不相离也。何也？为物不贰也。……有默观密察之功，则随所发用，自然阳明，自然刚健。故圣人善用阳刚上配天道，万古周流，而无一息间断。在吾身，则为喜怒哀乐未发之中而声色玩好之娱自不能惑；在宫庭，则为闲有家之初而险诐私谒之心自不敢萌；在天下，则非独君子登用而小人亦无失所之忧。非独中国乂安而蛮夷亦在化育之内，是乃至阳真刚而非偏阳偏刚之所能为也。阴阳刚柔，动静之妙，还相为本，不见其始，孰知其终？不见其迹，孰知其穷？"②

明堂为古代帝王宣明政教之处所，凡朝会、祭祀、庆赏、选士、养老、教学等大典都在此举行。此即孟子所言："明堂者，王者之堂也。"③明堂建筑在阳明之位，汉代班固《白虎通义》云："明堂上圆下方，八窗四闼。布政之宫，在国之阳。上圆法天，下方法地，八窗象八风，四闼法四时，九室法九州岛，十二坐法十二月，三十六户法三十六

---

① （宋）黄仲元：《陈耀卿字叙（名晖）》，《四如集》卷三，《文渊阁四库全书》影印本，台湾商务印书馆 1986 年版。

② （宋）袁甫：《蒙斋集》卷一"经筵讲义·易发题"，《文渊阁四库全书》影印本，台湾商务印书馆 1986 年版。

③ （汉）赵氏注，（宋）孙奭音义并疏：《孟子注疏》卷二上"梁惠王章句下"，《文渊阁四库全书》影印本，台湾商务印书馆 1986 年版。

雨，七十二牖法七十二风。"① 此处所言"在国之阳"，即为阳明之地。此即宋代僧人遇荣结合儒家孝道之理以解释《佛说盂兰盆经》时所云："明堂者，布政之宫也。在城南七里之内，居阳明之地，故曰明堂。"② 宋代学者陈藻有一篇关于明堂的策问，云："观《孝经》而知明堂为宗祀之所，又观七篇而知明堂为行政之地。古之人庙曰清庙，则堂曰明堂，宁不为宗祀之所乎？是取清明之义也。《易》之'离'曰向明，而治则堂曰明堂，宁不为行政之地乎？是取阳明之义也。然则明堂也者，一物而两用，用虽异而实则一。何以言之耶？以平日行政之地，为择日祀天之所。每其临政也，曰：'吾祀天于此，讵可以代天为政而骋吾私乎。'及其祀天也，则曰：'皇天后祖，洋洋左右，吾平日布政于此，其果有愧乎？无愧乎？'是一物而两用，用虽异而实则一也。"③ 由此可见，兼具古代国家最重要之行政与宗祀双重功能的"明堂"之得名，便是取"阳明"之义，故明堂建置在"国之阳"，所居为阳明之地。宋代文士方逢辰有《庆明堂礼成》诗云："合宫芬郁彻垓埏，治象阳明景烂然。云气朝阴疑欲雨，帝心夕惕即旋乾。皇穹后土实临汝，祖德宗功鉴在天。既灌更祈如未灌，缉熙此福万斯年。"④

三

明代著名哲学家王守仁（王阳明，1472—1529），幼名云，字伯安，浙江绍兴府余姚县（今属宁波余姚）人。他于明孝宗弘治十五年（1502）八月疏请告病归越（绍兴府），筑室阳明洞中，自号"阳明子"，世称"（王）阳明先生"。

---

① （汉）班固：《白虎通义》卷上"辟雍"，《文渊阁四库全书》影印本，台湾商务印书馆1986年版。

② （宋）遇荣撰钞：《佛说盂兰盆经疏并序孝衡钞》卷上，《卍新纂续藏经》第21册，第527页。

③ （宋）陈藻：《乐轩集》卷七"策问·明堂"，《文渊阁四库全书》影印本，台湾商务印书馆1986年版。

④ （宋）方逢辰：《蛟峰文集》卷六，《文渊阁四库全书》影印本，台湾商务印书馆1986年版。

王阳明虽然没有对自己为何钟情于"阳明"语词并以其作为自己的别号而自称"阳明子"予以说明，但从上述讨论看，他的自号是有其理由及丰富内涵的。

关于王阳明的思想演进之历程，其学生钱德洪撰《阳明先生年谱序》有大致的梳理，称："吾师阳明先生出，少有志于圣人之学，求之宋儒，不得穷思物理。卒遇危疾，乃筑室阳明洞天，为养生之术。静摄既久，恍若有悟，蝉脱尘垒，有飘飘遐举之意焉。然即之于心若未安也。复出而用世，谪居龙场，衡困拂郁，万死一生，乃大悟良知之旨，始知昔之所求未极性真，宜其疲神而无得也。盖吾心之灵彻显微，忘内外，通极四海而无间，即三圣所谓中也，本至简也而求之繁，至易也而求之难，不其谬乎？征藩以来，再遭张许之难，呼吸生死，百炼千摩，而精光焕发，益信此知之良神变妙应而不流于荡渊，澄静寂而不堕于空，征之千圣莫或纰缪，虽百氏异流，咸于是乎取证焉。"① 钱德洪在编订《王文成全书》卷二十九"续编四"后所作的按语中又称："盖师学静入于阳明洞，得悟于龙场，大彻于征宁藩。"②

据年谱记载，弘治十五年（1502）八月，王阳明31岁，"告病归越（绍兴），筑室阳明洞中，行导引术"③。据年谱前之小传称："先生尝筑室阳明洞，洞距越城东南二十里。学者咸称'阳明先生'云。"钱德洪撰《阳明先生年谱序》则称该"阳明洞"为"阳明洞天"，可能即是"群仙所栖"、"仙圣天人都会之所"的道教第十洞的"阳明洞天"。因为有直接的文献指明，王阳明就是在这处世称"古禹穴越之胜境也"的"阳明洞天"聚徒讲学的："先生初归越时，朋友踪迹尚寥落。既后，四方来游者日进。癸未年已后，环先生而居者比屋，如天妃光相诸刹每当一室，常合食者数十人，夜无卧处，更相就席，歌声彻昏

① （明）钱德洪：《阳明先生年谱序》，《王文成全书》卷三十六"附录五·年谱附录"，《文渊阁四库全书》影印本，台湾商务印书馆1986年版。

② （明）王守仁：《王文成全书》卷二十九"续编四"，《文渊阁四库全书》影印本，台湾商务印书馆1986年版。

③ （明）王守仁：《王文成全书》卷三十二"附录一·年谱一"，《文渊阁四库全书》影印本，台湾商务印书馆1986年版。

旦。南镇禹穴阳明洞，诸山远近，寺刹徙足，所到无非同志游寓所在。"①

按道教之第十洞的"阳明洞天"，本来就出自神仙家言，所处其实很难完全指实，在以会稽山脉为中心的周边诸山中，就有多处"阳明洞天"，除了本文开篇所称之会稽山、秦望山外，还有天姥山亦被称为"阳明洞天"。南宋学者吴曾《能改斋漫录》卷九"地理·天姥山"云："会稽剡县，自晋宋以来人始称传，故沃州天姥号称山水奇绝处，自异僧帛道猷来自西天竺，赋诗云：'连峰数十里，修竹带平津。茅茨隐不见，鸡鸣知有人。'其后支道林之徒相继而居，凡十八僧。而名流如戴逵、王羲之者又十八人。大概乐天记之为详。盖《道经》云：'两火一刀可以逃。'以其名山之多，可以避世，故晋宋之世隐逸之士为多。亦为阳明洞天也。"② 由此可见，"阳明洞天"的大致位置虽然在绍兴（会稽）地区范围内，但具体的位置并不详细。作为道教的"阳明洞天"，其实是一处群仙所栖的都会之所。隐逸之士寻觅并驻锡该处（阳明山、阳明洞天），为的是修真养性乃至成仙。因此，古人有"阳明仙"之说。如南宋文士、宋亡后入道自号"老君山人"的董嗣杲在《越城步月不知子城已闭因托宿赵义斋宅》诗中有句云："履险复自笑，汩没信此世。愿逢阳明仙，餐霞度千岁。"③ 据此，王阳明选择道教的"阳明洞天"，或者将自己所选择的山洞名之为"阳明洞"，当与其以该洞（洞天）作为静摄养生证道之处所有关。钱德洪称其当时"恍若有悟，蝉脱尘坌，有飘飘遐举之意焉"，亦可作为佐证。

正德元年（1506）二月，王阳明上封事下诏狱谪龙场驿驿丞。正德三年（1508）春天至龙场。王阳明时年 37 岁。从"下诏狱谪龙场驿驿丞"至到谪所龙场驿，王阳明在途中走了两年时间。据王阳明的学

---

① （明）王守仁：《王文成全书》卷三"语录三·传习录下"，《文渊阁四库全书》影印本，台湾商务印书馆 1986 年版。

② （宋）吴曾：《能改斋漫录》卷九"地理·天姥山"，《文渊阁四库全书》影印本，台湾商务印书馆 1986 年版。

③ （宋）董嗣杲：《越城步月不知子城已闭因托宿赵义斋宅》，《英溪集》，《文渊阁四库全书》影印本，台湾商务印书馆 1986 年版。

生黄绾撰《阳明先生行状》称，他"……遂由武夷至广信，泝彭蠡，历沅湘，至龙场"①，途中经过了湖南的许多地方。例如，他在常德德山还曾经讲学，收下了蒋信等学生。又经过永州，在道县写下了《象祠记》②一文。"象祠"又名"鼻亭"，相传舜封其弟象于此，后人建祠祭祀。宋人欧阳忞撰《舆地广记》云："营道县本汉营浦县，属零陵郡。晋置营阳郡，宋、齐因之，而析置营阳县为郡治。……贞观八年，改营州为道州。……皇朝建隆三年，复曰营道。……虞时鼻国之地，有象祠。唐元和中，刺史薛伯高毁之，柳宗元作《斥鼻亭神记》。"③按，《柳河东集》卷二十八录有该记文，题为《道州毁鼻亭神记》。据笔者所见，为象祠作记之历代名士仅柳宗元与王阳明二人。清代文士姜宸英撰《鼻亭辨》称："柳子厚为薛道州作《毁鼻亭记》，谓象以恶德而专世祀不可。至明王文成为《灵博山象祠记》，以象为已化于舜。故至今庙祀之，其识似胜子厚。"④明代学者茅坤亦有相同的看法，在将柳宗元的《道州毁鼻亭神记》编入《唐宋八大家文钞》时题记云："文甚明法，读王阳明记象庙，又爽然自失矣。"⑤

　　王阳明谪居贵州龙场驿后，又在龙场郊外的龙岗山寻觅到一个山洞——东洞，遂将此洞改名为"阳明小洞天"。王阳明有《始得东洞遂改为阳明小洞天三首》诗，其一云："古洞闶荒僻，虚设疑相待。披莱历风磴，移居快幽垲。营炊就岩窦，放榻依石垒。穿室旋薰塞，夷坎仍扫洒。卷帙漫堆列，樽壶动光彩。夷居信何陋，恬淡意方在。岂不桑梓怀，素位聊无悔。"其二云："童仆自相语，洞居颇不恶。人力免结构，

----

　　① （明）黄绾：《阳明先生行状》，《王文成全书》卷三十七"附录六"，《文渊阁四库全书》影印本，台湾商务印书馆1986年版。

　　② （明）王守仁：《王文成全书》卷二十"外集二"，《文渊阁四库全书》影印本，台湾商务印书馆1986年版。

　　③ （宋）欧阳忞：《舆地广记》卷二十六"荆湖南路·营道县"，《文渊阁四库全书》影印本，台湾商务印书馆1986年版。

　　④ （清）姜宸英：《鼻亭辨》，《湛园集》卷四，《文渊阁四库全书》影印本，台湾商务印书馆1986年版。

　　⑤ （明）茅坤：《唐宋八大家文钞》卷二十二"柳州文钞六·记·道州毁鼻亭神记"，《文渊阁四库全书》影印本，台湾商务印书馆1986年版。

天巧谢雕凿。清泉傍厨落，翠雾还成幕。我辈日嬉偃，主人自愉乐。虽无榮戟荣，且远尘嚣聒。但恐霜雪凝，云深衣絮薄。"其三云："我闻莞尔笑，周虑愧尔言。上古处巢窟，抔饮皆污樽。亘极阳内伏，石穴多冬暄。豹隐文始泽，龙蛰身乃存。岂无数尺椽，轻裘吾不温。邈矣箪瓢子，此心期与论。"① 王阳明是以一种"恬淡意方在"的心态悟道于此。

明正德十三年（1518）三月，王阳明在江西平息当地的农民军起事后回军江西南部山区的龙南县，看见一座名为"玉石岩"的山岩，该山岩分为东、西两个部分，东岩称之为"上洞"，西岩称之为"下洞"，合称"双洞"。王阳明有《回军龙南，小憩玉石岩，双洞绝奇，徘徊不忍去，因寓以"阳明别洞"之号，兼留此作三首》诗，其一云："甲马新从鸟道回，览奇还更陟崔嵬。寇平渐喜流移复，春暖兼欣农务开。两窦高明行日月，九关深黑闭风雷。投簪最好支茅地，恋土犹怀旧钓台。"其二云："洞府人寰此最佳，当年空自费青鞋。麾幢旖旎悬仙仗，台殿高低接纬阶。天巧固应非斧鉴，化工无乃太安排。欲将点瑟携童冠，就揽春云结小斋。"其三云："阳明山人旧有居，此地阳明景不如。但在乾坤俱逆旅，曾留信宿即吾庐。行窝已许人先号，别洞何妨我借书。他日巾车还旧隐，应怀兹土复乡闾。"② 从诗中"阳明山人旧有居，此地阳明景不如"、"恋土犹怀旧钓台"、"行窝已许人先号，别洞何妨我借书"等诗句可以看出，虽然玉石岩的"双洞绝奇，徘徊不忍去"，但还是不如自己家乡的那个"阳明洞（天）"，只是"但在乾坤俱逆旅，曾留信宿即吾庐"，聊以寄寓乡愁而已。从王阳明在多地寓居便寻觅山洞并命名为"阳明洞"以悟道，可见其家乡的那个"阳明洞（天）"，或者说"阳明"这一语词，对他来说，是多么的重要，以至于时刻念念在心，无法忘怀。

王阳明多次来到江西龙南县的这处"阳明别洞"，甚至有可能在此停居。他有《再至阳明别洞和邢太守韵二首》诗，其一云："春山

---

① （明）王守仁：《王文成全书》卷十九"外集一"，《文渊阁四库全书》影印本，台湾商务印书馆1986年版。

② （明）王守仁：《王文成全书》卷二十"外集二"，《文渊阁四库全书》影印本，台湾商务印书馆1986年版。

随处欷归程，古洞幽虚道意生。洞壑风泉时远近，石门萝月自分明。
林僧住久炊遗火，野老忘机罢席争。习静未缘成久坐，却惭尘土逐虚
名。"其二云："山水平生是课程，一淹尘土遂心生。耦耕亦欲随沮
溺，七纵何缘得孔明。吾道羊肠须蠖屈，浮名蜗角任龙争。好山当面
驰车过，莫漫寻山说避名。"① 从诗中"古洞幽虚道意生"、"习静未
缘成久坐"等诗句可以看出，王阳明确实是将"阳明洞（天）"视为
习静悟道的场所。很可能王阳明认为，习静悟道的场所可以变动，但
其名却不可以改变；每当置身于"阳明洞（天）"的情境之中，他就
可以达致一种弥漫着阳明清气的境域，并在这种清气的充塞下"阳明
胜则德性用"，"钟而为贤人君子"，心灵升华以获得宇宙间的"至道
之妙"。

四

　　清康熙九年（1670）刘道著等修纂《永州府志》卷八"山川志"
云："阳明山，去县治百里，在黄溪之尾。然山麓险绝，游者相望咫
尺，无径可达。山最高，日始自旸谷出，山已明，故谓之阳明焉。嘉靖
间，有僧秀峰者禅定于此，今遂为秀峰道场所。"② 试问，哪座山不是
"日始自旸谷出"便"山已明"？如果以日出而山明便为"阳明山"，
天下之阳明山不知凡几了，为何在古代以"阳明"命名的山却寥寥无
几呢？清康熙二十三年（1684）王元弼等修纂《零陵县志》卷之十四
"外志·仙释"云："秀峰禅师，生于明正德间。晚与邑人蒋鏊、宗室
菊坡相友善，筑庵于黄溪之阳明山。山高与云齐，即见日出，故以
'阳明'名之。师修行数十年，得教外别传。忽一日，贮盐一桶，趺坐
其中，戒其徒：'越千日乃启。'及期启之，宛然如生，即建道场于山。
其地有银沙十里，鸟道盘折。每岁八月，朝礼者以数万计，灵异不可胜

---

① （明）王守仁：《王文成全书》卷二十"外集二"，《文渊阁四库全书》影印本，台
湾商务印书馆 1986 年版。

② （清）刘道著等修纂：《（康熙）永州府志》卷八"山川志"，清康熙九年刻本。

述，至今肉身尚在焉。"① 称湖南永州的阳明山之得名，乃"山高与云齐，即见日出，故以'阳明'名之"。此说难以成立。因为，比这座阳明山还要高峻的山脉、山峰亦不知凡几，同样可以即见日出，为何没有名之为"阳明山"？该志卷二"山川"载："阳明山，王元弼《名胜记》曰：山在黄溪之尾，离城百里。嘉靖间，有僧秀峰焚修于山间，今为秀峰道场。山多峭石，花木故其所产也。山向阳，故以是名。"② 此说亦难成立，因为每座山都有向阳、向阴之两面，哪里可能以其一面向阳便名之为"阳明"，那么每座山都可以如此命名了。正如刘范弟先生所考证的③，阳明山原名"阳和山"，是在秀峰禅师坐化以肉身驻世后，才被藩王南渭王所命名，那么为何在此之前不称为"阳明山"而称为"阳和山"呢？

　　根据刘范弟先生的考证，秀峰禅师其实是一位半道半释的人物；与他同时在阳明山修道者，还有身为南渭王裔孙的菊坡和由儒入道的蒋鳌（蒋湘崖）。蒋鳌曾经游历江浙，不可能不知道浙江绍兴（会稽）道教的"阳明洞天"；而且，以王阳明之声名，曾经身为儒者的蒋鳌也不可能不知道王阳明；只不过王阳明是由"道"入儒，蒋鳌则是由儒入道。王阳明在贬谪龙场驿时途经永州，也有可能与南渭王府之人包括菊坡在内有所接触。因此，道教的"阳明洞天"与儒家关于"阳明"之学说，不可能不直接或通过蒋鳌间接影响到在秀峰禅师圆寂后将该山命名为"阳明山"的南渭王④。基于此，作为一座被视为修真证道之胜境的永州阳明山之得名，当与王阳明自号为"阳明子"一样，与道教之"阳明洞天"及儒家之"阳明境域"有关；换言之，阳明山应该是一座被

---

① （清）王元弼等修纂：《（康熙）零陵县志》卷之十四"外志·仙释"，清康熙二十三年刻本。

② （清）王元弼等修纂：《（康熙）零陵县志》卷之二"山川"，清康熙二十三年刻本。

③ 刘范弟：《秀峰禅师、蒋鳌道人、菊坡王孙与阳明山》，提交本次会议论文。

④ （清）曾钰纂：《（嘉庆）宁远县志》卷十"仙释"云："一日椎鼓升堂谓众曰：'寄迹人间三十余，度生之愿尚未毕。留得色身登祖位，也将黄叶止儿啼。'语毕，入关坐化。遗命师徒约以三年期满，方可开关。届期，有王孙菊坡久慕高风，往山开关视之，庄严端坐，俨然如生，深赞拜伏。南渭王加其谥曰'七祖'，匾曰'曹溪正派'，名其庵曰'万寿寺'，改其山曰'阳明山'。"清嘉庆十七年刻本。

认为阳明清气所弥漫之山，在此山悟真修道，可"以阳明之气塞吾其体也"（前述黄仲元《陈耀卿字叙》语）。清道光八年宗绩辰等纂修《永州府志》卷二上"名胜志"云："零陵之东，舂陵以西北，其距县皆百里，有山最高，属乎黄溪之尾，朝阳甫出而山已明者，阳明山也。有银沙十里，鸟道盘折，上与云齐，多石少土，山根郁露，其麓险绝，几疑无路。及登峰顶，左衡（衡山）右疑（九疑山），极目千里，身在云际，超然出尘。明嘉靖中，僧秀峰居之。秀峰没，其身不坏，人遂为建寺。远近礼祝，视全州之覆釜空山，因此有人迹焉。"① 由此可见，"极目千里，身在云际，超然出尘"为该山所吸引人之处，当然也是一个修真证道的极佳处。在世人的心目中，秀峰禅师的坐化并以肉身驻世，固然有着他自身的修为，但也与该山之似"阳明洞天"或"阳明境域"不无关系。这应该是该山得名之最为合理的解释。顺便指出，在秀峰禅师等人禅修悟道于此之前，该山尚人迹稀少，而后因"人遂为建寺"，为"秀峰禅师道场"，才"远近礼祝"，成为当地朝拜之香火圣地。

正如前文所述，史籍记载，中国只有三处"阳明山（洞天）"。位于浙江绍兴（古名会稽）的道教洞天"阳明洞天"因其无法指实，那么便只有位于湖南省永州市的阳明山与位于台湾省台北市的阳明山了。两座阳明山与王阳明一道，成为勾连海峡两岸同胞骨肉亲情之一条不可多得的精神纽带。

正如已故著名史学家陈寅恪先生所言："你不把基本的材料弄清楚了，就急着要论微言大义，所得的结论还是不可靠的。"永州阳明山及其所蕴藏的历史文化内涵，远远比我们已经知道的要丰富得多；同时，史籍中似是而非的记载也非常之多，还需要一一进行深入的考证辨析。只有将基本的材料完全弄清楚，才能够奠定对阳明山文化继续深入研究的扎实基础。因限于本文的主旨及篇幅，这些只能留待以后再进行了。

（作者系湖南省社会科学院宗教文化研究中心主任、研究员）

---

① （清）宗绩辰等纂修：《永州府志》卷二上"名胜志"，道光八年刻本。

秀峰、蒋鳌、菊坡、南渭王与阳明山

刘范弟

　　湖南永州的阳明山，明山秀水，风景奇美，是一处难得的自然风水宝地；同时，它还具有深厚的历史文化底蕴，传统文化中的儒、道、佛在此交流融合并与当地民间文化相生相长，形成了独具特色的"和"文化。近年来，随着经济社会的日益繁荣和海峡两岸文化交流的不断发展，2006年至今，当地连续举办了七届以"和美阳明山·两岸一家亲"为主题的中国阳明山"和"文化旅游节，在国内外产生了很大的影响，阳明山已日益成为旅游文化乃至两岸经济文化交流的一个颇有影响的平台和品牌。为了进一步提升阳明山的知名度，对阳明山深厚的历史文化底蕴进行深入发掘，弄清阳明山历史上一些人云亦云似是而非甚或以讹传讹的问题，是一很有必要，也是具有一定紧迫性的任务。笔者不揣翦陋，草此拙文，对阳和山与阳明山的关系，阳和山为何从距零陵城近百里移到零陵城城东南郊，蒋鳌、菊坡、秀峰与阳明山的关系，历代南渭王与阳和山及阳明山得名的关系等问题做了初步探讨。不当之处，期望得到指正。

一　阳和山与阳明山

（一）清代以前方志文献中未见对永州阳明山的记载

　　在清代以前的方志及其他文献中，目前暂未发现关于永州阳明山的任何信息。就笔者所知，现存文献中最早关涉阳明山的，是康熙九年《永州府志》卷八"山川志"："阳明山，去县治百里，在黄溪之尾。然山麓险绝，游者相望咫尺，无径可达。山最高，日始自旸谷出，山已明，故谓之阳明焉。嘉靖间，有僧秀峰者禅定于此，今遂为秀峰道场所。"康熙二十三年零陵知县王元弼所修的二修《零陵县志》卷二"山川"载："阳明山，王元弼《名胜记》曰：山在黄溪之尾，离城百里。嘉靖间，有僧秀峰焚修于山间，今为秀峰道场。山多峭石，花木故其所产也。山向阳，故以是名。"①

康熙九年《永州府志》卷二十三"艺文六·七绝"有一首《登阳明山》，诗云："仰面遥看天际平，山迥绝壑怒涛生。风高六月吹寒戾，疑是霜林晚照晴。"②诗的作者桑日生，据康熙三十四年《永州府志》卷九"人物上·零陵名贤"记载，乃明末崇祯壬午科举人，因张献忠之乱而"隐居不仕"，著书多种，"年七十卒于家"。崇祯壬午年是公元1642年，桑日生可说是清代人。此外，生活于明代正德、嘉靖间的零陵人蒋鏊，有一首题为《游阳明山》的诗："扶筇散步到阳明，云淡风和远世尘。纵目峰头三楚尽，旷怀别领一天春。"诗见于清代《阳明山祖师岩志》③，而在明清两代的永州府志和零陵县志中则找不到此诗，看来此诗是否为明人蒋鏊所作，还只能存疑。

康熙之后历修的湖广通志、湖南通志以及永州府志和零陵、宁远、新田等县的县志中，有关阳明山的记载就接连不断了。

（二）方志文献中对永州阳和山的记载

据现存方志，阳和山最早出现在洪武《永州府志》中。此志"作为明代早期的方志，能够幸存下来弥足珍贵。它不仅是永州地区迄今为

---

① 道光《永州府志》卷九下"艺文志"："《零陵载修志》，康熙二十三年王元弼撰……《泉陵名胜记》。按元弼字艮辅，王士祯族侄，隶汉军者。其《名胜记》本单行，后即以入邑志山水类，黄佳色有序，见县志。"

② 康熙三十四年《永州府志》卷三"山川志上"、道光《永州府志》卷二上"名胜志"、光绪《零陵县志》卷一"地舆·山"及民国《零陵县志》卷一"地舆·山"阳明山条皆录此诗。

③ 笔者未见原志，此据中国人民政治协商会议湖南双牌县委员会文史资料研究委员会编1991年内部印行的《阳明仙境》一书所引。

止能够搜寻到的最早和最完整的府志，且为湖南省现存最早的刻本方志"①。据该志卷七"山川"记载："阳和山，在城东北八十里，接道州界，乃王真人修炼之所。"此处关于阳和山方位的记载应当有错，因为说阳和山"接道州界"，但是道州在州城南而不是北。

此后方志记载的阳和山位置却有了变化。现存第二早的弘治《永州府志》②卷二"山川·零陵"："阳和山，在县东南二里，乃王真人修炼之所。"卷四"人物·仙释"："王真人，德安人，修炼于零陵之阳和山。元初赐观额为'万寿宫'，封懿德真人，征入朝，遂不返。"

隆庆《永州府志》卷七"提封志·山川"零陵："东南二里为阳和山，王真人修炼于此。"卷十七"外传·仙释"："王真人，德安人，修炼于零陵之阳和山。元初赐观额为'万寿宫'，封懿德真人，征入朝，遂不返。"

康熙九年《永州府志》卷八"山川志·零陵"："阳和山，在南门外，王真人修炼于此。"

康熙二十三年《零陵县志》卷二"山川"："阳和山，在南门外，王真人修炼于此。王元弼《名胜记》曰：'在城南。山如虹形，草木经冬不枯，是以牛羊等物独不上此山，盖以谓。山在南，向阳，故草木如此之茂。相传昔年有王真人修炼于此，向有丹台，今不复见，但有水一泓，赤色，其亦真人之迹欤？因系以诗：山色乱云屯，章木遍野原。香气日以盛，繁花生石门。"按王元弼乃零陵县令，该志乃其主修，他在其个人专著《名胜记》③中还解释了阳和山的得名，他说阳和山在县南门外，应当亲自去考察过，并为之写了一首五言诗，对阳和山景色作了一番描绘，其言"阳和山，在南门外"，当不虚。今日永州城东南郊外并无较高之山，王元弼既然说此山"草木经冬不枯"，想来此山不会很

---

① 汤军：《现存湖南省最早的刻本方志——洪武〈永州府志〉述略》，载《南华大学学报》（社会科学版）2013 年第 4 期。

② 康熙二十三年《零陵县志》卷十四"著述"未记载洪武《永州府志》，其所记载的第一部永州府志就是弘治《永州府志》。

③ 据道光《永州府志》卷九下"艺文志"，《名胜记》全名《泉陵名胜记》，"本单行，后即以入邑志山水类"。

高，所以草木才会经冬不枯的。

康熙三十四年《永州府志》卷三"山川志上·零陵"："阳和山，在南门外，王真人修炼于此。"

《大清一统志》卷二百八十二"永州府·山川"："阳和山，在零陵县南一里，山如虹形，草木经冬不枯，故名。"

乾隆《湖南通志》卷之九"山川四·永州府·零陵县"："阳和山，在零陵县东南一里，山如虹形，草木经冬不枯，故名。"

嘉庆《湖南通志》卷十三"山川六·永州府·零陵县"："阳和山，在零陵县东南一里，山如虹形，草木经冬不枯，故名。"

道光《永州府志》卷二上"名胜志·零陵"："又县城东南（注：南门外）一里，山形如虹，草木经冬不枯者，阳和也。相传有逸人王某修真于此，游者绝少。"

光绪《零陵县志》卷一"地舆·山"："阳和山，宗绩辰府志云：县东南一里，山形如虹，草木经冬不枯者，阳和山也。相传有逸人王某修真于此，游者绝少。"

民国《零陵县志》卷一"地舆·山"："阳和山，宗绩辰府志云：县东南一里，山形如虹，草木经冬不枯者，阳和山也。相传有逸人王某修真于此，游者绝少。"

从以上省府县志"山川志"的记载看来，从明代弘治年间开始，阳和山就已从零陵、宁远交界处"搬到"了零陵东南近郊，直到民国仍在这里；而上引弘治、隆庆两府志"仙释志"中"王真人，德安人，修炼于零陵之阳和山。元初赐观额为'万寿宫'，封懿德真人，征入朝，遂不返"的记载，仅说阳和山是在零陵，并未点明阳和山在零陵县城东南郊，但我们从其他一些有关"万寿宫"的资料中也可以佐证阳和山确实已"位移"到零陵县城东南郊。如民国《零陵县志》卷三"祠祀·寺观"载："万寿观，在阳和山，元初有德安王道士隐此，赐观名，封懿德真人，征入朝。"此志卷一是明确说阳和山在"县东南一里"的，其既然载"万寿观在阳和山"，则说明万寿观（亦即万寿宫）就在零陵"县东南一里"，也说明了王真人所修炼的阳和山确实已"位移"到了零陵县城郊。

　　此外当地还有一个传说可能亦与阳和山位移有关，据光绪《阳明山志》的《秀峰祖师行录》记载，明代正德、嘉靖间"阳和山有巨钟，飞入郡城太平寺"①，既然巨钟可从阳和山飞到零陵城中，那么阳和山"位移"到零陵城外也在情理中了。当然，巨钟实际上是不会自己飞过来的，但也不能简单斥以迷信了事，传说背后往往有其复杂的社会功利、社会心理及宗教因素，深入研究常是很有意味的事。

（三）方志文献中关于阳和山改名阳明山的记载

嘉庆十七年《宁远县志》卷十"仙释"秀峰传载：

　　秀峰，名真聪，本邑郑氏子。母李氏，归宁过莲塘，偶见莲花香馥，归而成孕，十有八月，诞于东山岭。是夜星辰灿烂，红光满室，族人惊问之，乃生男也。幼颖异，年十三，父命出就外傅。聪曰："书纪姓名，选官而已，何如选佛？"矢志出家。独行数十里，至阳和山，遇山僧明性，喜而驻足焉。明性素领曹溪宗旨，见聪容止不凡，甚敬礼之，允其披剃，持戒律三年，遯迹歇马潭。有猎者逐鹿，发乱矢，聪高声念佛，猎众咸惊。随聪至住所，见岩穴萧然，回报师知，强之使归。师问："别后遯迹，曾见甚么道理？"聪曰："山似青兮水似绿。"身虽强归而心有曹溪之游。比至曹溪，与住持机缘相契，复坚阄之，苦修三载，以归本山。闭关习静，谢绝人事。嘉靖庚戌，聪年三十有九，一日挝鼓升堂，谓众曰："寄迹人间三十余，度生之愿尚未毕，留得色身登祖位，也将黄叶止儿啼。"语毕，入关坐化。遗命师徒，约以三年期满，方可开关。届期，有王孙菊坡，久慕高风，往山开关，视之，庄严端坐，俨然如生，深赞拜伏。南渭王加其谥曰"七祖"，匾曰"曹溪正派"，名其庵曰"万寿寺"，改其山曰"阳明山"。

---

　　①　按，笔者未见光绪《阳明山志》的《秀峰祖师行录》原文，此处据中国人民政治协商会议湖南双牌县委员会文史资料研究委员会编1991年内部印行的《阳明仙境》一书所录《秀峰祖师行录》而引。下同。

按嘉庆《湖南通志》卷一百七十二"仙释"、道光《永州府志》卷九下"艺文志"中均有"改其山曰'阳明'"的记载，基本内容与嘉庆《宁远县志》类同，不过文字有所简省而已。嘉庆《湖南通志》"仙释"注明此条记载出自《宁远县志》，但未说明是哪年所修的县志。笔者只查到嘉庆《宁远县志》，此前尚有万历、康熙、乾隆三种《宁远县志》，本人尚未得见，不知其中是否亦有此记载？

从清代以前方志文献中不见阳明山的记载来看，《宁远县志》关于阳明山是由南渭王将阳和山改名而来的记载是具有相当可信度的。由于位于宁远、零陵交界处的阳和山被改名成了阳明山，于是阳和山就只好从距零陵城八九十里的地方"搬到"了零陵城东南近郊。

但有一点还须解释，即嘉靖庚戌（1550）之前的弘治七年（1494）所修的《永州府志》已有"阳和山，在县东南二里"的记载，看来，在嘉靖庚戌阳明山得名之前，阳和山已一"山"而二处，一在原地，一在零陵县东南近郊，为什么会这样？简单地说，是南渭王为了自己就近朝山或修道方便造成了这一结果。

湖南科技学院张京华教授和他的学生们近年对永州朝阳岩历代摩崖石刻进行普查，发现了很多以前从未见诸文献记载的石刻资料，其中有一方南渭王手书的榜书，"朝阳岩下洞上方，又有榜书'聚胜'二字，署款'阳和道人'，钤印'南渭王宝'石刻四周篆刻龙纹"①，但未署年份，不知是哪一代南渭王所书②。

---

① 见张京华、侯永慧《阳明山与朱彦滨》一文，文中附入了该榜书及署款和钤印的拓片。据拓片，"聚胜"二字为横刻，钤印为"南渭王宝"，刻在"聚胜"二字中间稍上位置，署款为"阳和道人书"，竖刻在钤印正下方。

② 按，张京华教授在文章中还引了朝阳岩另一石刻资料"嘉靖己亥菊月望日宗室□□道人题"（为一诗刻的署款，张教授文中亦附入了该诗刻及署款的拓片），认为刻中所缺乃"阳和"二字，以此推断"聚胜"作者为第三代南渭王朱彦滨。笔者对此推断有些不同看法，因为既然"聚胜"榜刻署名"阳和道人"再加上"南渭王宝"以表明身份，那么此诗署款也会照此办理，且南渭王既是一位郡王，也就绝无自称为宗室的道理；此外，从榜刻和诗刻的书法来看，榜刻字体较为圆润，而诗刻字体则较为瘦劲，似乎也不可能为同一人所书。所以笔者认为"宗室□□道人"中间所缺乃是"菊坡"二字。菊坡，正是一位宗室，且是一位著名道人，这在各种永州府志和零陵县志中都有详细记载，其活动年代也与诗刻所署年代一致。下文笔者将要对其人做些考述，此且从略。

南渭王乃是朱元璋第十八子朱楩的后人，朱楩于明永乐二十一年（1423）从福建漳州徙封湖南武冈州为岷王，景泰四年（1453）朝廷封第二代岷王朱徽煠次子朱音墼为南渭王①，成化十五年（1479）"分居永州，建府第于零陵县治之后"②，"南渭王府，在府东，成化十五年自武冈州岷府迁建于此"③。第一代南渭王朱音墼于弘治五年（1492）去世，谥荣顺；其嫡长子膺鑼因"性狠戾，所为多不法，又蒸其父之宫人"，于前一年被废为庶人④，于是荣顺庶长子膺釦以镇国将军身份管理王府，至正德十四年（1519）未及嗣王爵而去世；膺釦嫡长子彦滨袭镇国将军管理王府，嘉靖三年（1524）袭祖父南渭王爵，并追谥其父为怀简，彦滨嘉靖二十二年去世，谥安和；彦滨嫡长子誉橎继位，嘉靖三十九年（1560）去世，谥庄顺，无子，国除⑤，南渭王共传四代107年（其中在永州81年）而国绝。

"聚胜"榜书作者南渭王既然自署为"阳和道人"，那他一定是热心道术、讲究修炼的人。据前所引方志，阳和山乃著名道士王真人修真之处，南渭王一定对之非常神往，从他"阳和道人"的自称也可看出此点，但阳和山离王府所在零陵城将及百里，且山高路险，作为一位王者亲自前往朝山修炼，似乎不太可能；就算他一心向道能吃得了长途跋涉风餐露宿之苦，他也是不能前往的。因为从明太祖朱元璋起，朝廷就对宗藩有严格的行动限制，特别是明成祖朱棣上台之后，对藩王活动的限制更加严格，藩王甚至不能随意出城。地方官对藩王的活动则负有监视报告之责，如景泰五年（1454），明代宗下诏警告沅陵王朱贵橘："得荆州卫府官奏，王于正月二十九日领内史校尉出城捕鱼，此虽小事，揆于祖训，则有所违，夫违不在大小，而谨必自小始。"⑥天顺四年（1460），明英宗敕寿昌王朱季："今得湖广三司等官奏，尔于今年

---

① 《明史》卷一百二"表第三·诸王世表三"。
② 康熙二十三年《零陵县志》卷三"藩封"。
③ 《大明一统志》卷六十五"永州府·藩封"。
④ 见《明实录》弘治四年十二月戊午纪事。
⑤ 《明史》卷一百二"表第三·诸王世表三"。
⑥ 见《明英宗实录》景泰五年三月丙寅记事。

八月十七日，领步骑二十人出城往灵泉山祭墓，至次日还府。"① 由此可见藩王离王府所在远行是要受到严格限制的。

向往阳和山，希望前去朝山修炼，又不能亲自前往，那么就只能让阳和山"搬家"了，于是阳和山就位移到零陵城东南近郊，王真人修真之处也随之位移，这是南渭王的权力，也是南渭王自称"阳和道人"的原因。那么，这位"阳和道人"是哪一代南渭王呢？因为弘治七年（1494）所修的《永州府志》已有"阳和山，在县东南二里"的记载，看来这位"阳和道人"只能是此前在位的南渭王了，这就是第一代南渭王朱音墼，他成化十五年（1479）从武岗迁来永州，弘治五年（1492）去世，正好是在弘治七年（1494）所修府志第一次记载阳和山在零陵城东南郊之前，所以自称"阳和道人"的南渭王只能是他。

不过第一代南渭王虽然为了自己方便，将阳和山和王真人道场"搬到"了零陵城郊，但原来的阳和山还是留在原处，这就出现了一"山"而二处的奇特现象。到了嘉靖三十一年（1552），第四代南渭王将原地的阳和山改名为阳明山后，从此在嘉靖以后的永州府县志中，就仅有阳和山在零陵县东南近郊的记载了。这说明阳和山已结束了一"山"而二处的历史，阳明山已最终取代了原初阳和山的位置。

二　秀峰禅师、蒋鳌道士、菊坡王孙与阳明山

（一）方志文献中秀峰、蒋鳌、菊坡三人同时与阳明山关联的记载

在现存方志文献中，秀峰、蒋鳌、菊坡三人同时与阳明山联系在一起的最早记载是康熙九年《永州府志》卷二十四"外志·仙释"的秀峰传：

> 秀峰，生于正德间。晚与邑人蒋鳌、宗室菊坡相友善，筑庵于黄溪之阳明山。山高与云齐，即见日出，故以"阳明"名之。秀修行数十年，得曹溪正传。忽一日，涅槃于桶中，戒其徒："越千

① 见《明英宗实录》天顺四年九月丙申记事。

日乃启。"及期启之，宛状如生，即建道场于山。其地有银沙十里，鸟道盘折。每岁八月，朝礼者以数万计，至今肉身犹在焉。

康熙三十四年《永州府志》卷二十四"外志·仙释"秀峰传所载与之完全相同，康熙二十三年《零陵县志》卷之十四的"外志·仙释"秀峰传所载内容基本相同，但文字稍有差异①。光绪《零陵县志》卷九"人物·仙释"秀峰传所记则较为详细：

> 一日，击鼓升座，说偈毕，复入室闭门，谓众曰："吾将于此中坐化矣，俟三年乃启。"及期，众入，视发爪加长，状貌如生，众叹异之。时明嘉靖三十一年，其死时，盖年三十九也。先是，明藩南渭王孙菊坡、邑人蒋湘崖俱好道，与秀峰友。及是，二人至，见其状，拜之，且崇其号曰"七祖"，盖以配六祖也，额庵曰"万寿寺"。

民国《零陵县志》卷九"人物·仙释"秀峰传所记与光绪《零陵县志》相同。光绪二十六年《阳明山志》的《秀峰祖师行录》所记三人关系则有所不同：

> 时师年已二十矣。师身虽已还乡，而心契曹溪衣钵，未尝忘也，旋往曹溪。是时明藩南渭王居永州，其孙菊坡与零陵邑蒋湘崖志同好道，值阳和山有巨钟飞入郡城太平寺，二公感此神奇，度山中必有异人，因偕访，而师先有曹溪之行，不克遇，为之太息……忽一日，挝鼓集众曰："寄迹人间三十余，度生之愿尚未毕。留得色身登祖位，也将黄叶止儿啼。"又谓明公曰："弟子谓西方有金刚不坏身，亦愿以身度世。"遗约三年期满，方可开关。复偈云：

---

① 如"得曹溪正传"一句，康熙二十三年《零陵县志》卷之十四的"外志·仙释"秀峰传作"得教外别传"；"忽一日，涅槃于桶中，戒其徒"一句，康熙二十三年《零陵县志》卷之十四的"外志·仙释"秀峰传作"忽一日，贮盐一桶，趺坐其中，戒其徒"。

"壬申对甲子，跗坐同趺坐。千一了一年，又七月十七，即是中秋
会。祖以空为座，原是本来人。今成就法座。"偈毕，入关坐化，
时嘉靖二十九年，师年三十有九。菊坡、湘崖等，久慕师之高风，
生前未晤，深以为憾。嘉靖三十一年壬子八月中秋，及期，偕至阳
和山，启关谛视，宛然如生，发爪犹长，赞叹不已，顶礼拜伏。师
徒相扶披剃，衣覆庄严，涅槃端坐。方悟壬子趺坐之偈不谬。菊坡
闻之南渭王，遂崇其号曰"七祖"，赠额曰"临济正派"，迁阳明
山，改庵名"万寿寺"。

　　以上材料所记三人关系之事颇有异同。据康熙《零陵县志》、康熙
《永州府志》、光绪和民国《零陵县志》，秀峰坐化前就与蒋鳌、菊坡
"相友善"，想来蒋鳌、菊坡定然常到阳明山（其实当时应还称"阳和
山"）看望秀峰，与其谈禅论道，不然何称友善？说不定"筑庵于黄溪之
阳明山"是他们三人共同之事。志载："蒋鳌，号湘崖，领正德癸酉乡
荐。尝出宰扶沟，以清洁著闻。致政归，得遇异人，授以服食之术，弃
家，构一椽于山中，曰'寄寄巢'，修炼数年，遂遨游名山，足迹尝在天
台雁岩间。"① 蒋鳌致政归家后"于山中"所构的"寄寄巢"，很可能就
在阳明山中，他在此"修炼数年"，与秀峰更可能是朝夕相处了；但秀峰
坐化三年后启关之时，康熙《零陵县志》和康熙《永州府志》却根本未
提到蒋鳌、菊坡在场。而据光绪《阳明山志》的《秀峰祖师行录》，在秀
峰坐化前，蒋鳌、菊坡虽"久慕师之高风"，曾一同前往拜访，但却因秀
峰前往曹溪三年而失之交臂，导致与其"生前未晤"。然而此说并不可
信，因为就在前面此行录说秀峰出生于明正德七年（1512）②，前往曹溪
之时年刚二十，当1532年左右，这一年正是嘉靖十一年；而蒋鳌嘉靖十
一年还在河南扶沟知县任上③，嘉靖十四年（1535）代理陕西三原县令的

----

　　① 见康熙二十三年《零陵县志》卷十四"外志·仙释"蒋鳌传。
　　② 上引康熙二十三年《零陵县志》和康熙九年及三十四年《永州府志》则说："秀峰禅
师，生于明正德间。"
　　③ 乾隆《河南通志》卷三十三"职官四·开封府属知州知县·扶沟县"："蒋鳌，湖广零
陵人，举人，嘉靖九年任。费希禹，山东莱阳人，举人，嘉靖十一年任。"

蒋鏊还捐出自己的俸禄刻印了寇准的《忠愍公诗集》①，这说明在秀峰前往曹溪期间，蒋鏊根本不可能回到永州并与"志同好道"的菊坡前去阳和山"偕访"秀峰而不遇的；对于秀峰死后三年启关，则光绪、民国《零陵县志》秀峰传和光绪《阳明山志》的《秀峰祖师行录》一致记载蒋鏊、菊坡二人在场，甚至充当了启关人的重要角色。②

（二）蒋鏊、菊坡与秀峰的仙道之气

南渭王改阳和山"其山曰阳明"，这事可能与菊坡、蒋鏊"俱好道"、"志同好道"有关，也与南渭王的好道有关。改阳和山为阳明山的不是自称为"阳和道人"的第一代南渭王，但这位南渭王显然也是好道的，这与当时其祖上的好道有关，也与整个上层社会崇尚道教的风气有关，嘉靖皇帝就是一位崇信道教的典型，为了求仙炼丹，修炼长生之术，竟然二十多年不上朝不理朝政。

蒋鏊就是当时一位著名的仙道之士，在清代永州的府县志甚至湖南通志中，他几乎是作为一位道教人物而列入"仙释"传中的。如康熙九年《永州府志》卷二十四"外志·仙释"、康熙二十三年《零陵县志》卷之十四"外志·仙释"、康熙三十四年《永州府志》卷二十四"外志·仙释"、光绪《零陵县志》卷九"人物·仙释"、民国《零陵县志》卷九"人物·仙释"、嘉庆《湖南通志》卷一百七十二"仙释"都是如此。③ 但蒋鏊早年却是一位深受儒学熏陶的传统儒生，徐文长说

---

① 蒋鏊代理三原县令与捐俸刻寇准《忠愍公诗集》事，见收在明崇祯十四年蒋鏊刻《忠愍公诗集》卷末的"王承裕记"（《四部丛刊三编》集部影印本），记文不长，录于下："予昔时录藏宋莱忠愍公诗，迄今几四十年，惧其字画磨灭，而未可以言久也；且公为华之下邦人，予忝乡曲之末，方图刻之，转相流布，俾公口齿膏馥霑被后人，而力未能。近摄三原县事零陵蒋君鏊至，会予于归来之堂，话及公之言行，倾仰切至。予因曰家藏公集旧矣，出以示之，喜而怀归，遂捐俸以永其传，则公为学之要、为政之体可以见矣。时嘉靖乙未岁春正月丁卯平川野逸王承裕记。"

② 嘉庆十七年《宁远县志》卷十"仙释"秀峰传则仅记菊坡"久慕高风"而未涉蒋鏊，嘉庆《新田县志》卷十"杂志·仙释"秀峰传虽载"赠秀峰七祖禅师"，但却对蒋鏊、菊坡只字未提。

③ 即在今日亦是如此，如胡孚琛主编的《中华道教大辞典》就有蒋鏊之条目，中国社会科学出版社1995年版，第200页。

他"早岁妍精孔孟，含藉六经"①，他正德八年中举②，不久即入官场，先"任广东教谕，潜心理学，当道委毁淫祠，一无所假"③，嘉靖九年至十一年，任河南扶沟知县④，此后代理陕西三原县令。他为政清廉，热衷弘扬儒家文化，曾于嘉靖十四年用个人俸禄刻印了寇准《忠愍公诗集》⑤，可以说直到此时，蒋鏊还是一位纯粹的传统儒家人士。大约不久之后，蒋鏊退出官场回到家乡，从此开始由一位儒家人物向道家人物转变。"致政归，得遇异人，授以服食之术，弃家，构一椽于山中，曰'寄寄巢'，修炼数年，遂遨游名山，足迹尝在天台雁岩间。山阴徐淮，文长兄也，好辟谷，乃师事之，文长曾记之以诗。"⑥蒋鏊在江浙一带遨游名山，结交名士，与当时著名文人徐渭兄弟有密切交往。徐渭之兄徐淮，"弱龄访道，垂五十春，玄室冥奥，未睹宫墙。遭先生溯舟闽粤，放于山阴，邂逅天缘。值诸行道，顾盼之间，疑谓异人。遂数语浃襟，悬榻弥月。过蒙收畜，列诸仆御之徒"⑦，初见之下十分服膺蒋鏊，当即拜其为师；徐渭也曾与兄一起向蒋鏊学习道术，"忆昔兄与弟，相乐和鸣琴。奉君会稽山，回睇香炉岑。两两捧清爵，一一聆徽音"⑧，并称赞其道术是"重华昔所授，绪脉由羲黄；庸兹感迪君，佩

---

① 徐渭：《蒋扶沟公诗并序》，见"中国古典文学基本丛书"《徐渭集》，中华书局1999年重印本，第79页。

② 雍正《湖广通志》卷三十五"选举志·举人"："正德八年癸酉乡试榜：蒋鏊，零陵人，知县。"

③ 隆庆《永州府志》卷十四"人物列传·蒋鏊"，又见康熙三十四年《永州府志》卷十九"人物上·零陵名贤"蒋鏊传，按以上两种府志蒋鏊是作为儒家名贤入传的，而后一种府志即康熙三十四年《永州府志》卷二十四"外志·仙释"亦有蒋鏊传，则是作为道教人物入传。

④ 乾隆《河南通志》卷三十三"职官四·开封府属知州知县·扶沟县"："蒋鏊，湖广零陵人，举人，嘉靖九年任。费希禹，山东莱阳人，举人，嘉靖十一年任。"

⑤ 见前注所引崇祯十四年蒋鏊刻《忠愍公诗集》卷末的"王承裕记"。

⑥ 康熙二十三年《零陵县志》卷之十四"外志·仙释"蒋鏊传。

⑦ 徐渭：《蒋扶沟公诗并序》序，"中国古典文学基本丛书"《徐渭集》，中华书局1999年重印本，第80页。

⑧ 徐渭：《蒋扶沟公诗并序》第五首，"中国古典文学基本丛书"《徐渭集》，中华书局1999年重印本，第81页。

服永勿忘"①，并想正式拜入其门，"夫兄所师表，弟胡不尔，恐尘凡之姿，仙圣所拒"②，因种种原因并未实行。嘉靖二十四年（1545）夏天徐淮去世，年仅五十四岁③，徐渭伤感其兄"逢师苦不早，炼摄总成哭"④，认为如能早遇蒋鏊，必不至此。约两年后即嘉靖二十六年⑤，蒋鏊将回零陵，徐渭更加感伤，写诗为其送行，诗序中说："死者已矣，生人去焉，存亡惕心，永以为好。异日吸沆瀣之精景，陟壶峤之福庭，飞九还之丹火，骑八极之游气，则天凡殊途，相见无日。缅哀伯氏，重以离衷。因献五言六首。"⑥

　　嘉靖二十六年，蒋鏊回到零陵，"归而贫甚，饮食常不给"，但修道不辍，道行日进。又与喜好道术的南渭王孙菊坡交往，"除夕之日，不能具朝餔……遂假寐。王孙菊坡者，与先生友善，先生出神谒王孙，谈及于此，备物送之，先生寤则种种具也，其奇幻多如此类"；又过了"数十年而先生死。死之日，道逢邻人，授以钥寄其家。家人共骇，举其棺轻甚，盖尸解云。后数年，又有人遇之于蜀峨眉山中"。⑦

　　由此看来，蒋鏊是一位由儒入道的人物，康熙三十四年《永州府志》"名贤"和"仙释"二志都将蒋鏊收入是很有道理的。据康熙二十三年《零陵县志》卷之十四"外志·仙释"蒋鏊传和道光《永州府志》卷九下"艺文志"，蒋鏊有《湘崖文集》（道光《永州府志》"艺文志"作《湘崖集》）和《证道歌》两种著作传世，其著作的内容看

---

　　① 徐渭：《蒋扶沟公诗并序》第二首，"中国古典文学基本丛书"《徐渭集》，中华书局1999年重印本，第80页。

　　② 徐渭：《蒋扶沟公诗并序》序，"中国古典文学基本丛书"《徐渭集》，中华书局1999年重印本，第80页。

　　③ 见李德仁《徐渭》，吉林美术出版社1996年版，第37页。

　　④ 徐渭：《蒋扶沟公诗并序》第四首，"中国古典文学基本丛书"《徐渭集》，中华书局1999年重印本，第81页。

　　⑤ 《蒋扶沟公诗并序》第四首云："伯氏颇好道，终岁事修服……人命安可期，天犹互寒燠。念别正徂暑，墓草已更绿。瀼瀼日中霜，亭亭风际木。逢师苦不早，炼摄总成哭。"是说写诗送别蒋鏊时，其兄"墓草已更绿"，即已过了两年，蒋鏊归湘当在嘉靖二十六年。

　　⑥ 徐渭：《蒋扶沟公诗并序》序，"中国古典文学基本丛书"《徐渭集》，中华书局1999年重印本，第80页。

　　⑦ 康熙二十三年《零陵县志》卷之十四"外志·仙释"蒋鏊传。

来也是一儒一道。

另一位与阳明山得名有关的人物菊坡亦是"好道"之人，在有关的府县志中，并没有菊坡的传记，其具体事迹无法确切知道；我们只知他是南渭王的孙子，菊坡是他的号①，他的名字是什么也不清楚。

方志文献中只说菊坡是"南渭王孙"，他是哪位南渭王的孙子呢？我们可以作点推测。嘉靖三十一年（1552），菊坡与蒋鳌一起见证了秀峰涅槃后的开关异象，蒋鳌是正德八年举人，时为公元1518年，中举时至少年在二十五岁以上，那么嘉靖三十一年蒋鳌当有六十出头了；菊坡与其为道友，年纪应与之相差不大，当出生于公元1490年前后，可以肯定菊坡应是第一代南渭王朱音垫的孙子，因为朱音垫死于公元1492年，死时五十五岁②，正是当有孙子的年纪了。如此看来，菊坡就是朱元璋的第六代孙。他或许就是第一代南渭王嫡长子膺鑼的儿子，有记载南渭王嫡长子膺鑼是天顺五年（1461）出生③，1492年前后菊坡出生时，他30岁左右，正是好生儿子的年龄。如果真是这样，菊坡的好道就是必然的了。其父被废为庶人时菊坡刚刚出生，他虽仍不失为王孙，生活自然还是优裕，政治地位却已一落千丈，他没有任何爵位而只有一个"王孙"的仅表明血统的普通称名，说明他已完全是一介庶民的身份。如果不是其父被废为庶人，他至少也是一位镇国将军，甚至可能继位为南渭王，但他却连一个最起码的表明宗室身份的奉国中尉称号也没有④，只能在他的兄弟辈（第三代南渭王朱彦滨）和子侄辈（第四

① 按，康熙九年《永州府志》卷二十四"外志·仙释"秀峰传载秀峰"晚与邑人蒋鳌、宗室菊陂相友善"，"菊坡"作"菊陂"。

② 《明实录》弘治五年六月："丙午岷府南渭王音垫薨。王，恭王庶第二子，正统三年生，景泰三年封为镇国将军，景泰五年进封南渭王，至是薨，年五十五。"

③ 《明实录》天顺五年："秋七月……乙卯，赐岷府南渭王音垫嫡长子名曰膺鑼。"

④ 《明史》卷一百十六"列传四·诸王"载："明制，皇子封亲王，授金册金宝，岁禄万石，府置官属。护卫甲士少者三千人，多者至万九千人，隶籍兵部。冕服车旗邸第，下天子一等。公侯大臣伏而拜谒，无敢钧礼。亲王嫡长子，年及十岁，则授金册金宝，立为王世子，长孙立为世孙，冠服视一品。诸子年十岁，则授涂金银册银宝，封为郡王。嫡长子为郡王世子，嫡长孙则授长孙，冠服视二品。诸子授镇国将军，孙辅国将军，曾孙奉国将军，四世孙镇国中尉，五世孙辅国中尉，六世以下皆奉国中尉。其生也请名，其长也请婚，禄之终身，丧葬予费，亲亲之谊笃矣。"

代南渭王誉播）底下讨生活，在这种情况下，除了学道还有什么路走？

秀峰则是一位半道半释的人物。关于其籍贯，康熙九年《永州府志》卷二十四"外志·仙释"秀峰传载其"生于正德间，晚与邑人蒋鳌、宗室菊陂相友善"，康熙二十三年《零陵县志》卷之十四"外志·仙释"秀峰传文字与之完全一致，是将其当作本县人入传的，康熙三十四年《永州府志》卷二十四"外志·仙释"秀峰传则明确说："秀峰，零陵人，生正德间。"而光绪《零陵县志》卷九"人物·仙释"则说："秀峰禅师，新田县东山郑氏子也。"嘉庆《宁远县志》卷十"仙释"秀峰传则说他是"本邑郑氏子……诞于东山岭"。如上所述，秀峰籍贯有零陵、新田、宁远三种说法。嘉庆《宁远县志》作者对此议论道："按师为东山岭郑氏子，父名枋，其地今属新田县。师显化于前明正德、嘉靖间，时宁、新尚未析置，故传首称本邑人。零陵新志亦称'邑郑氏子'，误矣，并记。"① 因而说秀峰是宁远人或新田人都没错，但说他是零陵人则不可。

秀峰的事迹，在较早的方志记载中是较简单的，如康熙九年《永州府志》、康熙二十三年《零陵县志》和康熙三十四年《永州府志》，仅寥寥数十字，极概括简略地记载其与蒋鳌、菊坡友善，筑庵阳明山修行，得"教外别传"或得"曹溪正传"，贮盐一桶趺坐其中涅槃，越千日乃启宛状如生，肉身犹在，每岁八月朝礼者数万等事。到了嘉庆十七年《宁远县志》的秀峰传，情节则具体生动并丰富起来："秀峰，名真聪……母李氏，偶见莲花香馥，归而成孕，十有八月诞……星辰灿烂，红光满室……幼颖异……矢志出家……至阳和山……山僧明性见聪容止不凡，甚敬礼之……持戒律三年，遯迹歇马潭……岩穴萧然……有曹溪之游……归本山……嘉靖庚戌，聪年三十有九……入关坐化……三年期满……王孙菊坡……开关……俨然如生……南渭王加其谥"等②，种种异迹开始以生动具体的情节出现。

根据有关材料，我们可以断定秀峰事迹增多丰富的源头就是秀峰之

① 见嘉庆《宁远县志》卷十"仙释"秀峰传正文后小字注文。
② 嘉庆十七年《宁远县志》的秀峰传全文见本文第一部分第三节所引录。

后阳明山寺僧徒的传述。有一本题名为《阳明山志》的书，其中有
《秀峰禅师行录》一篇①，对秀峰的出生不凡、学佛经过、入关坐化、
开关异象及"七祖"、"万寿"得名有极详尽具体的记述，是关于秀峰
事迹最详备的民国之前的文献。今日我们能见到的《阳明山志》是光
绪二十六年刊印的，但光绪二年《零陵县志》卷一"地舆·陵墓"南
渭王墓注有"《阳明山志》'王孙菊坡与蒋鳌好为方外交'者"的话，
道光八年《永州府志》卷九下"艺文志"说"《秀峰语录》、《阳明山
志》，阳明山寺僧传述"，可见《阳明山志》此前早已行世。据目前所
见文献，此书虽最早见载于道光八年（1828）《永州府志·艺文志》
中，但应在嘉庆十七年（1812）之前就已编成。因为嘉庆十七年《宁
远县志》秀峰传其记述之具体丰富，只有传述《秀峰禅师行录》的
"阳明山寺僧"才有可能做到；且嘉庆十七年《宁远县志》秀峰传的行
文用语，也与《秀峰禅师行录》极其相似，如说到秀峰出生，"是夜星
辰灿烂，红光满室，族人惊问之"，与《秀峰禅师行录》几乎一字不
差，还有嘉庆十七年《宁远县志》秀峰传作者说到秀峰的籍贯，"按师
为东山岭郑氏子，父名枋，其地今属新田县。师显化于前明正德、嘉靖
间，时宁、新尚未析置，故传首称本邑人"，两次称秀峰为"师"，这
也与传述秀峰事迹的"阳明山寺僧"身份相符，更与《秀峰禅师行录》
篇首"现据师之家传与本山留存传说有关行止，敬录于后"之语的口
气完全一致，这充分说明了嘉庆十七年《宁远县志》的秀峰传的写作
是以《阳明山志》的《秀峰禅师行录》为蓝本的，也只有参考了《阳
明山志》中的《秀峰禅师行录》才有可能出现这样的情况。

　　从《秀峰禅师行录》来看，秀峰虽是一位禅师，但实际上其仙道
之气要更多一些。如秀峰的出生乃仙翁所赐，"母李氏金姑……路经大
江洞莲塘，遇一老翁饥卧，求筐中物，氏慨然出糍与食。翁嘉其贤，并
询氏之里居，忽指塘中莲花一枝，顾氏曰：'此即贵子也。'言讫不见。

---

　　① 按，笔者未见光绪二年《阳明山志》原志，据中国人民政治协商会议湖南双牌县委
员会文史资料研究委员会编 1991 年内部印行的《阳明仙境》一书所录《秀峰祖师行录》注
明，该文出自光绪《阳明山志》。

氏顿感莲气芳馨，遂觉有孕，始悟所遇乃仙翁也"。所谓"仙翁"，乃道家特有的说法；其出生也是一片仙气，"祖师诞生，是夕，星辰灿烂，祥光满室"；他还像汉末方士左慈一样会弄奇幻之术，"师龄尚未及冠，父母为其定婚嘉禾谢氏，择吉入赘，礼成之夕，师坚不从。是夕，室内灯光明灭，女竟不知师之所在，然次晨依然在室"，其岳母为了破坏他的持戒，"特宰鸡与之啜……力拒不可，亦任其割烹。适外弟至，私嚼一距，师乘机脱身。谢母知不可留，率女持送至大江洞田畔，叹曰：'君心若此，奈何？'师接，谢曰：'母有令女，何愁无快婿？'异日另配，即今嘉禾石燕胡氏。师即行，涤，大哕，鸡经吐出，竟活如旧，独缺一足，随跃奔家"；他寻找修炼之地，也是反复选择，直"至零陵界阳和山。只见木石幽异，紫气腾空，地铺银沙，岭势磅薄，并阅宋代古碑钟器，知是真人炼丹之处、神禹藏书之穴，遂欣然曰：'大事因缘，其在斯乎？'"，所谓"真人炼丹、神禹藏书"全是道家专门用语①，难怪"志同好道"的蒋鳌、菊坡二人要与秀峰交好，也难怪《中国神话人物辞典》要说他是一位"湘南民间崇奉神灵"②，原来秀峰本来也是一位仙道，虽然后来被奉为所谓"七祖"，那可能只是佛教为了能在当地立住脚跟而采取的一种策略，也是乡野社会民间信仰的特色体现，即儒释道混杂，你中有我，我中有你，难解难分的特色。

三　南渭王与阳明山之得名

据上文所引嘉庆十七年《宁远县志》卷十"仙释"秀峰传、嘉庆《湖南通志》卷一百七十二"仙释"秀峰传和道光《永州府志·艺文志》记载，阳明山是由阳和山改名而来；改名之事与蒋鳌、菊坡有极

---

① 见中国人民政治协商会议湖南双牌县委员会文史资料研究委员会编 1991 年内部印行的《阳明仙境》一书所录《秀峰祖师行录》。

② 李剑平主编：《中国神话人物辞典》，陕西人民出版社 1998 年版。

见康熙九年《永州府志》卷二十四"外志·仙释"秀峰传、康熙二十三年《零陵县志》卷之十四"外志·仙释"秀峰传和康熙三十四年《永州府志》卷二十四"外志·仙释"秀峰传。

大关系，是他们两人将秀峰开关后所现异象报告南渭王后，由南渭王决定改"其山曰阳明"的，时间是在秀峰坐化开关的嘉靖三十一年（1552）之后。

　　但《阳明山志》的《秀峰禅师行录》却并未说南渭王改阳和山名为阳明山之事，而说秀峰坐化三年开关后，"菊坡闻之南渭王，遂崇其号曰'七祖'，赠额曰'临济正派'，迁阳明山，改庵名'万寿寺'"，似乎只是将庵名改"万寿寺"，并将秀峰肉身从阳和山迁到阳明山而已。但此庵是秀峰初到阳和山时拜明性和尚为师所在之庵，也是秀峰坐化之庵，各种资料中都不载此庵之名，本是一无名之庵，南渭王又如何改其名？嘉庆十七年《宁远县志》卷十"仙释"秀峰传所说"名其庵曰'万寿寺'"当较近事实；此外，秀峰既在此庵坐化开关，为何不在原地安放而要迁走？此举于情于理均说不通。较早的资料都说"及期启之，宛然如生，即建道场于山"，说明秀峰肉身是在其坐化所在之山也就是阳和山就地保存安放的，并未迁到另外的地方。保存安放之所当然就在"即建"的"道场"中，这个道场就是万寿寺。这个万寿寺是新建的道场，所以嘉庆十七年《宁远县志》卷十"仙释"秀峰传所说"名其庵曰'万寿寺'"的说法也是不准确的。

　　这个为秀峰新建的道场万寿寺是谁所建？光绪二年《零陵县志》卷一"地舆·陵墓"南渭王墓注回答了这一问题：

　　　　案岷藩在武岗，流风余泽犹传民间，州志俱为立传，窃以为固王之贤，亦由风俗之厚。南渭遗事，永州文献乃一无所征，仅阳明山寺碑言寺为嘉靖壬子岁故藩所建。其书某主人者，盖庄顺王也。《阳明山志》"王孙菊坡与蒋鳌好为方外交"者，宗生也。今寺称秀峰僧为曹溪七祖，始始庄顺。寺山旧归藩邸，捐三县之租，由此观之，其崇尚空虚罔念人瘼可见矣，死而无称，宜哉！又南渭国除甚早，其宗人居永者久已成族，闻明亡有改姓唐者，今者皆为农夫，散居四境，二支族牒屡征不获。彼愚□疑畏之心，岂知圣世宽仁，保全遗裔者恩无不至乎！

据上引文，阳明山寺碑载阳明"寺为嘉靖壬子岁故藩所建"。阳明寺就是万寿寺，嘉靖壬子岁就是嘉靖三十一年，也就是秀峰肉身出关的那一年；而故藩则是"庄顺王也"，亦即最后一代南渭王朱誉楠，他嘉靖二十二年继位，嘉靖三十九年去世，谥庄顺，无子国除。而此秀峰道场万寿寺（阳明山寺），既是南渭王所建，又为南渭王所供养，"寺山旧归藩邸，捐三县之租"，可见南渭王对其山其寺是有绝对的话语权的。

既然秀峰肉身就在原地保存供奉，那么所谓秀峰肉身从阳和山迁到阳明山的说法就断然不能成立。那么当时阳和山之外也就没有另外一个什么阳明山了，阳和山就是嘉靖三十一年被南渭王改名为阳明山的这座山，也就是说，阳明山就是阳和山，这一点光绪二年《宁远县志》卷四上"山川"说得很肯定："阳明山，一名阳和山……直上峰巅，则秀峰禅师道场在焉。"

至于为何要改名为阳明山而不改成别的山名，这就与秀峰、蒋鳌、菊坡三人的仙道本色有关，也与南渭王的信仰倾向有关，当然还可能与王阳明有关，这需要对"阳明"一语的含义进行探究。这一任务，万里先生已有深入的工作，笔者只好敬谢不敏了。

（作者系湖南理工大学教授）

永州阳明山与南渭王

张京华　侯永慧

一　湖南方志中有关阳明山的记述

永州零陵境内，山川名胜众多，清宗绩辰曾经在《永州府志》中统计零陵四境："凡为山三十有七，失其址者一。为岩二十，名存而不得其处者一。为洞十有一，无名者一。为岭三十有六，为峰六，无名者五；嶂一，峡一，冈一，岛一，谷一，崖三，邱二，坂一，硐一，穴三，渴一。矶二十有四，名存者二。石之著名者凡四。大水之经流者二，支水六，支水称江者四，称溪者六，称川者一。川名古，询之少知者，《旧志》故略焉。别为泉四，为潭六，为濑一，为池二，为泂一，为涧二，井二，塘二，滩二，在泷者二十有四。滩之在潇湘者，著名凡八，余不雅驯，皆不著。"

这些山川一方面看，仅是土木构成的冰冷的死体，而另一方面，由于用了人类的精神活动，同时亦具备了人文的活力，体现为人类精神创造的一个重要部分。故宗绩辰又综论山川之灵秀，而特别指出其与人文精神的相互消长，说道：

> 扶舆灵秀之气，愈远而愈奇。灵岩异壑，不居中原而列边徼。禹迹所未到，柏翳所未传，不知亿万计。有探奇索隐者出，而后其地得名。噫嘻！"岳渎视侯王"，边境山川，其殆巢许耶？永州之有潇湘、九疑，其得名最早，此外层峦委流，绝谷飞瀑，寥寥万年，罕接人语。或唐而闻，或宋而彰，逃名者终不掩其名，此其间

或有数存耶？议者谓先王封祀名山大川，以其出云雨，滋种植，前民用供百神，匪徒资观游题赏而已。不知和甘之泛濩，山川之用也；流峙之性情，山川之体也。惟体足以感人，故用足以成物。地理家固不重名胜，要之，谈险阻以尽其变，必导名胜以示其常。因变之防，而常之废，乌可哉！

至于阳明山，湖南方志中有关它的记述，据杨金砖教授考证，明代多称阳和山，清代多称阳明山，并认为"东南二里"系"东南百里"之误写。举证有如下五处：

1. 明洪武《永州府志》卷七："阳和山：在城东北八十里，接道州界，乃王真人修炼之所。"

2. 明隆庆《永州府志》卷七《零陵·山川》："东南二里为阳和山，王真人修炼于此。"

3. 明弘治《永州府志》卷二《山川》："阳和山，在县东南二里，乃王真人修炼之所。"

4. 清康熙九年《永州府志》卷八《山川志》："阳明山：去县治百里，在黄溪之尾。然山麓险绝，游者相望咫尺，无径可达。山最高，日始自旸谷出，山已明，故谓之阳明焉。嘉靖间有僧秀峰者，禅定于此，今遂为秀峰道场所。"

5. 清《零陵县志》、《宁远县志》载：阳明山"荒蟠百里，云烟玲莹，霜紫雨青，浓妍淡韵。登及峰顶，左衡右九，极目千里，身在云际，超然出尘"。

以上五处之外，兹据方志再补充有关阳明山、阳和山如下九处：

6. 清雍正《湖广通志》卷十一《山川志》："阳明山：在县东南一百里，山高崚绝。明嘉靖间，有僧秀峰，禅定于此，今为秀峰道场。"

7. 清乾隆《大清一统志》卷二百八十二《永州府》："阳明山：在零陵县东一百里黄溪之尾，山最高，朝阳始出，而山已明，故名。多石少土，山根皆露。其麓险绝，无径可登。"

同书同卷又载："阳和山：在零陵县南一里，山如虹形，草木经冬不枯，故名。"

8. 清嘉庆重修《大清一统志》卷三百七十《永州府》："阳和山：在零陵县东南一里，山如虹形，草木经冬不枯，故名。"

9. 清顾祖禹《读史方舆纪要》卷八十一《湖广七·永州府·零陵县》："阳和山：在府东南八十里，接道州界。"

10. 清康熙九年《永州府志》卷八《山川志》："阳和山：在南门外，王真人修炼于此。"

11. 清康熙《零陵县志》卷二《舆地考》引王元弼《名胜记》曰："在城南，山如虹形，草木经冬不枯，是以牛羊等物独不上此山。盖以谓山在南，向阳，故草木如此之茂。相传昔年有王真人修炼于此，向有丹台，今不复见，但有水一泓赤色，其亦真人之遗迹欤？因系以诗：'山色乱云出，草水遍野原。香气日以盛，繁花生石门。'"

12. 清道光《永州府志》卷一中《陆路图说》："自马鞍岭以东，分道入黄溪，抵阳明山，即古潭山也。山连零陵、常宁、祁阳、宁远、新田五县界。其高不下南岳及九疑三峰山。有龙潭。是为春水所出。"

同书卷二上《名胜志·零陵县》："零陵之东，春陵以西北，共距县皆百里，有山最高，属乎黄溪之尾，朝阳甫出而山已明者，阳明山也。有银沙十里，鸟道盘折，上与云齐。多石少土，山根郁露。其麓险绝，几疑无路。及登峰顶，左衡右疑，极目千里，身在云际，超然出尘。"

同书卷二下《名胜志·新田县》："县西北之山，其名最古，而今志皆佚者，为潭山。《水经注》所谓'营阳春陵县西北潭山'是也。按其地当即今零陵、宁远、新田三邑连跨之阳明山。"

同书卷五上《风俗志》："洛山峝：接祁阳境，即洛阳山，亦名阳明山。祁阳亦称乐山砦。"

同书卷十五《名胜志·零陵》："零陵之东，春陵以西北，其距县皆百里，有山最高，属乎黄溪之尾。朝阳甫出而山已明者，阳明山也。有银沙十里，鸟道盘折，上与云齐，多石少土，山根郁露。其麓险绝，几疑无路。及登峰顶，左衡右疑，极目千里，身在云际，超然出尘。明嘉靖中，僧秀峰居之。秀峰没，其身不坏，人遂为建寺，远近礼祝，视全州之覆釜，空山因此有人迹焉。《释氏》别有专志。"

13. 清康熙《零陵县志》卷二《舆地考·阳明山》引王元弼《名胜记》曰："山在黄溪之尾，离城百里。嘉靖间，有僧秀峰，焚修于山间，今为秀峰道场。山多峭石，花木固其所产也。山向阳，故以是名。山根皆露，土鲜故也。昔僧偈云：'一念兹山静彻，其颜阳明，不昧坐老佛关，大地吹来，春风等闲。'味僧偈，却有与山俱寂。予当为僧转一语，何不言'打开阳明山，作甚生涯？'然此僧已见山矣。"

14. 清嘉庆《宁远县志》卷二《山川志》："春陵山：一名洛阳山，在县北九十里。《水经注》言'都溪水出春陵县北二十里仰山南，径其县西'。此山横亘百余里，高出云表，为县西北一带群山之祖。迤西转南，与县前黄岭会。迤北历新田界，至黄马山，为县龙护卫东西二乡，参错数十村。当山之阳，如在怀抱。其右近西北一面为黄柏崗，接阳明山。"

又载："阳明山：在春陵山西北，与零陵接壤。横亘数十里，峰峦起伏，磴道盘行。入其中，幽深窈杳，非复人境。境直上峰巅，则秀峰禅师道场在焉。殿宇僧房，缥缈云际，虽盛夏不知有暑。踞峰平眺，南接九疑，北连衡岳，指点零、祁诸山，历历在俯视中横列。西北与九疑遥对，曲折斜抱，为县龙捍卫。旧志载阳和山，即此。"

又按："零陵新志谓两山相距五里，秀峰披剔于阳和，坐化于阳明，山与寺并载入零陵，甚误。不知秀为新田郑氏子，生明正德七年，至嘉靖二十九年显化，在宁、新未析之前，庵僧田粮今皆额编宁县册，末附正之。"

二　秀峰、蒋鳌与南渭王

清康熙九年《永州府志》卷二十四《外志·仙释》载秀峰、蒋鳌二传，杨金砖教授引录为秀峰禅师之介绍，内容如下：

> 秀峰：生于明正德间，晚与邑人蒋鳌、宗室□□□□□，筑庵于黄溪之阳明山。山高与云齐，即见日出，故以"阳明"名之。秀峰修行数十年，得曹溪正传。忽一日涅盘于桶中，戒其徒："越

千日乃启。”及期，启之。宛然如生。即建道场于山，其地有银沙十里，鸟道盘折。每岁八月，朝礼者以数万计，至今肉身犹在焉。

按康熙九年《永州府志》国内久佚，1992年书目文献出版社据日本藏本影印，收入《日本藏中国罕见地方志丛刊》。该书第719页右下角一行“宗室”以下五字模糊。康熙《零陵县志》卷十四作“菊坡相友善”，《古今图书集成》卷一百九十一《神异典》所引同，当据补。

朱彦滨，明代世袭南渭王，建府永州零陵。南渭王共传四代，即荣顺王朱音壂、怀简王朱膺釲、安和王朱彦滨、庄顺王朱誉槠，今东风大桥东侧有地名“王府井”，即其地。故朱彦滨又别号“宗室阳和道人”。朱彦滨是否即文献所见的“南渭王孙菊坡”，目前未见直接记载，姑暂定为同一人。

秀峰、蒋鏊、朱彦滨三人交好。蒋鏊字汝济，号湘崖，撰《湘崖集》。朱彦滨又号菊坡子，撰《菊坡集》。三人与阳明山的开辟关系最为密切。

《阳明山志·峰祖师行录》载：“先是，明藩南渭王居永，其孙菊坡与零邑蒋君湘崖志同好道。……菊坡、湘崖等久慕高风，生前未晤，深以为憾。嘉靖三十一年壬子八月中秋，及期，偕至阳和，启关谛视，宛然如生……菊坡闻之南渭王，遂崇其号曰七祖。”（光绪二十六年刻本）

清雍正《湖广通志》卷一百十九《杂纪》：“蒋荃，字湘崖，零陵人。正德癸酉举人，出宰扶沟，以清洁著。常遇异人，授以奇术，遂挈妻偕隐，结庐山中，曰‘寄寄窝’。修炼数年，遍游名山，多在天台、雁岩间。晚归贫甚，值除夕，不能具朝铺，乃自吟曰：‘柴米油盐酱醋茶，七般俱在别人家。唯有老夫无计策，开窗独坐看梅花。’忽假寐出神，语友人王孙菊陂以窘，故王孙乃备物送之，方及门而荃始寤，其奇幻多类此。死之日，有乡人过于道，授以钥寄其家。家人骇之，举棺甚轻，盖尸解云。”（康熙九年《永州府志》卷二十四《外志》、康熙《零陵县志》卷十四《仙释》、道光《永州府志》卷九下及卷十五下略同。此据文渊阁《四库全书本》。蒋荃误，当作蒋鏊。）

近于永州零陵发现蒋鳌拙岩诗刻一通，为罕见的书法真迹。署款"蒋鳌"，别无诗题及年月。其诗云：

治剧非真拙，分明摆脱尘。每哦周子赋，觉爽自家神。鸠养心中慧，珍收天下春。何时放机事，许我构西邻。

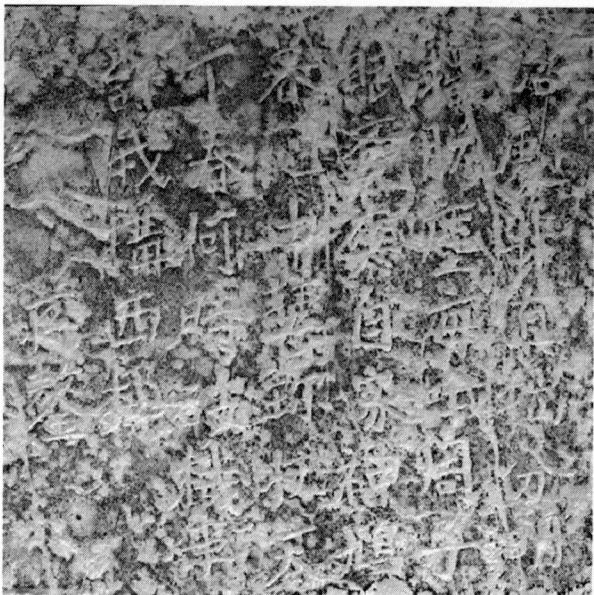

蒋鳌拙岩诗刻（拓片制作：王志芳）

"周子赋"，即周敦颐《拙赋》。读其诗句，确实充满隐逸之情。

清光绪《零陵县志·人物·秀峰禅师传》载："先是，明藩南渭王孙菊坡，邑人蒋湘崖俱好道，与秀峰友。"

清道光《永州府志·金石略·明永州黄溪庙钟鼎款》条又载："又铁鼎文镌，隆庆庚午仲冬菊坡子置。菊坡，南渭王孙也。（周鹤《永明旧志》）"

清嘉庆《宁远县志》卷十《仙释·秀峰传》亦载："……入关坐化，遗命师徒，约以三年期满，方可开关。届期，有王孙菊坡，久慕高风，往山开关视之，庄严端坐，俨然如生，深赞拜伏。南渭王加其谥曰'七祖'，匾曰'曹溪正派'，名其庵曰'万寿寺'，改其山曰

'阳明山'。"

如果说"阳和"的自号表明了朱彦滨的愿望，则"安和"的谥号就表明了他一生行迹的评定。王世贞《弇山堂别集》卷七十四《谥法》载"安和"一谥有郡王三人、夫人一人，解云："俱好和不争，不刚不柔。"

而朱彦滨之所以别号"阳和道人"，笔者推测，可能亦与阳明山初名阳和山相关。

三　永州朝阳岩所存"阳和道人"石刻

今永州朝阳岩保存有《歌朝阳嵒用元次山韵》诗刻，诗云：

> 岩下中流潇水深，岩前修竹涵泉清。古零万古与千古，春花秋月明江城。君不见兮又不见，名高海泽先贤传。美哉岩平真可羡，曲水流觞会相劝。

诗后署款为："旹嘉靖己亥菊月望日，宗室□□道人题。""宗室"、"道人"中间二字被人为凿坏，按此六字当即"宗室阳和道人"。

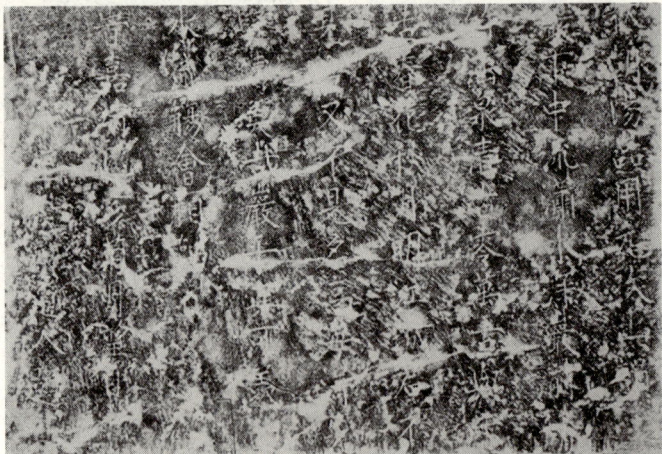

朱彦滨《歌朝阳嵒用元次山韵》石刻（拓片制作：杨宗君）

　　诗刻位于朝阳岩下洞入口洞顶处。高 39cm，宽 58cm，十行，楷书，轻度磨泐。嘉靖己亥为嘉靖十八年。此诗不见于任何诗文集、方志等文献。笔者的论文《明代〈朝阳岩下歌〉和诗三首及其文物价值》（刊《武陵学刊》2010 年第 5 期）对此有初步探讨。

　　朝阳岩下洞上方，又有榜书"聚胜"二字，钤印"南渭王宝"，署款"阳和道人书"，石刻四周篆刻龙纹。

朱彦滨"聚胜"榜书石刻（拓片制作：侯永慧、汤军）

　　清宗霈《零志补零》卷下《诸岩题名石刻》著录云："又阳和道人书'聚胜'二字，在岩颠。"未及详辨。

　　永州旧有聚胜桥，其得名可能与"聚胜"榜书相关。道光《永州府志》卷三《建置志》："聚胜桥：在隆庆里。"光绪《零陵县志》卷二《建置》："聚胜桥：隆庆里，石砌三拱。"

　　考明代景泰四年，封朱元璋四世孙朱音墼为南渭荣顺王，历代世袭。其孙朱彦滨袭得南渭王，是为南渭安和王，嘉靖三年至二十二年在位。"宗室"为皇族专称，并且《歌朝阳嵓用元次山韵》诗刻与朱彦滨在位时间相符，因此诗刻作者当可判定为朱彦滨，"宗室□□道人"即"宗室阳和道人"。

四　明代南渭王的世系

　　明孝宗弘治五年六月，"岷府南渭王音墼薨。王，恭王庶第二子，正统三年生，景泰三年封为镇国将军，景泰五年进封南渭王，至是薨，年五十五。讣闻，辍朝一日，赐祭葬如制，谥曰荣顺"。见《明孝宗实录》卷六十四。

明世宗嘉靖二年九月，"岷府南渭怀简王膺钑嫡长子辅国将军彦滨为南渭王，夫人吴氏为南渭王妃"。见《明世宗实录》卷三十一。

嘉靖二十五年十二月，"岷府南渭王彦滨长子誉橎为南渭王，夫人蔡氏为南渭王妃"。见《明世宗实录》卷三百一十八。

《续文献通考》卷二百八："南渭王音垄，徽燝庶二子，景泰四年封，弘治五年薨。传膺钑，镇国将军，未袭卒，以子彦滨袭爵追封。彦滨，嘉靖三年袭，二十二年薨。誉橎，嘉靖二十六年袭，三十九年薨，无子，国除。"

明何乔远《名山藏》卷三十七："岷恭王二子：顺王：南渭王音垄居永州，薨，子膺鑺封，长子。次子膺钑，封镇国将军。膺鑺阴贼不道，烝王宫人，常棰死人，或缚柱射之，儽诸弟，杀庶弟膺钞母，通其妻，赵王使膺钞别居以避之，膺鑺诬赵通他人，逼死自缢，围膺钞，趋垣免。从永州守奏闻，覆按寔，幽膺鑺高墙，王宫人所与烝者皆赐死。亡何，王薨，膺钑视府事。正德中，以膺钑子彦滨嗣王。世宗闻彦滨贤，书名御屏。薨，子誉橎立。誉橎有行谊，湖南饥，有数十人盗王囷，王指囷以与盗。绝除。"（清张岱《石匮书》卷十八、《古今图书集成》卷七十一略同。）

"膺鑺"疑误，当作"膺鑺"。检索文献，作"膺鑺"者：隆庆《永州府志》卷八，道光《宝庆府志》卷三、卷百十四，同治《武冈州志》卷十八，清傅维鳞《明书》卷十一，明俞汝楫《礼部志稿》（文渊阁四库全书本）卷七十四（二处）、卷七十六（一处）、卷七十九（一处）。作"膺鑺"者：《名山藏》（四处），《石匮书》（四处），《罪惟录》（三处），清抄本万斯同《明史》（卷一百五十三，一处），《国榷》（卷三十五，一处），《古今图书集成》（四处），《礼部志稿》卷七十六（一处）。

朱誉橎，号石岩山人，谥庄顺。嘉靖二十六年袭封南渭王，嘉靖三十九年卒。（文献作"誉播"者误。）

　　明焦竑《国朝献征录》卷一载吕调阳《大明南渭庄顺王神道碑》云："南渭王自岷府分封永州，迄庄顺王，盖四传矣，世以孝友雍睦闻于藩国。桂林史氏吕调阳往典馆局，得稽其故实。有桂林于永州，犹堂户然，其知颇悉云。王之薨也，调阳方读礼庐次，其辅国将军定炽具事状，遣仪宾张大训诣桂林，请铭神道之碑。调阳窃附知王之末谊，不敢不铭。谨按玉牒册，王讳誉榃。洪武中高皇第十七子，封岷王云南。洪熙元年陟王武冈，谥曰庄顺。王生恭王，恭王次子始封南渭，王永州，谥荣顺。荣顺生怀简王，怀简生安和王。自恭王至安和，为王高曾祖若考也。王幼颖慧，儿时，母吴太妃口授章句，即记忆不忘。怀简尝抱置膝上曰：'他日光吾绪业，必此儿也。'孝友天性。太妃遭疾，久不愈，昼夜侍汤药，衣不解带者逾月不懈。居太妃与安和王丧，哀毁如不欲生。发引日，往返徒跣，观者感叹，以为儒生弗及也。与二弟镇国将军誉枞、誉格极相友爱。安和时买民田若干，皆上腴之产，尽以付二弟，且为岁输粮于官。格尝感疾，之南岳避祟，王中夜闻之辄起，亟呼人追请，寝食俱减，及返而后安。侍宗众尊卑行次，曲有仪度。庶人某某，自怀简、安和时构讼，三十年不相平，王从容酌卮酒，谕以祖宗训制，且为奏请冠带婚资月粮，二庶人感激叩首，不敢复有异虑。与士大夫处，款曲有情，若布衣交，不知其为王也。教授杨仁重年老乞休，厚赠之还，舟车护从皆亲为点阅，臣僚无不感激思报者。湖南水荒，饥民十数人盗王囷谷，为守者所觉，辄擒以献，王不忍加罪，曰：'彼为饥饿所迫耳！'乃悉以余谷赐之，其人愧谢去，终为良民。性朴素，自号石岩山人。居常衣布。陈都宪仕贤分巡湖南时，见王所服，叹曰：'昔人布被，人曰诈；殿下布衣，人曰俭。布一也，人曰俭不曰诈，难能也。'僻好读，然不泥章句。意兴所到，作为古文词，不事雕缀，而天趣畅发。状称经史百家，莫不涉猎，则令德所成，虽其天资粹美，亦学问之益也。庞貌丰颐，指爪长数寸，自谓奉先人之遗体，动不敢伤之。未薨前，自撰圹志，藏之箧中。临终，呼炽至榻前，手书遗训数百言，点画不苟，因诵'一日洞然无别体，方知不枉费工夫'，之自端坐而逝。其达生委顺如此。嘉靖丁未始受册封，越庚申九月二十四日薨，袭爵十有四年。距生弘治壬戌九月十七日辰时，得寿五十有九。讣闻，天子震悼，辍朝，遣胡行人维新谕祭命有司庀丧事，赐谥庄顺，䘏典加隆焉。配妃蔡，生〔？〕。王在壮年，以诸子相继夭，即请于安和，育弟格子烛于官中，抚爱笃至，教以义方，烛亦善能承顺事王，三十年曲尽子道。居丧称孤，称不肖，终始无间，可谓慈孝两得矣。薨之明年二月二十一日辛亥，葬于孝友山。”

明张萱《西园闻见录》卷三：“岷府南渭王誉（播）〔橎〕，安和王之子，与二弟镇国将军誉枞、誉格相友爱。安和时买民田若干，皆上腴之产，以付二弟，且为岁输粮于官。格尝感疾，之南岳避祟，王中夜闻之辄起，亟呼人追请，寝食俱减，及返而后安。”同书卷十四：“岷府南渭王誉（播）〔橎〕，性朴素，自号石岩山人。居常衣布，陈都宪仕贤分巡湖南时，见王所服，叹曰：‘贵人布被，人曰诈；殿下布衣，人曰俭。布一也，人曰俭不曰诈，难能也。’”

朱彦滨与其子朱誉橎这两代南渭王，俱有声誉。朱彦滨“贤”，朱誉橎“有行谊”。

查继佐《罪惟录》卷四：“再传彦滨，贤，世宗书名御屏。子誉橎，读书有行谊。湖南饥，有数十人盗王囷，王捐囷以活众。……南渭王彦滨与其子誉橎之世德，读书而活民以积，是则高皇帝之教也夫！”

明王世贞《弇山堂别集》卷三十五：“庄顺王誉橎嗣薨，寿五十九，无子，爵除。弟镇国将军誉枞世袭本职，奉祀。”

此外，南渭王的世系也见于永州方志。

明隆庆《永州府志》卷八《宗藩》：“舜始封象有庳，即今道州。汉封定王发长沙后，长沙折为零陵，乃封定王子买为春陵侯，国于泠道县之春陵乡，传至孝侯，以春陵地形下湿，上书求徙南阳。国朝成化十五年，封岷王次子音堅为南渭王，徙居永州，建府第太平门内，谥荣顺。五子，长膺鑼，次膺釾，承袭，谥怀简；次膺鉵，膺钞，膺鐭，俱封镇国将军。怀简王膺釾三子，彦滨承袭，谥安和；次彦潜、彦渤，俱封镇国将军。安和王彦滨三子，长誉橎承袭，谥庄顺；次誉枞，次誉格，俱封镇国将军。庄顺王誉橎乏嗣，弟誉枞奉勅以世授镇国将军，管里府事。誉枞二子，长定鏞，封镇国将军，次定鑰。”

按“定鏞”、“定鑰”二名有误，字当从“火”，作“定熽”、“定爚”。

　　此外，方志又载"南渭王孙定㷇"之名。清康熙《永州府志》卷十七《人物志下·贞节死传·零陵县》："胡氏：南渭王府定㷇妻，夫亡，年二十二，遗孤长子二岁，次子遗腹。哀毁骨立，育子成立。性乐施予。邻里两被回禄，一室居然无恙，盖天以彰节孝也。郡守王景申请旌奖。"又见道光《永州府志》卷十六上《列女传》、光绪《零陵县志》卷十《列女》、《古今图书集成》卷一百六十《闺媛典》。

　　雍正《湖广通志》卷七十一《列女志》："明宗室定㷇妻胡氏，零陵人。年少抚孤，以节孝著闻。里中两被火灾，氏所居独无恙，人以为报施不爽云。"

　　按"南渭王府定㷇妻"不确。光绪《零陵县志》作"南渭王宗室朱定㷇妻"，雍正《湖广通志》作"明宗室定㷇妻"，亦不确。道光《永州府志》作"南渭王孙定㷇妻"，最是。《古今图书集成》卷一百六十《闺媛典》目录作"王定㷇妻胡氏"，正文曰："按《零陵县志》：胡氏：南渭王定㷇妻。"所云"王定㷇"、"南渭王定㷇"皆误。兹据道光《永州府志》定为"南渭王孙定㷇"。

　　隆庆《永州府志》又载："隆庆三年，皇帝勅谕南渭王府管理府事镇国将军誉枞：'近该湖广抚按官题称，尔奉藩尽礼，睦族有恩，人无间于父兄宗党之言，德有合于恭俭慈良之懿。乞要奖励，以风励诸藩。该部复议相应，兹特奖励，以为宗藩之劝。尔尚益笃善行，永保令名，钦哉！'"

　　又载朱彦滨于"阳和之阴"建书院一所，御赐名为"崇正书院"，又有《崇正书院记》、《崇正书院诗》。

　　　府第内有崇正书院：嘉靖七年安和王奏赐。嘉靖七年三月二十日，皇帝书复南渭王："得尔奏本府营建书院一所，奉藏颁赐之书，欲乞额名，以垂永久，朕甚嘉之。书院与做崇正，专此以复，惟王亮之。"

　　　副使林士元《记》：岁戊子春正月，南渭王拜手稽首疏于上曰："昔在灵运，惟天生聪明神武，我太祖高皇帝作君万邦，绍帝王之正统。我岷祖庄王实分白土，懋隆屏翰。我先王荣顺肇有邦于

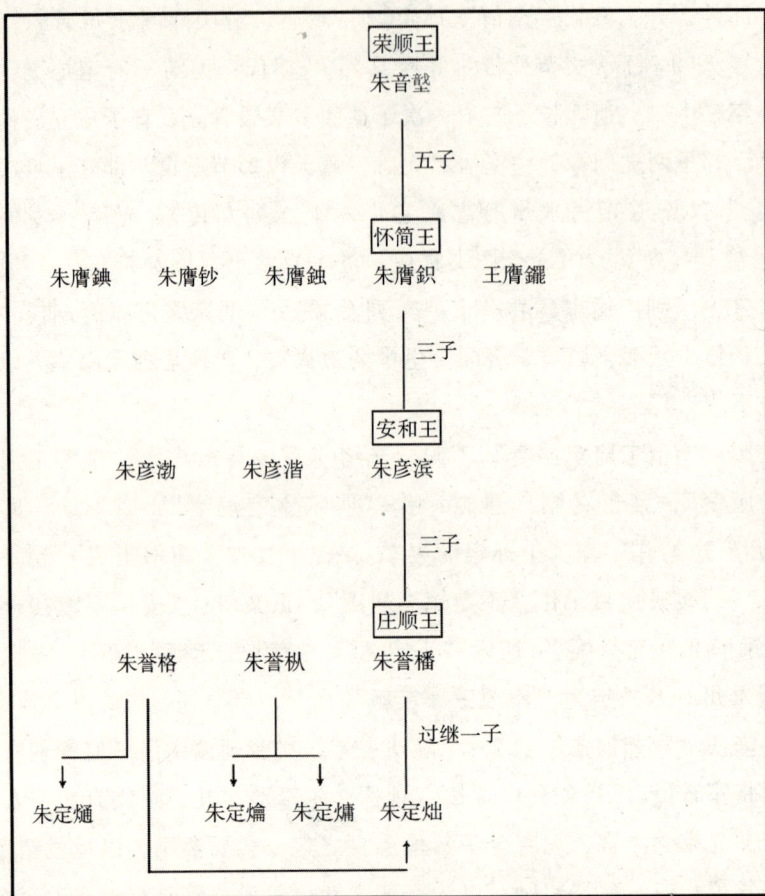

南渭王世系图

南渭，爰及怀简，世笃忠孝，乃一旦弃民，奸竖乘之，戕间骨肉，几坠厥宗，如集于木。伏遇我皇上嗣登大宝，援臣于庶位，俾承祖武，敦行苇而具迩，分宝玉以展亲。抑念臣废学于荒野，时赐训典，俾学聚问，思以窥道原。臣谨辟阳和之阴，治书院一所，永言宝藏之，惟帝赐以嘉名。"帝曰："俞，崇正哉！"王拜手稽首曰："吁，钦哉！敢不夙夜惟正之承！"枭臣元，观风于衡岳，道九疑，王俾观于书院，且绎崇正之义，以告来者。呜呼！渊哉皇言！臣愚，何足以知之？《记》曰："王前巫后史，宗祝、瞽侑皆在左右，王中，心无为也，以守至正"，其惟文王乎？《鲁颂·驹之篇》曰

"思无邪"，美僖公也。僖，文王之裔也，思鲁公则无疆也，思周公则无期也，思文王则无邪也，故富称乎数马，化行乎采芹，祝修乎閟宫，福征乎令妻寿母，谷贻乎孙子。父父、子子、兄兄、弟弟、夫夫、妇妇而家道正，而臣莫不正，僖其贤矣乎！惟圣祖有文王之德，惟庄王有周公之劳，惟荣顺、惟怀简有鲁公之亲，而宸章宠诲，言近指远，在僖或罔前闻，王惟日顾名思义，对扬明天子之休命。思圣祖以克明哉！思庄王以克忠哉！思荣顺、怀简以克孝哉！王庸思邦家之基，庸不思惟以世迷。王曰："嘻，崇正之义大矣哉！夫心无为，以守至正，非圣人，其孰能之！人则不能无为，则不能无思。自思之不审，而后纳于邪，而复违于至正。予亦惟思无邪哉！"元顷首拜曰："懋哉！"作《崇正书院记》。（林士元，字舜卿，正德甲戌进士，琼山人。嘉靖十一年为湖广按察使司副使湖广副使、分巡上湖南道。）

上海龙溪田顷《诗》："雾牓开青壁，星栏切紫虚。宸章七曜动，霈泽百王殊。草茁疑翻字，萤飞为照书。院间综六籍，高义竟谁如。"（"上海龙溪"误，田顷，字希古，号柜山，福建尤溪人，时任湖广提学金事。）

此下又载黄佐《莲亭诗》、蒋鳌《对越亭记》。

同书卷十二《艺文志》："《四书集注》十册，《易经集注》二册，《书经集注》四册，《诗经集注》四册，《礼记集注》八册，《春秋集注》四册，《洪范九畴》二册，《大学衍义》十册，《大明会典》六十册，《洪武礼制》一册，《春游味和集》二册。以上钦赐书十一部共一百零五册，并藏南渭王府崇正书院。"

永州旧有聚胜桥，其得名可能与朱彦滨榜书相关。道光《永州府志》卷三《建置志》："聚胜桥：在隆庆里。"光绪《零陵县志》卷二《建置》："聚胜桥：隆庆里，石砌三拱。"

渭南王府，在永州旧城太平门。

清康熙《永州府志》卷九："明成化十五年，封岷王次子音塾为南渭王，分居永州，建府第于太平门内。"

清道光《永州府志》卷二上："鹞子岭以外，城中更有千秋岭，近太平门，明时南渭王故邸址在焉。……又东门外有二山，一曰孝友山，一亦名东山，明南渭王之墓在焉。"

同书卷十《明藩封》："永州南渭王故藩邸在太平门内，其废宫倚千秋岭，即太平寺故址也（旧志）。景泰四年封岷恭王庶二子（原注：旧志作次子。）音壑（原注：省志作'哉'，误。）为南渭王，自武冈分居永州，弘治五年薨，谥荣顺。庶长子膺鋠以镇国将军奏准管理府事，正德十二年卒。（原注：省志作'膺鋠□薨'，误。）以子彦滨袭封，追封王谥怀简。彦滨嘉靖三年袭，二十二年薨，谥安和王。誉橎嘉靖二十六年袭封，三十九年薨，谥庄顺。无子国除。（《明史·诸王世表》）"

同书同卷《古迹志》："明南渭荣顺王音壑墓在府城北关外干塘岭（《一统志》）。怀简王膺鋠墓在东关外东山。安和王彦滨墓在愚溪之上群玉山，庄顺王誉橎墓在东关外孝友山（蒋濂《零陵县志》）。南渭荣顺、庄顺、怀简三王墓皆巨冢，碑碣尽废，石人石兽犹有存者，惟绿天庵老浮屠能识其处。安和一冢，浮屠指称即愚溪桥畔高阜，与志不合，或传讹也。宜广守护之典，立石补题，以存废绝。（《湘侨闻见偶记》）"

文末并载宗绩辰的三段按语：

案：王士祯《池北偶谈》，康熙二十二年，平凉府盗发韩康王、定王冢，上以前代帝王陵墓，特令加等，因谕历代陵墓悉加守冢人户，并禁称"故明废陵"。圣谕又云：凡云"废"者，必如高煦等有罪废为庶人然后可。彼生为藩王，谁废之耶？据此则守土之官加意保护碑表而封树之，正以遵法祖制无所用其避忌者也。

案：岷藩在武冈，流风遗泽，犹传民间。州志俱为立传，窃以为固王之贤，亦由风俗之厚。南渭遗事，永郡文献乃一无所征，仅《阳明山寺碑》言，寺为嘉靖壬子岁，故藩所建，其文书"王人"者，盖庄顺王也。《阳明山志》：王孙菊坡与蒋鳌好为方外交者，宗生也，今寺称秀峰僧为曹溪七祖，实始庄顺。寺山旧归藩邸，捐三县之租。由此观之，其崇尚空虚、罔念人瘼可见矣。死而无称，宜哉！

南渭国除甚早，其宗人居永者久已成族。闻明亡又有改姓唐者，今皆为农夫，散居四境，二支谱牒屡征不获。彼愚氓疑畏之心，岂知圣世宽仁，保全遗裔者，恩无不至乎？

以上清光绪《零陵县志》卷一均同。光绪《零陵县志》卷一又载：

千秋岭：在治平门内，唐时为东丘，内建龙兴寺，其下为息壤。明为南渭王藩邸。国朝乾隆中，移建府学于上，后迁高山之南，惟教授署未迁，今为训导署。署东旧建零陵县学，今亦改迁东门内，惟训导署未迁。旧志称东丘为汉相蒋琬故宅，有书院祀琬，久废。道光五年纂府志于此，名千秋山馆。咸丰初，邑令胡廷槐令合邑蒋姓建蒋公祠，重祀琬。柳宗元有《东丘记》（见本集）。

大圆山：城北十五里，明藩南渭王建庵其上，曰回龙。周围筑以园，竹密而修，木苍而古，石岭巉巉若壁立。庵前数十步，有大小池二，比近田畴，资其灌溉。其中荇藻交横，游鱼出没，亦选胜之场。

同书卷三又载：

太平寺：在太平门内，本蒋琬故宅，后人施为寺，吕蒙亦尝驻此。唐名龙兴寺，宋元丰四年更名太平。明嘉靖间废，南渭王据为别邸。隆庆间，郡守黄翰、史朝富相继清复重建，内为习仪所、乡约所。明末毁于兵火。国朝康熙九年知府刘道著重建久之又废。雍正十年知年知府姜邵湘即其遗址恭建万寿官，各官朝贺及宣讲圣谕读诏俱于此。

朱彦滨墓，在群玉山。群玉山在朝阳岩南，傍临潇水，"山形如玉屏矗立潇水绕其麓"，"巨竹清修，古木樛曲，恠石万状，地势清景，一郡之奇观也"。山上有火星岩，"石壁所镌先贤题识，高下跻次，穷日之力乃能尽阅"。五十年代以后毁于开采。

五　安和王朱彦滨的交游

朱彦滨与零陵名士朱衮交好，见朱氏《白房集·望云怀舍志》。文云："铅山方氏来宰零陵，而有北堂莱彩之怀。日罢公牒，率走中庭，引领北望。每白云飘飘，蔽亏衡庐，彩映彭蠡，即色为动，中为热，怅惘衡臆，涕泗沾襟。……阳和道人闻之，以谓石北子曰：'予见世之怀亲者多矣，即亡如方氏为也。始也望云之止而中兴，末也羡云之德而中歇。虽古有之，而情加焉。吁！懿哉！惟古之伦，今也亡矣。予诚尚之，匪文曷述？子其志之，以视吾氓。'对曰：'唯唯。'遂为援笔撰次，作小志，庸备史氏之采择。"朱衮，字子文，号石北山人，明湖广都司永州卫人。康熙《永州府志》卷十六《人物志》称其"以阐明正学为己任"，"居官刚介，风猷凛然，奸宄敛迹"。明过庭训《本朝分省人物考》称其"为人朴茂，善谈论。为文飙回云结，崒嵂崎嵚，其所蕴蓄，人莫能测其涯涘，为当时名流所推慕"。传记又见明廖道南《楚纪》、康熙《零陵县志》、道光《永州府志》、光绪《零陵县志》。

蒋鳌亦与朱衮交好，见朱氏《白房集·招隐篇》。诗云："子自湘之厓，我卧湘之壁。子来叩我壁，壁上日初出。何处木丁丁，橧云自出入。潦倒七茶瓯，月轮挂屋极。谭屑出未穷，义辄三五逸。子道方中行，我心已免役。终坐嗟临岐，归驾还当亟。坐颇云片多，子来分一席。"诗末有跋云："感湘厓子汝济甫见访，为作《招隐篇》陋词，漫寄一咲耳。"《白房集》中又有《湘厓幽居次韵》，诗云："大隐周流不住山，寻常小隐亦人间。归来茅屋还依旧，老去风光须尽欢。池草可怜春雨后，海鸥郁得弋人弹。双塘潋滟荷花发，且与南邻一笑看。"朱衮卒，及朱衮之子朱缙卒，皆蒋鳌撰墓志铭。（蒋鳌《湘崖集》已佚，文未见。）

朱彦滨与时任永州知府唐珤亦往来密切。明王慎中《遵岩集》卷十七《中顺大夫永州府知府唐有怀公行状》云："永州有南渭王府，每招饮，公辄往，往辄尽醉。后公去州郡几何年矣，卫官南渭王之书简不绝也。"民国唐鼎元《明唐荆川先生年谱》卷四"三十四年乙卯四十九岁"条载"七月朔日有怀公卒年七十三",引唐珽《行状》,内容均同。唐珽,字国秀,号有怀,武进人。明毛宪《毗陵人品记》卷八称其"累官永州知府,居官以惜民财重民命正风俗为急"。传记又见万历《常州府志》、康熙《常州府志》、乾隆《信阳州志》。

朱彦滨还与明代著名人士黄佐曾有交往。清雍正《广东通志》卷四十五《人物志》载黄佐在出任广西按察司金事之前,曾任册封南渭王副使。"嘉靖初上政要疏及修新政疏,尚书林俊匙之。会册封南渭王,充副使。事竣乞归觐抵家,遂请告。戊子,出为江西金事。"时当嘉靖初年,所云南渭王当即朱彦滨。黄佐《泰泉集》中有《莲亭奉南渭王宴中作》一首,诗云:"菀园启瑶樽,灵沼竞芳鲜。莲花何晔晔,莲叶何田田。耀魄泛空波,神飙起中天。馨香入襟袖,把酒心茫然。懿此出深滓,素质虚以圆。本无枝与蔓,何惧外物牵。缅怀君子德,冥心入冲玄。嘉宾从南来,浩倡协虞弦。闾阎一以阜,民愠从兹捐。徽音彻穹壤,清欢眇云烟。思为双飞鹤,接翅浮漪涟。"此诗亦载明隆庆《永州府志》卷八,近年收入中山大学中国古文献研究所编《全粤诗》第7册。黄佐,字才伯,号希斋,晚号泰泉,广东香山人。正德十六年进士,选庶吉士,授编修。嘉靖十年任广西按察司金事,十三年任南京翰林院编修兼詹事府司谏。《明史·文苑传》及雍正《广东通志》等有传。《四库总目提要》称道其人"学虽恪守程朱,然不以聚徒讲学名,故所论述,多切实际","佐少以奇隽知名。及官翰林,明习掌故,博综今古。生平著述至二百六十余卷。在明人之中,学问最有根柢。文章衔华佩实,亦足以雄视一时"。

六 补 论

笔者在为永州阳明山文化研讨会提交的论文《阳明山与朱彦滨》一文中,推断南渭王朱彦滨与文献所见的"南渭王孙菊坡"为同一人,并称秀峰、蒋鏊、朱彦滨三人交好,朱彦滨又号菊坡子。会上,经刘范弟教授指出朱彦滨与菊坡卒年不合,当为二人。当时尚无更加直接的佐证,故难于确定。

　　兹搜讨得蒋鏊所作《对越亭记》，文中明确记载菊坡之为"宗室王孙"乃是安和王朱彦滨之孙。同时笔者论文的标题，也修改为《永州阳明山与南渭王》。由于会后学者在论文修改稿中，已引用到笔者的会议论文，故此文不作直接的修改，特作"补论"更正。

　　明隆庆《永州府志》卷八《创设上》："掌府事镇国将军府内有对越亭，邑人蒋鏊《记》略曰：亭以'对越'名，纪孝行也。亭在吾永郡城之内，王宫之后，拔万玉山之巅，出迎仙馆之右，为怀简王之所建置，镇国将军菊坡所修饬而独有者。群玉山为安和王妃、陵寝，王三子皆纯孝天至，居丧营圹，菊坡尤任其劳。顷者读《礼》之余，延湘厓子鏊于迎仙馆，相与讲学谈道，凡居处饮食，鲜不与偕，第至此亭，则肃然改容，西向独立。盖其神爽飞越，游于龙卧之区，而大江之西，愚溪之南，一时殆遍历也。其贞纯一念，若婴孺脊眷于乳哺之怀，有弗能以顷刻释者，岂必有待于对越而后然也！姑即其所常见，以表其所未见者尔。谓菊坡子为至孝，其谁曰不然？独惜夫此山此亭，囿于灵圃，为菊坡子力行独到之地，有能启松扃以搜竹径，蹑风磴以入云端，履其对越之亭，而引睇王灵之上，则身出半空，高风激人，岂有读令伯陈情而涕泗不作，闻韩娥之悲叹而哀乐异情者耶？观夫巢林之鸟，每至旦暮，亦往朝谒，岁以为常，此亦纯孝之征也。予故隐括其事，以备观风者采云。"

　　"对越"语出《诗经·周颂·清庙》"对越在天，骏奔走在庙"，故后世用为祭祀先祖之语。蒋鏊作此文，乃是出于菊坡的邀请，而当时安和王朱彦滨夫妇已故，对越亭正是为了追念对朱彦滨的孝思而建。朱彦滨有三子，而菊坡则为朱彦滨之孙。蒋鏊乃是建亭追孝的直接当事人，故而朱彦滨与菊坡为祖孙二人可以确认。

　　可惜文中道及"镇国将军菊坡"，仍然没有明言他是朱彦滨哪一子的长子，以及他正式的名和字。史载荣顺王朱音壑五子、怀简王朱膺鈬三子、安和王朱彦滨三子，俱封镇国将军，故"镇国将军菊坡"一语亦不足以判断其世系。菊坡既为王孙，而非王子，那么除了庄顺王朱誉橎之外，朱彦滨的另外二子朱誉枞和朱誉格，菊坡当是其中一人的长子。朱誉格之子定烻过继给庄顺王朱誉橎为子，朱定烐也可能是朱誉格之子，但早卒。朱誉枞二子名朱定煻、朱定爌，长子朱定煻封镇国将军，菊坡不知是否其人。

道光《永州府志》卷十八《金石略》及光绪《零陵县志》卷十三《艺文·金石》，均载永州黄溪庙有明铁鼎，文镌"隆庆庚午仲冬菊坡子置"，曰："菊坡，南渭王孙也。"仍不载其名字。

（作者系湖南科技学院濂溪研究所教授；广西师范大学文学院硕士研究生）

阳明山"朝阳甫出"与王阳明 "仁与万物为一体"内涵联系

朱雪芳

一 阳明山来历

阳明山位于湖南省永州市双牌县，主峰海拔为 1624.6 米，山势绵延，层层叠翠，林木欣欣，山清水秀，空气清新，环境幽美，是远足、度假的胜地。阳明山名字充满朝气与阳光，洋溢着朝阳气息。阳明山的山名究竟怎样得来？据《永州府志》记载有两种传说。一是，《永州府志·山水志》载："朝阳甫出，而山已明者，阳明山也。"由此得知，阳明山名字的由来与山势的自然地理环境和天然的太阳日出的角度有关。朝阳初出，照耀大地，山受到照耀而得光明，让万物生生不息。犹如天道默默地运行，大自然有序地运转，给予大地阳光雨露，滋润万物。所谓"四时行，百物生"，"天地之大德曰生"展示一种生生不息的生道精神，孕育着阳明山草木林立，欣欣向荣，繁衍不息。二是，明代有秀峰禅师建庵于阳明山。《永州府志》卷二十四外志载："秀峰：生于明正德间……筑庵于黄溪之阳明山。山高与云齐，即见日出，故以'阳明'名之。"在阳明山山明水秀的环境中，明代秀峰禅师在这里建庵，开拓道场。"山不在高，有仙则名"，阳明山人杰地灵，也因为有高僧，提高了知名度。

二　王阳明"仁与万物为一体"的内涵

　　王阳明，名守仁（字伯安，1472—1528），生于浙江余姚，卒于江西南安，葬于浙江山阴洪溪乡（今属绍兴县兰亭乡）。自号阳明子、阳明山人，世称阳明先生。晚年出征思恩、田州之前，讲授《大学问》提出"大人者，以天地万物为一体者也"，此正是王阳明讲学的重要概念。王阳明认为人类的存在方式是以天地万物为一体的。在中国哲学的传统中，人与天地万物的关系是密不可分的，人性来源于天（《中庸》"天命之谓性"），人是天地万物中的一物，受天地万物的涵盖（《中庸》"天覆地载"）。因此人与天地万物的关系是互倚互持、互为相因的相互依存的关系。由此之故，大人既是理想人格的典范，必然是此尽性而为的实现者。事实上"以天地万物为一体"亦是人类的生存方式，人依靠天地万物的资养而生，人不只是吸取大自然的资源，还可以回馈于自然与社会，更有为人类未来的生存而努力，为保护生态环境而努力。[①]阳明认为，"我"被大自然拥抱，大自然也投进"我"的心中，这种"我中有你，你中有我"的物我交融情境，正与天地为一体。"仁者乐山"，阳明所说的"一体之仁"近似"朝阳甫出"的照耀万物。

　　宋代以来，周敦颐书房"窗前草不除"，二程为周子作进一步阐释"与自家意思一般"，"仁学"不仅仅是人与人之间的伦理关爱，更将仁"扩而充之"到人与物的宇宙情怀，天地成为宋代儒学对自然特别关怀的对象。流传既久，《传习录》中记载王明阳与学生的答问，阳明曾问："周茂叔窗前草不除，是甚么心？"[②]说明"天地生意，花草一般"，阳明又道出"一体之仁"是"活泼泼"的人心，爱人利物之心。又近似阳明山"朝阳甫出"照耀万物，让万物得以生机焕发的"活泼泼"的气象，使万物有良好发育的功能之盎然生物之心。

---

　　① 　参考朱雪芳《〈大学问〉——"以天地万物为一体"》，《中国哲学史》2005 年第 5期。

　　② 　（明）王守仁：《王阳明全书》上，上海古籍出版社 1997 年版，第 30 页。

三　王船山对王阳明的批评

王阳明凭借自己所开悟的"致良知"教，开创出王学，曾经名噪一时。关于王学，王船山曾给予阳明及其弟子狠狠的批评。王船山儿子王敔写《太行府居行述》记载："慨明统之坠也，自正、嘉以降，世教早衰，因以发明正学为己事。"① 由于船山身处之时代，正值明亡，他痛定思痛，反思明亡成因。他守正道以屏邪说，参伍于濂、洛、关、闽，以辟象山、阳明之谬，斥钱、王、罗、李之妄，作《思问录内外篇》，明人道以为实学，欲尽废古今虚妙之说而返之实。

船山认为，明亡之原因有以下几点。（1）历史原因。王船山处身于明末清初，经历了明亡之痛。② 在国家面临灾难时，深深感受到读书人的无用、无力。船山把明朝亡国的种种原因，全都归罪于王门后学的流荡。（2）学术原因。船山认为阳明学所产生的流弊"荡于玄虚，溺于高妙，重妙悟而略躬行"，就是只说玄谈妙，不做实际的救国行动，也不懂救国退敌方案。其实，阳明从平日的观察，自己也发现了各种衍生的流弊，他晚年也曾自叹："近来各学诸生，类多束书高阁，饱食嬉游，散漫度日"，"以无善无恶、销人伦、灭天理者，谓之良知；于是而以事事无碍之邪行，恣其奔欲无度者为率性，而双空人法之圣证；于是而以廉耻为桎梏，以君父为萍梗，无所不为为游戏，可夷狄，可盗贼，随类现身为方便，无一而不本于庄生之绪论，无一而不印以浮屠之宗旨。"③

四　小　结

通观《王阳明全集》，尽管没有记载曾到永州阳明山，但《王阳明

---

① 王敔：《大行府君行述》，载于《船山全书》第十六册，岳麓书社 1996 年版，第 73 页。

② 参考张昭炜《船山批评阳明学的三个层次及检讨》，《衡阳师范学院学报》2012 年第 5 期。

③ 《读通鉴论》，《船山全书》第十册，岳麓书社 1996 年版，第 652—653 页。

年谱》记载，阳明 57 岁时，曾经经过梧州至南宁，这途中可能在阳明山周围游历。并且，无独有偶，就在明代正德与嘉靖年间，王阳明筑室阳明洞，秀峰禅师建庵阳明山，人名与山名遥相呼应。禅宗"青青翠竹，无非般若，郁郁黄花，尽是法身"，呈现出万物一体的特殊心境。至于阳明洞与阳明山遥相呼应，"阳明洞中阳明子，阳明山上阳明通，互倚互持两相知，有言无言皆合中"。

（作者系湖南科技学院中文系副教授、博士）

阳明山与禅宗

王安中

　　深藏于永州之野的阳明山常年掩盖在云雾当中，若隐若现，与之相关的诸多传说赋予了阳明山诸多神秘色彩，尤其是阳明山的禅宗，更让阳明山增添了几分飘逸出尘之意。

一　阳明山有禅脉

　　如同岳麓书院堂上所悬的道南正脉一样，阳明山虽然不同于五岳等名山大川和著名的弘法祖庭，但同样的的确确是禅宗的嫡传正脉。从禅宗的传承上看，达摩祖师被尊为中国佛教始祖，经过二祖慧可、三祖僧璨、四祖道信、五祖弘忍。慧能禅师秘密得到五祖弘忍的袈裟衣钵，只身离开五祖所在的北宗之地湖北黄梅县，来到岭南广东弘扬佛法开创南宗。在广东韶关主持曹溪宝林寺（后称南华寺）达三十七年之久，慧能禅师建立的南宗，就是禅宗。

　　慧能提出："菩提本无树，明镜亦非台。本来无一物，何处惹尘埃。"他以"见性成佛"为宗旨，提倡不立文字，弘扬"顿悟"，以让佛教教义融入传统文化的精髓当中，这让佛教在传播过程之中，得以摆脱烦琐而深奥的典籍，普通大众也有了接受佛教教义的机会，从而推动了佛教在中国的广泛传播，也让佛教的中国化得以实现。后来南宗又分为南岳和青原两大流派，南岳派系由其弟子怀让开创，南岳门下形成沩仰、临济两宗。

　　阳明山的秀峰禅师，师从的是临济宗一脉。秀峰禅师从龙潭溶岩归庵后不久便专程去广东韶关曹溪宝林寺"礼拜六祖"，曹溪住持见与秀

峰禅师机缘契合，便坚持留他挂锡长居，两人身体力行地探究禅宗六祖
要道达三年之久。秀峰禅师由此精进不辍，默默领会六祖宗旨。当然现
在如果严格按照禅宗传承的谱系来看，要找出秀峰禅师与禅宗派系之间
严格意义上的传承关系，是很不容易的。禅宗传承谱牒之上或许并无秀
峰禅师一脉完整而清晰的记录，但笔者认为这并不影响秀峰禅师是禅宗
传人的事实。因为从宗教的传播角度来说，奉行某个教派宗旨和仪轨的
人就可以算是这个教派的正宗传人。而在宗教传承问题上，由于种种原
因，传承中断或者迫于某种原因隐去的情况是屡见不鲜的。

　　从悟道方式上看，秀峰禅师与禅宗有着高度一致性。禅宗讲究顿
悟，并不赞同通过复杂的宗教奠基来传播宗教，实际上使得宗教从上层
社会当中走出来，因为中国古代普通民众受教育的整体水平并不高，禅
宗摆脱复杂宗教典籍，给了普通民众走进佛教的机会。而顿悟这种方
式，也让宗教传播方式更加简单、明了。通过几句偈语，让传道者能够
在较短的时间内理解受道者的内心世界，从而为其决定是否传道提供依
据，这种摆脱外在形式、直抵受道者内心心灵的方式，为甄别真正的宗
教信仰提供了简单易行、真实可靠的方式。这种传道方式也成为禅宗区
别于佛教其他谱系的重要标志，用顿悟方式来传道的，就可以视为禅宗
正脉。秀峰禅师在参禅过程中同样有多次顿悟。他听得僧堂板响，感悟
"三载曹溪如一日，历尽风霜不变移。从今识得端的意，板响僧堂知肚
饥"。嘉靖二十九年（1550），秀峰禅师三十九岁，某日，禅师击鼓升
堂召集众僧留言："寄迹人间三十余，度生之愿尚未毕，留得色身登祖
位，也将黄叶止儿啼。"由此可见，秀峰禅师在悟道方式上领悟了禅宗
之精髓。

　　从弘法的方式看，秀峰禅师在继承前人的基础上有所创新。禅宗六
祖慧能，将原来佛教禅师死后实行火葬取舍利法改为漆泞涂尸体的全身
龛葬法，并取得圆满成功，禅宗六祖圆寂后的漆泞涂身龛一直保存下
来。此后数百年间，禅宗的大师们大多采用这种方式来保存法身，成为
禅宗区别于佛教其他派系的另一大标志。秀峰禅师为了以身度世，弘扬
佛法，发愿修炼成金刚不坏之身。为此他遗命打了一个高一丈二尺、宽
三尺六寸的圆桶，筛了七道铁箍，于明嘉靖二十九年庚戌端坐桶内，众

弟子倒进三十六担食盐，三年期满，启关谛视，宛然如生，发爪弥长。而他的法体，确实也历经数百年而不朽，可见他的坐化方式虽然在本质上与禅宗一致，但是用食盐封桶还是与禅宗的既有形式有些差别，实现了弘法方式的创新。需要指出的是，这两种法身保存的方式都与舍利子方式有着很大区别，但是二者本身差别并不大，最终目的都是完整保存法身。

二　阳明山有禅缘

佛教讲机缘，认为凡事都要讲求一个缘法，不用刻意去强求某种遇合。从阳明山与佛教的缘分当中，我们可以看出这种遇合之所在。

其实还早在秀峰禅师之前，阳明山就有着丰富的佛缘。佛教传入中国的时间并不早，东汉明帝时期佛教方才传入，而到了东汉末年，时间不过百年，这里就建立了白云寺，汉献帝派来智安和尚主持寺庙，可见佛教与阳明山很早就有关联。彼时国内佛教还不像后来那样兴盛，而永州距离东汉都城洛阳有数千里之遥，以常理而揣度，佛教要传播到此处是非常有难度的，即便是地理距离较近的武汉、长沙等地当时佛教传播也不鼎盛，没有多少有名的寺庙，可见阳明山的佛教缘法之深厚。而因白云寺地处偏远，吃穿用度皆不容易，国库甚至拨出专款予以维持，朝廷对其之重视可见一斑。

从唐朝起，阳明山白云寺开始兴旺起来，僧侣相继，香客云集。宋朝，和尚们又在阳明山绝顶之下的南侧，海拔 1357 米的花岗岩坡地上建一寺院，名曰阳明山寺。又在阳明山建庵，原名"昭禅寺"。《宁远县志》载："歇马庵山，山以庵名。庵传建自宋代，又名昭禅寺。"《阳明山志》云："昭禅寺即歇马庵，离山（即阳明山寺）十五里，系明朝武宗皇帝三公主出家歇马于此。烧丹炼汞，白日飞升，封为易德仙姑。今庵存。"从歇马庵的典故来看，阳明山是有着深厚佛缘的。传说明朝公主在执意出家之后，挑选了一匹千里马，抚摸马背暗暗祈祷：坐骑停蹄处，便为修道堂！奇怪的是，此马驮公主，日夜兼程，经历繁华都市，翻越名山大川，都不肯停歇，直到永州之野的阳明山中，马才骤然停下，不肯前行。而明朝公主也就此停下参佛，可见阳明山与佛教有大缘法。

而秀峰禅师的际遇更加验证了这一点。秀峰禅师最先出家在陶岭僧庵师姑殿，慨然叹曰：非清净所。随后一瓢一笠外出寻求佛门因缘之地。行至大冠岭秀峰山，定居十八个月，觉得仍非所愿，继而选胜寻幽，披荆拨草。寻至近临零陵县界的阳明山，见其木石幽异、紫气腾空，地则银沙铺布，岭势虎踞龙盘，并见僧庵有宋代古碑、钟器，秀峰见状欣然："我生佛事因缘在此。"历代佛教高僧均在此参禅悟道，钟情于此间，可见阳明山的禅缘之深。

三　阳明山有禅意

阳明山是一座佛教圣地，但是它能够在此地有如此之多的佛家盛事，与它本身的山水草木有着极大关系，在阳明山的山水当中，蕴含着禅宗的意境，有一花一世界之叹。据县志载："阳明山明代造寺，号曰万寿。旁有甘泉，凛齿芬颓，日供千人，曾无涸竭。铺地细沙，皎如银倾，曦光激射，耀眼生花。信证果之灵山，安禅胜境矣！"

据资料介绍，阳明山拥有万亩杜鹃花海、十万亩竹海、流泉飞瀑、奇峰怪石、云山雾海五大奇观。情侣石、八戒望月、大禹试剑石等情形并在；恋人竹、夫妻树、阴阳树、石中树等趣味横生；山中水质清冽甘甜，万寿寺古井酷暑不竭，大雨不溢，饮之回味无穷，被誉为"阳明圣泉"；山上共有32溪、84潭、18可观瀑布，龙潭幽深莫测，紫气升腾，藏在深山的大黄江源，是柳宗元《游黄溪记》黄溪河的源头，其间一条山溪飞流直下，连成五重瀑布，世界罕见，被誉为"湖南的九寨沟"。白云寺遗址四面奇峰妙岭，天然生成一巨大龙首，龙角、龙鼻、龙须栩栩如生，令人浮想联翩。

因永州阳明山文化研讨会之故，笔者得以有机缘深入阳明山间，将纸面文字与切身体验结合起来，发觉阳明山一山一水、一草一木皆有无穷之意境。晨其随朝雾入山，一切都未曾分明，山中雾海，让阳明山若隐若现，给人以无限遐想，又仿佛让人琢磨不透，深符禅宗之意境，即似明非明、似察非察，似了然于胸，却又无法用言语表达，只能静静体味其意境，而静悟当中，万法皆明。随朝阳升起，日出山已明，阳光穿透重重雾气而下，山中透亮，永州府志载："朝阳甫出而山已明者，阳明山也"即谓此，而人也仿佛得到晨光之陶冶，污垢尽去，杂念不生，通体舒泰，念头明达，心境跃然于另一境界。佛光普照四字，恰如其分。

山中又有清泉，传为大黄江之源头，水清澈见底，无任何杂质，居水边，听潺潺清泉之音，仿佛受心灵之涤荡，俗念顿消。据同行之专家言，遍览中国之名山大川，论水之纯净，唯九寨沟堪与之媲美。沿山而上，更有雾凇奇观，太阳照耀之下，雾凇发出七彩霞光，仿佛折射出人间万象，让人感叹世间百态、人生无常。

阳明山不仅可以让人体会大自然的鬼斧神工，而且可以感悟世间万象百态；不仅能够让人远离世俗喧嚣，而且能够涤荡人们的心灵；不仅视觉上有着无与伦比的享受，而且在听觉上有着妙不可言的感受。在这种氛围的感染下，禅之意境呼之欲出。

（作者系湖南省社会科学院历史研究所副研究员、博士）

道教内丹学南宗与永州阳明山

余强军

　　湖南地处中国中南部，南北气候交流激荡，独特的山川地貌和物产造就了湖湘性格和湖湘文化，也是中国道家道教思想文化的重要源头。楚地巫文化源远流长，今正一教符箓诸多方术都可以在湖湘民风民俗中寻其踪迹。历来高道辈出，对湖湘本土各种文化元素都有深刻影响。据《列仙传》及《神仙传》、《历代真仙体道鉴》、《三洞群仙录》、《金莲正宗记》、《清微仙谱》、《南岳总胜集》、《元和郡县图志》等典籍记载，活跃在湖湘境内知名道士达几十位之多。在道教洞天福地中，湖南有 18 处。举凡神仙、方士、真人、羽客、仙姑、隐士、炼丹、传道、采药等道家文物遗址，更是遍及全省各地。早期道经《真诰》、唐杜光庭《洞天福地岳渎名山》、宋张君房《天宫地府图》等皆记载了湖南道教名胜。分布在湖南境内的洞天福地，大都已开发成为风景旅游名胜地，但尚有几处养在深闺人未识，如永州阳明山还没有得到应有的重视和开发。阳明山位于永州古城东南一百里处的都庞山岭东端，属五岭山脉的南岭支脉，海拔 1600 米。这里地势险峻，山峰突兀，流泉飞瀑，雾海云天，林木苍翠，尤其是异花异卉，遍布山野，珍禽猛兽，时鸣其间，仿若人间仙境。

　　自隋唐道教内丹学日兴以来，湖南一直是道教内丹学南宗的学术重镇。南宗法脉源自北宋张伯端，传承次第为张伯端——石泰——薛道光——陈楠——白玉蟾。尤其是白玉蟾时代，慧灯普照，弟子众多，南宗一时间蔚为大观。研究湖湘道教乃至宋明以降的湖湘文化，元初道士李道纯是绕不过去的重要人物。李道纯，字元素，号清庵，别号莹蟾子，都梁（今湖南武冈县）人。从李道纯的文献来看，应该是宋末元初时人，系南宗白玉蟾的再传弟子。李道纯祖述南宗内丹学奥旨，以恢宏之气势贯通儒释道三家要领，独树一帜，开创了道教内丹学中派法系，认为三家圣人只书一个"中"字示人，中是儒释道三家之共同根本，三家融通就在这个中字。他说："所谓中者，非中外之中，亦非四维上下之中，不是在中之中。释云：不思善，不思恶，正恁么时那个是自己本来面目，此禅家之中；儒曰：喜怒哀乐未发谓之中也；道曰：念头不起处谓之中，此道家之中也。老子云：致虚极，守静笃，万物并作，吾以观其复。易云：复其见天地之心。"他将道家内丹的致虚极功夫和儒家的致中和功夫融会贯通，他说："《礼记》云：喜怒哀乐之未发谓之中，发而皆中节谓之和。未发谓静定中，谨其所存也，故曰中。存而无体，故谓天下之大本。发而中节谓动时，谨其所发也，故曰和。发无不中，故谓天下之达道。诚能致中和于一身，则本然之体虚而灵，静而觉，动而正，故能应天下无穷之变也。老君曰：人能常清净，天地悉皆归。即子思所谓'致中和，天地位，万物育'同一意。中也，和也，感通之妙用也，应变之枢机也。《周易》生育、流行，一动一静之全体也，予以所居之舍'中和'二字扁名，不亦宜乎哉！"李道纯将"中"看作是虚灵而静觉的本然之体，以中统摄未发已发。这里的"中"是超越善恶是非的本然境界。他说："中是儒宗，中为道本，中是禅机，这三教家风，中为捷径，五常百行，中立根基。""道释儒三教，名殊理不殊，参禅穷理，只要抱本还元，初解得一中造化。便使三元辐辏，宿疾普消除。"他认为中即道教内丹学至秘的玄关："诸丹经皆不言正在何处者，何也？难形笔舌，亦说不得，故曰玄关。所以圣人只书一中字示人，此中字，玄关明矣。"①

　　《中庸》云："喜怒哀乐之未发谓之中，发而皆中节谓之和。中也者，天下之大本也；和也者，天下之达道也。致中和，天地位焉，万物育焉。"这些观念引起了日后宋明理学的深入讨论，王阳明对其中的重要范畴都发表了独到见解。阳明认为中是本体，和是其发用，体不离

---

① 李道纯：《中和集》卷一，《道藏》第 4 册，第 484 页。

用，用不离体，即体即用。他说："中和一体，动无不和，静无不中，良知是未发之中，良知亦是已发之和。"前述李道纯认为，中即玄关，玄关是本体，玄关亦是功夫，体用一如，并没有表现为时点上的前后两段，阳明一扫宋儒过去认为寂然不动之体、感而遂通之心乃两个不同时段发生的旧观念，其中和说豁然贯通，极有可能受到了李道纯内丹学中派的极大影响。在道教内丹修养而言，见到玄关如同新生，"从此仙路拾阶而上"，极大的满足感和幸福感充斥内心，几近彻头彻尾的解放和人自我的真正实现。儒家"致中和"功夫的内在心理状态亦是如此，天地万物同体同生，所谓孔颜之乐，乐在其中。阳明自从龙场一悟，学术气象焕然一新。阳明一生对于佛道精深研究，终日静坐澄心。其弟子钱德洪说："先师始学，求之宋儒不得入，因学养生而沉酣于二氏，恍若得所入焉。"①佛道素材对于龙场开悟不可小觑。今永州阳明山，虽然此山非彼会稽阳明山，若以湖湘李道纯之启发王阳明"中和说"的内在精神契合而言，此山更胜。

自南宗白玉蟾以来，南宗法嗣聚讼纷纭，诸多谜团没有厘清，需进一步稽考南宗文献、文物遗存田野调查、传承谱系，尤其是内丹文献的条分缕析。就南宗湖南谱系而言，其传承关系也还没有清晰呈现出来。明洪武《永州府志》卷九记载："王真人，德安人也。修炼于零陵阳和山，元初赐额为'万寿宫'，封'懿德真人'。征入朝，遂不返。"缘于全真道高道丘处机的贡献，有元一代，道士地位极为尊崇，敕令建集贤院优宠天下名道，大量道士长期安居朝廷。"征入朝，遂不返"，这样的情形亦只可能发生在元代，此一记载似更可推测王真人确系元代之高道。明清以来，道教人物传记没有以前做得好，大量高道事迹语焉不详，亟待今日道教学术界编纂一部新的可以媲美《历代真仙体道记》这样的人物志，尽管懿德真人在目前所见的道藏典籍中难以寻觅踪迹，但似可推测，武冈与永州比邻接壤并不遥远，与李道纯亦是同时代人，南宗中派一定可以流布辐射，那么就法脉而言，懿德真人修炼南宗中派似可臆测划分。湖湘学术名士向来胸襟开阔，海纳百川，不拘泥，不封

---

① 《王明阳全集》，上海古籍出版社1992年版。

闭。北宋道州人周敦颐平素即好与道士交往，常与道士结伴游历，理学开宗明义即以道教太极图发轫，亦是学术史上一件意味深长的事情。又如王船山的《愚鼓词》，船山丹道的动静观与李道纯内丹学几乎如出一辙，亦可见李道纯开创的内丹学中派在湖湘流传之深远。

在永州阳明山道教文化发展过程中，另一位值得关注的重要人物是明代零陵地方名士蒋鳌。康熙二十三年《零陵县志》卷之十四"外志·仙释"蒋鳌传载："致政归，得遇异人，授以服食之术，弃家，构一椽于山中，曰'寄寄巢'，修炼数年，遂遨游名山，足迹尝在天台雁岩间。山阴徐淮，文长兄也，好辟谷，乃师事之，文长曾记之以诗。"蒋鳌早年崇尚理学，中年弃儒入道，熏修内丹，成就斐然，"数十年而先生死。死之日，道逢邻人，授以钥寄其家。家人共骇，举其棺轻甚，盖尸解云。后数年，又有人遇之于蜀峨眉山中"[1]。其丹道功夫达到了尸解和身外身的境界，难怪游历江浙时，当地学人纷纷服膺，著名文人徐渭兄弟曾拜蒋鳌为师学习丹道，并留诗述及此事，"奉君会稽山，回睇香炉岑"[2]。此处透露了一丝消息，蒋鳌曾经游履会稽阳明山。这里有必要强调的是，"阳"是道教内丹学最重要的价值取向，举凡生命阳和清明的一面皆称为阳，而将衰败昏沉的一面指称为阴。普通的生命正是阳气逐渐退失，阴气渐渐吞食而彻底的死亡。丹道修炼就是褪尽阴质，而成纯阳之体。所以丹经说"人之生在此阳，天地之生在此阳"。概言之，永州阳明山最早是一座道教内丹学南宗传播的名山，"阳明"之命名亦恰好映现了当时浓郁的道教修炼养生氛围。

（作者系湖南女子学院副教授、哲学博士）

---

① 康熙二十三年《零陵县志》卷之十四"外志·仙释"蒋鳌传。
② 《徐渭集》，中华书局 1983 年版，第 81 页。

秀峰禅师行迹研究

阳明山秀峰禅师行止述评

杜寒风

据《阳明仙境》^① 一书中所载《秀峰禅师行录》，明代的一代禅宗高僧秀峰禅师是湖南省永州市新田县南乡六都八甲东山人。秀峰的父亲叫郑枋，母亲李金姑是桂阳嘉禾驼山人，秀峰生于明正德七年（1512），殁于嘉靖二十九年（1550），在世上活了三十九岁。本文依《秀峰禅师行录》，对秀峰行止加以述评，以弘扬阳明山禅宗文化。

正德六年（1511）五月，李金姑为她的母亲祝寿，携筐归来，路经大江洞莲塘，遇到了一个老翁。但见老翁忍饥挨饿，躺在那里要筐中的食物。李金姑慨然拿出江米（糯米）做成的食品让老翁吃。老翁夸奖李金姑贤达，并问了她住在什么地方。忽然老翁指着塘中莲花一枝，看着她说，这就是你的贵子，说完后就不见了老翁的踪迹。李金姑顿时感觉到芳气香馨，自己有了孕，回到家里告诉了丈夫郑枋，他们觉得这事十分奇异，当打开筐，看到筐中之物都是白银，才明白所遇见的老翁是仙翁。也就是说，秀峰母亲怀孕，是遇到了仙翁指点。莲花在佛教里象征极乐净土，秀峰则是为佛教而生的一代高僧。李氏怀孕十八个月，于正德七年（1512）十月初二日亥时生下了秀峰。秀峰出生的晚上，满天星斗，闪闪发光，房间也被祥光照临。族人对此事感到惊骇，过来询问。因此为这孩子取了个乳名，就叫骇生。秀峰年幼的时候，灵颖超众，长得大耳阔唇，骨干伟奇，吉人自有天相。到了三四岁的时候，秀

---

① 中国人民政治协商会议湖南省双牌县委员会文史资料研究委员会编：《阳明仙境》，1991 年印刷。

峰便不吃荤。到了七岁时，父亲教他读书，称其名作尚显，秀峰聪敏过
人。父亲高兴地看到自己的儿子聪慧过人，对儿子寄予了厚望，希望他
将来能够光宗耀祖，声誉著称。

　　　　父喜曰："有子若斯，他日显扬可卜矣！"师曰："读书特收科
　　第耳！选官何如选佛！"①

　　父亲的愿望无非是让秀峰好好读书，将来考取功名，而秀峰却胸怀
大志，对俗世读书科举、走入仕途丝毫不感兴趣，"选官何如选佛"的
豪言，自然让他父亲感到儿子与俗世考功名的想法不同，为之感到惊
异。考取功名，当上官吏，并不能解决生死大事，还是不能得到解脱。
在秀峰的心目中选佛高于选官。出家为僧，度己度人，明生死大事，入
涅槃世界，对于向往佛门的才俊来说，远比进入官场具有更大的吸引
力，故不能拿俗世选官的标准与价值来看秀峰日后对自己人生道路的选
择。佛教在心灵上的抚慰作用是儒门难以企及的，尤其是中国化的佛教
流派禅宗具有直指人心、见性成佛的特殊魅力，即使是宋明理学为了发
展自己，也不得不从禅宗那里吸收了养分而在理论建树上有所长进。大
志已定，断难回头。秀峰要到选佛场，而不到选官场，这是需要有大志
向大决心才能做出的选择，也说明了秀峰是个自主自信、不受他人迷惑
的人，自己的大事自己来定自己来做。

　　父母察觉到秀峰的志向后，当然不愿意秀峰出家，想通过婚姻拴住
儿子。在秀峰的年龄尚没有到及冠之年，便给秀峰定下了一门亲事，定
的是嘉禾的谢氏，即新娘家为秀峰母亲的老乡。选择了吉日入赘，礼成
的晚上，秀峰不从。虽然当晚室内的灯光忽明忽灭，新娘却不知道新郎
在哪里。第二天早晨，却分明看到秀峰就在室内，新娘不得不称奇，我
妈的女婿难道有神保护吗？这实际是秀峰有神通的显示。以后秀峰在龙
潭修行时，猎人看见他却又寻遍岩穴也找不到他，也是此神通的再次显

────────────

① 中国人民政治协商会议湖南省双牌县委员会文史资料研究委员会编：《阳明仙境》，
1991 年印刷，第 21 页。

示。丈母娘与新娘还不死心，希望秀峰破戒，特宰了一只鸡给秀峰吃。秀峰说，我母亲怀了我十八个月，一直吃素，我敢开荤吗？然而去阻止也阻止不了，只好任由他们宰鸡烹鸡。刚好新娘的弟弟从外面回来，吃了一个鸡腿。秀峰乘机脱了身。丈母娘知道女婿终不可留在家里，便带着女儿拿着"荅"① 相送秀峰，一直送到大江洞田畔，感叹道，君心既然如此，我们无可奈何啊。秀峰接过"荅"，感谢丈母娘的放行，开导丈母娘说，您有这样的好女儿，何必发愁没有乘龙快婿呢？他日再行婚配，是嫁给嘉禾石燕姓胡的男子。秀峰在行走途中，洗涤"荅"大口呕吐出了活鸡，独缺一爪，它跳跃着又回到了谢家。至今洗涤"荅"的田地还在。他在吃鸡这件事上显示的神通更富有传奇色彩。无论秀峰在洞房隐不行房，还是吃鸡吐出活鸡，都可看到他没有正式出家前受戒意志的坚定、处理问题的灵活。

　　　　师一瓢一笠前往陶岭师姑殿，居十八日，曰："此非我住场！"旋行至大瓜岑秀峰山，居有八月，复曰："地非吾愿！"于是，寻幽选胜，拨草披荆，至零陵界阳和山，只见木石幽异，紫气腾空，地铺银沙、岭势磅礴，并阅宋代古碑钟器，知是真人炼丹之处，神禹藏书之穴，遂欣然曰："大事因缘，其在斯乎？"即趋庵长老明性。明公曰："老僧自南岳来，秉领临济宗旨，匿迹是山，栽芋为食。尔少年书生，因何到此？"师曰："适瞻山巅，紫气成盖，必有道人栖托，愿为门下弟子。"明公喜其骨相不凡，语言笃实，遂允披剃。依本宗派，取名真聪，号秀峰。时嘉靖六年（1527），师年十六矣。嗣是修持戒律，志行清苦，砚启蛰而不履，视方长而不折，慈悲性空，凡事殊异。②

　　秀峰要出家，意志坚定，阻止也阻止不住，父母便答应了秀峰。于

---

　　① 中国人民政治协商会议湖南省双牌县委员会文史资料研究委员会编：《阳明仙境》，1991 年印刷，第 22 页。此字在该页共出现 4 次，笔者不明其音意。
　　② 中国人民政治协商会议湖南省双牌县委员会文史资料研究委员会编：《阳明仙境》，1991 年印刷，第 22 页。

是秀峰告别父母，走向寻师求法之途。秀峰不是一个没有主见的人，在选择修行地上，也是有他的想法的。他带着一瓢一笠前往陶岭师姑殿，在那里待了十八日，说，这里不是他的住场。之后到了大瓜岑秀峰山，在那里待了八个月，也不满意，说此地也不是他的理想之地。秀峰为了选择一个适合自己根机修行的理想之地，不达目的不罢休。他继续寻找，披荆斩棘，一路风尘，终于来到了属于零陵地界的阳和山，为这里的风光所迷，十分高兴地选择了它，它的紫气银沙，它的木石山势，自是不同于秀峰到过的地方，还有重要的原因就是秀峰从宋代的古碑钟器得知它有真人炼丹之处，神禹藏书之穴。真人可能指王真人。明洪武《永州府志》卷九记载："王真人，德安人也。修炼于零陵阳和山。元初赐额为'万寿宫'，封'懿德真人'。征入朝，遂不返。"① 还有一种可能指十八真人。明时十八真人在白云寺烧丹修道，飞身腾空。应该说，道教先选择阳和山作为修炼场所，比佛教时间要早，佛教选择它作为修行道场，则后来居上。秀峰说大事因缘，难道在这里吗？之后果然在这里修成正果。一说《零陵县志》载："零陵潭山北（今隶宁远，名阳明山）有禹穴，一名禹龙岐。相传禹治水时，驱龙于此，称龙潭。"② 传说禹南巡到永州，见江中一孽龙为害一方，就用锁把龙缚住，驱到阳明山的顽石之中，龙求情告饶，禹便用神棒划出一槽，泉水进入囚室，龙循机施展魔法逃到大海。阳和山无论是从自然风光来说还是从人文历史来说，都是一个理想的修行之地。秀峰见到了明性长老，长老先把自己的情况作了介绍，明性从南岳来，属于临济宗人，传承的是临济宗旨，栽芋作为食物，然后明性长老便问作为少年书生的秀峰到此的原因，朴实可亲。秀峰也不绕弯，直接说明原因。他看到山中有紫气，肯定此山有道人栖托，他愿意出家，成为明性的弟子。明性也喜欢这位骨相不凡、语言笃实的后生，接受了秀峰为弟子，为秀峰披剃。师徒对话坦诚以待，秀峰选择了阳和山，确实不虚此行，从此阳和山就与秀峰结

---

① 《天一阁藏明代方志选刊续编64 弘治永州府志（湖南）》，上海书店1990年版，第295页。

② 转引自中国人民政治协商会议湖南省双牌县委员会文史资料研究委员会编：《阳明仙境》，1991年印刷，第8—9页。

下了不解之缘，在禅宗文化的传承中，正是由于出现了秀峰这样的禅师，阳和山才成为七祖的道场，其佛教的影响力才更加深远，在中国明代禅宗史上，阳和山自有它的地位。秀峰出家后生活贫苦，在修持守戒上，其志气和品行都让人敬佩，他观测到动物冬眠出来活动，不去踩踏之，看见正在生长的植物，不去折断之，无论什么事都可显出他的不凡来。

> 一日，师忽只身视之于歇马庵龙潭之侧，岩栖洞饮，坐苔朝夕，岩前有苦菜一本，茎大异常，日食一叶。继恐伤生，黄落斯采。久之醒悟，撮石为像，置于岩中，净性潜修。凡三年，山径崎岖，人迹罕至，明公莫测其所。适有猎者入山，逐鹿发矢，随奔岩前。师忽疾声念佛，猎众惊讶，趋视之，乃秀峰也。然遍视岩穴，萧然寂静，了无一物，归告明公。强使还山。因询别后曾见甚么？师曰："山自青兮水自绿！"时师年已二十矣！①

秀峰不满足于在庵中的修行生活，他到歇马庵龙潭一岩洞，独自一人进行修行。这使我想到佛祖释迦牟尼所经过的苦行和悟道。佛祖来到尼毘连河边的加暗山的苦行林、山洞修习，每日吃一麻一麦，有六年。但佛祖有他父亲净饭王派去的五个人伴随他。佛祖的悟道则是独自一人来到伽耶山小山旁的菩提树下结跏趺坐，在四十八天内悟道。秀峰住在岩洞，喝的是洞水，吃的是苦菜叶，天天在青苔上端坐。生活条件异常艰苦，在艰苦的环境中修行，可激发人身上的潜能，离悟道更近。岩前的苦菜异常的大，秀峰吃落叶，怕伤生，不去踩不去折。岩洞也成了道场，自己醒悟了，撮成石像，在岩洞安放，心空性净，默然修行，日夜不断。就这样苦度三年。秀峰的苦行与悟道，有佛祖的遗风。在此把秀峰与佛祖的苦行、悟道作一对比。秀峰的苦行是无人相随，他独自一人苦行，他的悟道是在一岩前苦菜旁悟道，苦行悟道的时间为三年，悟道

---

① 中国人民政治协商会议湖南省双牌县委员会文史资料研究委员会编：《阳明仙境》，1991 年印刷，第 22 页。

是在三年之内，而不像佛祖苦行有六年之久，且有人伴随，悟道在四十八天内。他们悟道前的身份虽有不同，所处国度、地域不同，但觉悟上祖佛不别。两人悟道场所的植物，一个是菩提树，一个是苦菜，菩提树也有"觉树"、"道树"等名称，那么苦菜，是否也该有"觉菜"、"道菜"等名称呢？这苦菜不能只当作普通的一种植物，阳和山的苦菜也应该有它地域鲜明的佛教文化之意义，它当同菩提树是佛教之一种吉祥之树一样，也为佛教之一种吉祥之菜。一个人的苦行、悟道，与在庵、寺院的修行是有很大不同的。离群索居，是有很多不便的，但在排除人我是非干扰上又有独特的优势，更加接近大自然，更加有利于发明本心，比在庵、寺院的修行要求更高、更严，不是每个人都适合像佛祖、秀峰这样的苦行、悟道的。没有极高的精神境界，没有虔诚的宗教信仰，没有身心的极大付出，修不得正果。由于秀峰独自修行的场所幽静偏僻，人迹罕至，就是他的师父也找不到秀峰的足迹。正好碰上猎人到山里打猎，追逐鹿，放出箭，鹿跑到了岩前，猎人也随之到了岩前。秀峰忽然大声念佛，猎人听到后很惊讶，他们往前去看，一看正是秀峰。但是找遍了岩穴，又不见秀峰的踪影。这次秀峰再次显示了神通。他们回去后告诉了明性长老，长老强行让秀峰回到庵中。问秀峰分别三年后看到了什么，秀峰答道："山自青兮水自绿"，表明秀峰是悟后所说的话，有禅意在。他说出此话，为二十岁，说明他聪颖非凡，具大慧根。山变青水变绿，是大自然的现象，是有规律可循的。山水都属无情，无情亦能说法，山变青水变绿，都有其短暂性，终不能住，告诉人们的是无常的道理，悟道就是在无常当中看出真常。山水的变化是虚妄不实的，要把握的是空性，识空也不能离开这些虚妄不实的东西。悟道并不神秘，通过观察、体验山水，也是悟道的一个途径。只要下了功夫，经受得起各种考验，到了悟道的时刻，自然花开蒂落，明心见性。

秀峰到达曹溪礼禅宗南宗六祖慧能，主要目的应不出这两个：一是出于对祖师的敬仰，亲到圣地，才得见慧能真身；二是亲到圣地勘验自己，悟道需要他人测证，不是自己宣称悟道就悟道了。秀峰选择曹溪圣地，眼见六祖真身后，或许产生自己也要像六祖那样有真身现世的想法。自己也要保有真身，以证佛法真实不虚，这是弘法传法之大举。广东能够出慧能这样保有真身的祖师，湖南也能够出保有真身的祖师。

> 师之曹溪，住持见而问曰："大德从何处来?"师举足曰："脚下荐举。"又问："来此为何?"师曰："特来礼六祖。"住持曰："六祖过去了也。"师喝曰："住持安在?"由此机缘契合，坚留挂锡。①

　　曹溪住持，见到秀峰问道，大德从哪里来呢？秀峰没有直接回答，如我从湖南来，从永州来，从阳和山来，如此乃按照日常逻辑去回答。其实住持是在勘验秀峰，问话中有禅机。秀峰的回答是，我之双脚行路，使我走到这里。这里是圣地，朝圣是僧人心中的神圣愿望，是心之所系，有这个心愿，就要把这个心愿完成，走到了曹溪拜六祖，与我是从哪里来没有直接关系。四面八方都能来到曹溪，已开悟的禅师不会一上来就进入住持预设的语言陷阱，以致使自己失去自主。住持接着又问秀峰，你来这里打算干什么呢？这次秀峰直接回答他到这里是专门来礼拜六祖，进入了住持预设的语言陷阱，秀峰进入是自觉进入的，可是他能够从语言陷阱中随时脱出，他在住持继自己回答后，通过喝答，就脱出了陷阱，体现了临济喝之宗风，终得到住持的认可。住持说六祖是过去了的祖师。就是说你看不到六祖本人，只能见到六祖的真身。所以礼拜六祖，礼拜不到六祖本人，而六祖真身不能亲口言说。实际住持也偷换了概念，应该说按秀峰的回答礼拜六祖，自是礼拜六祖的真身。但是住持的刁难，是继续堪机，第一问秀峰没有落陷阱，有可能是歪打正着，是侥幸。第二问是继续追加，不容秀峰过多的考虑，也是与第一问相关。如果秀峰在住持说六祖已是过去了的人后，秀峰没有什么反应，或反应迟钝，那就是没有得道，就暴露出秀峰的问题了。住持的回答是截断秀峰的理路，不要执着于见六祖这事，偷换了概念，也是看秀峰的应机适变的能力，秀峰没有让住持失望，其喝答道，住持还在吗，是

---

① 中国人民政治协商会议湖南省双牌县委员会文史资料研究委员会编：《阳明仙境》，1991年印刷，第23页。

主动的反击，截断了住持的理路，既然六祖已经是过去的祖师，那么我们不必执着于六祖是活人还是六祖的真身，我来问你，那你住持还在吗？就是说，我不跟着你住持说过去，我跟你说现在，住持你作为六祖的子孙你还在吗？六祖虽是过去祖师，但他有传人，你住持是传人，我秀峰也是传人。这不禁让笔者想起六祖到黄梅求法见五祖弘忍，弘忍问六祖的情形，在秀峰与住持的对话中，秀峰俨然与六祖在精神气质上有共通性，佛性没有南方人北方人之分，六祖的传人也没有广东、湖南之分，秀峰有六祖一样的大丈夫气概，有临济宗的自主自信之精神。所以通过勘验，秀峰与住持结为好友。"相与体究道要，默传六祖宗旨，日久精进不辍。"① 秀峰在曹溪这一六祖的道场修道三年，修为大增。毕竟作为大道场，在修行上有很多殊胜的地方。但是秀峰并未迷恋曹溪祖庭，依然深爱着家乡的土地，他还是回到了阳和山，他要完成他的使命，他的道场在阳和山，这是他自己的再次选择。

> 一日，闻僧堂板响悟而偈曰："三载曹溪如一日，历尽风霜不变移，从今识得端的意，板响僧堂知肚饥。"②

秀峰在曹溪三年的时间好像一天那样的短暂，经历了多少风霜不会改变自己的初衷，现在虽然已经认识了真实的佛法大意，可佛法并不是遥不可及，木板响了是开饭的时间，那就该吃饭了，肚子饥不饥只有自己知道。饿了就去吃，困了就去睡，冷了就加衣，热了就脱衣，顺其自然，不可悖逆自然。佛法就在世间的日用中体现，不一定只在专门的修行功课中体现，日常生活中亦有道之贯通。

> 师一心静摄，凡参禅机锋，概寄缄默，也不轻立文字。③

---

① 中国人民政治协商会议湖南省双牌县委员会文史资料研究委员会编：《阳明仙境》，1991 年印刷，第 23 页。

② 同上。

③ 同上。

秀峰一心静养，在缄默之中不乏其参禅的机锋，不语而语，故就有了多少次的"此处无声胜有声"，言不尽意，用语言表述佛法大意不过是方便说法的权宜之计。至今没看到他留下的著作，亦是一种遗憾。

> 忽一日，挝鼓集众曰："寄迹人间三十余，度生之愿尚未毕，留得色身登祖位，也将黄叶止儿啼"。①

秀峰的意思是说，他在人间待了三十多年，济度众生的大愿还没有完全如愿实现，四大五尘等色法所成之身为色身，保留色身虽说可以登上祖师之位，但也不过是拿着杨树黄叶给小孩，小孩误把它当作金钱而不再啼哭一样。"黄叶似金钱，典出《涅槃经》，以此比喻佛说天上之乐果，用来劝止人间的邪恶。"② 必为毕的通假字。秀峰想通过坐化保留真身的方式来继续济度众生，这一宏业是无穷无尽的。他对明性长老说："弟子闻西方有金刚不坏身，亦愿以身度世。"③ 秀峰保留真身济度世间之人，是没有言说的说法弘法，在临济宗祖师中的表现也是十分突出的。阳和山由于保留了秀峰真身而名扬四方，信众朝拜，一心向佛，人们不必都跑到曹溪六祖那里礼佛，到阳和山礼佛，也很灵验，方便了信众。

秀峰说偈道："壬申对壬子，跗坐同跌坐，千一了一年；又七月十七，即是中秋会。祖以空为座，原是本来人，今成就法座。"④ 秀峰说完偈后入关坐化而去，时嘉靖二十九年（1550）。偈中壬申指的是正德七年（1512）壬申，为秀峰出生年的壬申，壬子指的是嘉靖三十一年（1552）壬子，出生年跟真身开关年相对，跗坐跟跌坐相同，为把右脚

① 中国人民政治协商会议湖南省双牌县委员会文史资料研究委员会编：《阳明仙境》，1991 年印刷，第 23 页。

② 黄河涛编著：《禅宗公案妙语录》，中国言实出版社 2006 年版，第 30 页。

③ 中国人民政治协商会议湖南省双牌县委员会文史资料研究委员会编：《阳明仙境》，1991 年印刷，第 23 页。

④ 同上。

盘放在左腿上，左脚盘放在右腿上的坐法。秀峰生前的跏坐与他真身的
跏坐，就宣法传道来说是一样的。千、一，分别似是指时间长、短，具
体说是千日、一日，秀峰约期三年已过千日，这里是盖指，也是在一日
内此事了结，这一日是在这一年内，过了七月十七，就是中秋见面的日
子。七月十七可能指的日子是有具体的事情，不大可能是秀峰随意指这
个日子，笔者觉得指出这日子也不排除是提醒信徒自此日起该为开关做
准备了。祖师以空为座位，是说佛教的空，为世界之本质，世人认妄为
实，不知道空的意蕴，认识了本来人，就是知晓了纯真自足的本心，不
需向外追逐而得，就可以成就法座了。嘉靖三十一年八月中秋南渭王的
孙子孙菊坡、名贤蒋湘崖等，一同来到阳和山。孙菊坡、蒋湘崖之前到
过阳和山，那次是由于阳和山的大钟飞到了郡城太平寺，他们感到阳和
山有异人，他们到来时，秀峰已不在山中，朝拜曹溪去了。孙菊坡、蒋
湘崖等遵照秀峰生前之嘱，三年期满才能开关，这里的三年似不是按坐
化的时间计，如果按坐化时间计，到他俩中秋开关见真身，应不到三
年。所以可能是按确立遗约的时间计的。他们看到了秀峰的真身栩栩如
生，还长出了头发，他们顶礼拜伏。

> 师徒相扶披剃，衣履庄严，涅槃端坐，方悟壬子跌坐之偈不
> 谬。菊坡谓之南渭王，遂崇其号曰"七祖"，赠额曰"临济正派"。
> 迁阳明山，改庵名"万寿寺"。[1]
>
> 祖师自坐化以来，真灵不泯，肉体俨若金刚，由前明至国朝，
> 每岁秋冬，远近士庶，登山礼拜，香烟极盛，不亚全州寿佛。
>
> 一诚感格，有求必应。尊称名山得道"秀峰七祖"。[2]

正因阳明山是秀峰悟道说法坐化的道场，其真身不腐，每年的秋天
冬天，远近的士大夫老百姓，都过来登山礼佛，香火旺盛，与全州县湘

---

[1]　中国人民政治协商会议湖南省双牌县委员会文史资料研究委员会编：《阳明仙境》，
1991 年印刷，第 23 页。

[2]　同上书，第 24 页。

山寺无量寿佛全州禅师可有一比。而且到阳明山许愿，愿会实现，为秀峰的加持与护佑。崇拜秀峰、敬仰秀峰的人们越来越多，秀峰七祖的遗迹成为人们来山礼佛的神圣的文化遗存。

（作者系中国传媒大学文学院宗教学与文化传播研究所所长、教授）

阳明山秀峰禅师全身舍利发凡

陈靖华

　　阳明山位于永州市东南 50 公里，现属双牌县，被辟为阳明山国家森林公园。因明代嘉靖年间秀峰禅师出家后，修禅并坐化于此山，故该山在史籍中被称为"秀峰道场"。

　　秀峰禅师俗家姓郑。较早的史籍如清嘉庆十七年（1812）宁远知县曾钰以乾隆十八年（1753）钟人文纂修的《宁远县志》为基础增修的《宁远县志》①、嘉庆二十五年（1820）的《湖南通志》② 及道光八年（1828）的《永州府志》③ 等均称其为宁远县人，清光绪元年（1877）嵇有庆等纂修、民国二十年（1931）徐保龄等增补的《零陵县志》④ 则称其为新田县人。本文不拟涉及这一问题，仅从秀峰禅师坐化并以全身舍利驻世而被崇为"活佛"受周边地区民众崇拜之事，谈谈僧人的舍利及其供奉崇拜等问题。

一

　　清嘉庆《宁远县志》称秀峰禅师于明嘉靖庚戌（二十九年，1550）："一日枻鼓升堂谓众曰：'寄迹人间三十余，度生之愿尚未毕。

---

　　① （清）曾钰纂：《（嘉庆）宁远县志》卷十"仙释"，清嘉庆十七年刻本。
　　② （清）翁元圻等纂修：《湖南通志》卷一百七十二"仙释"，清嘉庆二十五年刻本。
　　③ （清）吕恩湛等纂修：《永州府志》卷九下"艺文志"，清道光八年刻本。
　　④ （清）嵇有庆等纂修，（民国）徐保龄等增补：《零陵县志》卷九"人物·仙释"，民国二十年刊本。

留得色身登祖位，也将黄叶止儿啼。'语毕，入关坐化。遗命师徒约以三年期满，方可开关。届期，有王孙菊坡久慕高风，往山开关视之，庄严端坐，俨然如生，深赞拜伏。南渭王加其谥曰'七祖'，匾曰'曹溪正派'，名其庵曰'万寿寺'，改其山曰'阳明山'。"① 后以漆装塑其肉身予以供奉。"秀峰活佛"此留世之色身，即佛家所谓"全身舍利"。

什么叫做"舍利"？南宋平江（治所在今江苏苏州）景德寺僧法云编佛教辞书《翻译名义集》，称："舍利，新云'室利罗'，或'设利罗'，此云'骨身'，又云'灵骨'，即所遗骨分，通名'舍利'。《光明（经）》云：此舍利者，是戒定慧之所熏修，甚难可得，最上福田。《大论》云：碎骨是生身舍利，经卷是法身舍利。《法苑》明三种舍利：一是骨，其色白也；二是发舍利，其色黑也；三是肉舍利，其色赤也。菩萨、罗汉，皆有三种。若佛舍利，椎击不破。弟子舍利，椎试即碎。"②《金光明经》云："佛言：'善女天！我本修行菩萨道时，我身舍利安止是塔，因由是身令我早成阿耨多罗三藐三菩提。'尔时佛告尊者阿难：'汝可开塔取中舍利示此大众，是舍利者，乃是无量六波罗蜜功德所熏。'尔时阿难闻佛教勅即往塔所，礼拜供养开其塔户，见其塔中有七宝函，以手开函，见其舍利色妙红白，而白佛言：'世尊！是中舍利其色红白。'佛告阿难：'汝可持来，此是大士真身舍利。'尔时阿难即举宝函，还至佛所，持以上佛。尔时佛告一切大众：'汝等今可礼是舍利，此舍利者是戒定慧之所熏修，甚难可得，最上福田。'尔时大众闻是语已，心怀欢喜，即从座起，合掌敬礼大士舍利。"③ 由此可见，舍利是佛家遗留人间的"灵骨"，因其为戒定慧之所熏修，故甚难可得，被认为是最上"福田"。

唐代僧人净觉集《楞伽师资记》云："人中有佛性，亦名佛性灯，亦名涅盘镜。是故大涅盘镜，明于日月，内外圆净，无边无际。犹如炼

---

① （清）曾钰纂：《（嘉庆）宁远县志》卷十"仙释"，清嘉庆十七年刻本。

② （宋）法云编：《翻译名义集》五"名句文法篇第五十二"，《大正藏》第54册，第1138页。

③ （北凉）昙无谶译：《光明经》卷第四"金光明经舍身品第十七"，《大正藏》第16册，第353页。

金，金质火尽，金性不坏。众生生死相灭，法身不坏。亦如埏团坏，亦如波浪灭，水性不坏。众生生死相灭，法身不坏，坐禅有功，身中自证，故昼日饼尚未堪飡，说食焉能使饱。虽欲去其前塞，翻令后楣弥坚。"① 意思是，人的佛性通过戒定慧之所熏修，坐禅有功，身中自证，到达大涅盘境界，法身不坏，因而留下舍利。这种舍利"犹如炼金，金质火尽，金性不坏"，故有"金刚"之称。隋代高僧吉藏撰《法华玄论》云："问：'小乘明舍利是金刚，与大乘何异？'答：'小乘谓骨是金刚，肉非金刚，以伤出血故。大乘明一切坚满故，皆是金刚，无有能伤佛身肉者也。'"② 宋代僧人善月《佛说仁王护国般若波罗蜜经疏神宝记》云："金刚体者，法身不坏之称也。以自证则心行寂灭，而能转大法轮利益群品也。"③ 意思是说，以自证则心行寂灭，而能转大法轮利益群品，便是法身不坏之金刚体。此即宋代僧人智圆在《维摩经略疏垂裕记》中直截了当所称："金刚身者，法身不坏，喻以金刚。"④ 佛家又以恒河之沙进行比喻："譬如恒沙，是地自性劫尽烧时，烧一切地，而彼地大不舍，自性与火大俱生故。其余愚夫作地烧想，而地不烧，以火因故，如是大慧如来法身如恒沙不坏。"⑤

舍利有全身碎身之区分。唐代高僧道宣称："全身碎身之相，聚塔散塔之义。"⑥ 唐代高僧圆照在进呈《圣朝无忧王寺大圣释迦牟尼佛真身舍利塔记》时称："佛法性身湛然常住，为化六趣示说三身，于化身中八相成道，现有圆寂全身碎身，导引四生，广兴利益。伏见大庄严寺佛牙，及无忧王寺真身舍利者，即大圣释迦牟尼佛全躯碎质也，年逾千

---

① （唐）净觉集：《楞伽师资记》，《大正藏》第 85 册，第 1285 页。

② （隋）吉藏撰：《法华玄论》卷第九"宝塔品密开本迹义"，《大正藏》第 34 册，第 434 页。

③ （宋）善月述：《佛说仁王护国般若波罗蜜经疏神宝记》卷第三"释菩萨教化品"，《大正藏》第 33 册，第 301 页。

④ （宋）智圆述：《维摩经略疏垂裕记》卷第八"问疾品"，《大正藏》第 38 册，第 809 页。

⑤ （明）曾凤仪撰：《楞伽阿跋多罗宝经宗通》卷八"魏云恒河沙品第十三"，《卍新纂续藏经》第 17 册，第 784 页。

⑥ （唐）高僧道宣撰：《释迦方志》卷下"通局篇第六"，《大正藏》第 51 册，第 969 页。

祀坚润殊常，缁素虔恭往来瞻礼，光化异相难以备陈。"① 根据这段文字，可以看出，到达法身不坏之大涅槃境界后，圆寂火化出现灵骨舍利的高僧，也应该能够保留全身舍利，只是部分高僧以"碎身"舍利的形态驻世而已。陈隋之际创建天台宗的智顗（智者大师）称："生身、全身、碎身，功德等耶？佛言不等。色身言教化训，三业具足清净，众生得至道场。全、碎舍利正可威神光明，供养得福，是故不等。"② 所谓"生身"，即诸佛亲临道场宣教说法（转法轮）；"全身"、"碎身"，则是以寂灭后之舍利让人供养得福，两者的性质有所不同。

二

论者一般认为最早记载高僧全身舍利的是九华山的"金地藏"，其实不然。天台宗创建者智顗便早以全身舍利驻世，隋炀帝在身为皇太子、担任扬州总管时，还以弟子的身份为智顗撰写了《敬灵龛疏》，称"维隋仁寿元年岁次辛酉十二月十七日庚寅，菩萨戒弟子皇太子总持和南，敬告天台山寺先师智者全身舍利灵龛之座……"③

大德高僧的全身舍利在民间也称"真身舍利"。明代文士吴之鲸撰《武林梵志》记载："法相寺俗称长耳相，宋范楷记碑渐蚀，明王谷祥记甚核。寺内有宗慧堂。……明王谷祥记：法相寺宗慧大师碑，杭州西湖之南山最胜处，为南高峰，其阳则岩峦洞壑奇绝诡丽，其阴则群山纡回壁石嶮峭，逶迤入径，深木茂宵，如与世隔，为法相寺，五代石晋时建，故名长耳院。宋易今名。寺有宗慧大师真身崇奉焉，祈嗣者往祷辄应，四方人士多于皈礼。……后唐同光二年，至杭之西湖南山，喜其后坞，依石为室，禅定其中，乏水给饮，乃卓锡岩际，

① （唐）圆照集：《大唐贞元续开元释教录》卷中 "《圣朝无忧王寺大圣释迦牟尼佛真身舍利塔记》三卷"，《大正藏》第 55 册，第 765 页。

② （隋）智顗说：《妙法莲华经文句》卷第八下 "释见宝塔品"，《大正藏》第 34 册，第 112 页。

③ （隋）杨广撰：《隋炀帝集》，《汉魏六朝百三家集》卷一百十四，《文渊阁四库全书》影印本，台湾商务印书馆 1986 年版。

清泉迸出，水源不涸。山中人至今赖之。大师功行具足，崇事景赴。凡旱潦疾疫以及求嗣者，咸趋之。即说偈应副，靡不灵验。人或问师如何有是长耳，即以手曳耳示之，不发一语。……后汉乾祐三年十一月二日，吴越王以诞辰饭僧。有永明禅师者，亦异人也。王问永明：'今有真僧降否？'永明曰：'长耳和尚乃定光古佛应身也。'王辙驾参礼，称师为定光出世。师默然，但云永明饶舌。少选跏趺而化，其状如生，久之益肤革津泽，爪发复长，月必三净，时有舍利。后值金兵侵境，刃伤之，流血白色，兵惧而退。自是肌理失润，恐愈久而毁也，乃以髹涂骸体。南宋咸宁三年，僧司以事闻，赐之法号曰'宗慧大师'云。"① 这位以真身舍利形态驻世的高僧被视为"定光佛"出世。宗慧大师的真身进行过漆髹装饰，据吴之鲸的记载："长耳和尚名行修，住法相寺。……永明寿语钱王：'此定光佛应身也。'修闻之，曰：'弥陀饶舌。'遂坐化。今漆身犹存。追谥宗慧。"② 历史文献中所记载的绝大部分肉身舍利，在保存时，都进行过漆髹处理，因而在有的文献记载中，称为"漆身"。

　　民间也称大德高僧的全身舍利为"肉身舍利"，意为大德高僧以肉身驻世，以区别于荼毗（chá pí；亦称荼毗 tu pi。佛教语，梵语音译，意为焚烧，指僧人死后将尸体火化）后以"灵骨（碎身）舍利"形态让人供养得福者。北宋文士张礼在元祐元年（1086）与其友楚人陈微明游长安城南，访唐代都邑旧址后所撰写的《游城南记》中云："杜光村有义善寺，俗谓之杜光寺。贞观十九年建。盖杜顺禅师所生之地。顺解《华严经》，著《法界观居》、《华严寺证》。圆寂，今肉身在华严寺。"③ 明人赵崡《石墨镌华》亦云："（宋华严寺文殊阁）阁是杜顺禅

　　① （明）吴之鲸：《武林梵志》卷三"城外南山分脉·法相寺"，《文渊阁四库全书》影印本，台湾商务印书馆1986年版。

　　② （明）吴之鲸：《武林梵志》卷十"古德机缘·法相寺"，《文渊阁四库全书》影印本，台湾商务印书馆1986年版。

　　③ （宋）张礼：《游城南记》，《文渊阁四库全书》影印本，台湾商务印书馆1986年版。

师藏肉身处。宋人重修，英公为记，何润之书。"① 宋代僧人道谦编
《大慧普觉禅师宗门武库》记载："贤蓬头，江州人。沩山真如和尚会
中角立者。见地明白机锋颖脱，有超师之作，但行业不谨，一众易之。
真如结庵于方丈后，令贤独处，唯通小径从方丈前过，不许兄弟往还。
后二年，举首众，立僧秉拂，说法有大过人处。一众由是改观。后往郢
州兴阳，数载道大行。示寂，肉身不坏。圆悟和尚在沩山目击其事。妙
喜游兴阳，尚及见其肉身。"②

　　民间往往将以全身（肉身）舍利形态驻世的大德（高僧或居士）
称为"肉身佛"或"肉身菩萨"。如清代著名居士彭际清《居士传》
云："陆与绳，名光祖，号五台居士。平潮人也。嘉靖二十六年
（1547）成进士，除浚县知县，迁南京礼部主事，历官验封郎中，转考
功及文选。万历中累迁吏部尚书。……屡退闲家居，究心佛乘，发宏护
之愿，不以毁誉易心。尝为文募刻《五灯会元》。……发宏护之愿，刺
血写《经》、《律》、《论》各一卷。……晚岁亦从紫柏老人游，研究益
力。已而修念佛三昧。及卧疾，阳阳如平时，左手握心印，经旬不解。
紫柏来视，叹其心力坚猛，为说偈曰：'手印坚持，众所见者。手印之
初，不可心测。岂能目睹，是不能睹。即坏不坏，智者了然，众人惊
怪。'卒赠太子太保，谥庄简。……既说偈化去。伯贞赞其像曰。
'……南迁启龛，载觐师颜。相好庄严，俨若生前。闻古贤圣，去来如
意。定慧力故，结成舍利。入火入水，色身不坏。不图愚蒙，睹此奇
异。允若师言，验瞑目地。非肉身佛，岂能若是。'"③ 将其视为"肉身
佛"。清代许容等监修《甘肃通志》云："牧羊女，成化间，不知姓氏，
誓不适人。每入山牧羊，念佛一声，拾羊粪一粒投于瞽井，数十年，山
谷坑堑处尽为念佛所投之粪粒。一日口吐青气若莲花之状，端坐而逝。

　　① （明）赵崡：《石墨镌华》卷五"宋华严寺文殊阁碑"，《文渊阁四库全书》影印本，
台湾商务印书馆1986年版。
　　② （宋）道谦编：《大慧普觉禅师宗门武库》，《大正藏》第47册，第944页。
　　③ （清）彭际清述：《居士传》卷四十"陆与绳传"，《卍新纂续藏经》第88册，第254
页。

乡人遂于凉州南关厢建阁，移其身饰以泥。至今称为肉身菩萨。"①

最著名的肉身菩萨当然是九华山的"金地藏"。"金地藏"即金乔觉（696—794），明代佚名撰《神僧传》云："释地藏，俗姓金氏，新罗国王之支属也。心慈而貌恶，颖悟天然。于时落发出家，涉海徒行，振锡观方。至池阳，睹九子山，心甚乐之，乃径造其峰而居焉。藏尝为毒螫，端坐无念。俄有美妇人作礼馈药，云：'小儿无知，愿出泉以补过。'言讫不见。视坐左右间，沛然流衍，时谓为九子山神为涌泉资用也。至德年初（约756），有诸葛节率村父自麓登高，深极无人，唯藏孤然闭目石室。其房有折足鼎，鼎中白土和少米烹而食之。群老惊叹曰：'和尚如斯苦行，我曹山下列居之咎耳！'相与同构禅宇，不累载而成大伽蓝。本国闻之，率以渡海相寻。其徒且多，无以资岁，藏乃发石得土，其色清白，不碜如面，而共众食。其众请法以资神，不以食而养命。南方号为'枯槁众'，莫不宗仰。龙潭之侧有白墡硊，取之无尽。一日忽召众告别，罔知攸往，但闻山坞石陨，扣钟嘶嘎，跏趺而灭。年九十九。其尸坐于函中。洎三稔，开将入塔，颜貌如生，举舁之际，骨节若撼金锁焉。"②"三稔"即三年。众佛徒根据《大乘大集地藏十轮经》语：菩萨"安忍如大地，静虑可秘藏"，认定他即地藏菩萨示现，建一石塔，将肉身供于石塔中，尊为金地藏，嗣后配以殿宇，称肉身殿。从此九华山名声远播，逐渐形成与五台山文殊、峨眉普贤、普陀观音相并称的地藏菩萨应化道场。

意欲留下全身舍利的大德高僧茶毗后，或者建塔封瘗，或者用陶缸封瘗，此即约定一定时间开缸，如果肉身保存完整，便再进行髹漆装饰处理。宋代著名禅史家、高僧赞宁撰《宋高僧传》云："释文喜，姓朱氏。嘉禾御儿人也。……光化三年（900）示疾，十月二十七日，加趺坐而终于州郭廨署。春秋八十，僧夏六十。终时方丈上发白色光，竹树变白。十一月二十二日，迁塔于灵隐山西坞。喜形貌古朴骨强而瘦，戒

---

① （清）许容等监修：《（雍正）甘肃通志》卷四十一"仙释方伎"，《文渊阁四库全书》影印本，台湾商务印书馆1986年版。
② （明）佚名撰：《神僧传》卷第八"地藏"，《大正藏》第50册，第1000页。

德禅门真知识也。……天复二年（902）壬戌八月中，宣城帅田頵应杭将计思叛涣，纵兵大掠，发喜塔，见肉身不坏，如入禅定，发爪俱长。武肃王奇之，遣裨将邵志祭，后重封瘗焉。"① 与金地藏一样，这是建塔封敛。宋代僧人志盘撰《佛祖统纪》云："法师智圆，字无外，自号中庸子，或名潜夫。钱唐徐氏。……八岁即受具戒。二十一（岁），闻奉先清师传天台三观之道，负笈造焉，抠衣问辨。凡二年而清亡，遂往居西湖孤山。学者如市，杜门乐道。……预戒门人曰：'吾殁后毋厚葬以罪我，毋建塔以诬我，毋谒有位求铭以虚美我。宜以陶器二合而瘗，立石志名字年月而已。'及亡，门人如所戒，敛以陶器，厝所居岩以藏之，不屋而坛。时乾兴元年（1022）二月也。得年四十有七。后十五年，积雨山颓，门人开视陶器，肉身不坏，爪发俱长，唇微开露，齿若珂玉。乃更袭新衣，屑众香散其上，而重瘗之。崇宁三年（1104）赐谥法慧大师。"②

　　至于阳明山秀峰禅师，前述清嘉庆《宁远县志》称其为"入关坐化。遗命师徒约以三年期满，方可开关。届期，有王孙菊坡久慕高风，往山开关视之"。此说较为笼统。清光绪初修、民国续修的《零陵县志》记载："……一日，击鼓升座，说偈毕，复入室闭门，谓众曰：'吾将于此中坐化矣，俟三年乃启。'……"③ 此处称其"入室"，究竟怎么坐化，不得而详。清康熙九年（1670）刘道著等修纂《永州府志》则云："秀峰，生于正德间。……修行数十年，得曹溪正传。忽一日，涅槃于桶中，戒其徒越千日乃启。及期启之，宛然如生。即建道场于山。其地有银沙十里，鸟道盘折。每年八月，朝礼者以数万计。至今肉身犹在焉。"④ 清康熙二十三年（1684）王元弼等修纂《零陵县志》称："秀峰禅师……师修行数十年，得教外别传。忽一日，贮盐一桶，

---

① （宋）赞宁：《宋高僧传》卷第十二"习禅篇第三之五·唐杭州龙泉院文喜传"，《大正藏》第50册，第783页。

② （宋）志盘：《佛祖统纪》卷第十"高论旁出世家"，《大正藏》第49册，第204页。

③ （清）嵇有庆等纂修，（民国）徐保龄等增补：《零陵县志》卷九"人物·仙释"，民国二十年刊本。

④ （清）刘道著等修纂：《（康熙）永州府志》卷二十四"外志·仙释"，清康熙九年刻本。

跌坐其中,戒其徒:'越千日乃启。'及期启之,宛然如生……"① 因此,秀峰禅师入关坐化之物(处)为(木)桶,当与瓦缸相类似;并且是以盐作为防腐剂与脱水剂进行保存的,与前文所述一些著名高僧的"自然"风干或以香料保存还是有所差别。

如前文所述宋代杭州法相寺宗慧大师"跏趺而化,其状如生,久之益肤革津泽,爪发复长,月必三净,时有舍利",明确指出,宗慧大师坐化后,身体并未做过任何防腐脱水处理,而"久之益肤革津泽",指甲、头发仍然生长,每个月还需要三次进行剪(指甲)剃(头发);并且不时有舍利出现在其身上。如果他也像秀峰禅师一样被封闭在盐桶中,则怎么能够看到其指甲、头发的生长并经常进行修剪?

三

几乎所有的肉身舍利在封瘗数月或者数年后开关时,都发现有"爪(指甲)发(头发)俱长"的现象,如人称"铁面御史"、与包拯(包公、包青天)齐名的宋代宗室赵抃撰《宋故明州延庆寺法智大师行业碑》云:"法智大师名知礼,字约言,金姓。世为明(明州)人。梵相奇伟,性恬而器闳。初其父母祷佛求息,夜梦神僧携一童遗之,曰:'此佛子罗睺罗也。'既生以名焉。毁齿出家。十五落发受具戒。二十从本郡宝云(义通)法师,传天台教观。……结跏趺坐而逝,实天圣六年(1028)正月五也。享年六十有九,为僧五十有四期。其亡经月,发龛以视,颜肤如生,爪发俱长。既就荼毗,舌根不坏,舍利至不可胜数。"② 这是已经留下肉身舍利尔后又荼毗而现碎身舍利的事例。

宋僧赞宁撰《唐杭州千顷山楚南传》云:"释楚南,闽人也。俗姓张氏。爰在髫龄,冥然跪于父母前,诉志出家。投开元寺昙蔼师而受训

---

① (清)王元弼等修纂:《(康熙)零陵县志》卷之十四"外志·仙释",清康熙二十三年刻本。

② (宋)宗晓编:《四明尊者教行录》卷第七"宋故明州延庆寺法智大师行业碑",《大正藏》第46册,第917页。

焉。……文德六年（888）二月忽双虹贯堂室。二鹿蹴然入寺。法堂梁折至五月辞众。后于禅床垂两足伸二臂于膝。奄然而卒。春秋七十。僧腊五十六。迁塔于院西隅。大顺二年（891）壬子岁二月，宣州孙儒寇钱唐之封略，兵士发塔，见南全身不散，爪发俱长。悔罪而去。"① 罗睺罗（前534—?），又译罗侯罗、罗怙罗、罗护罗或罗云，意译覆障或障月，是释迦牟尼佛的独生子，为后来的十大弟子之一，有"密行第一"的称号。赞宁称其为"佛子罗睺罗"，意谓其为罗睺罗转世。

又明代学者彭大翼《山堂肆考》记载："僧觉庆，四明人。自幼穷究妙典。二十岁出家，投礼梅峰和尚，深入悟门。元至元初（约1264），至云间陈源家，端坐而化。越三日，送至茶毗之所，忽遍体汗下。源再请回家。是夜，红光贯天。停龛十日，颜色如生，须发自长。四方瞻礼者无不叹异。源改所居为兰若，漆其肉身祠之。又有僧常在者，辽重熙间（1032—1054）在宝坻县城南建弥陀佛舍，结庐其傍，栖心入道。后趺坐而化。茶毗之日，火身不灰。僧徒以其身立于佛侧。已而发再生焉。逾月一削之。后有女子以手摩其顶，发遂不生。"② 这里都记载了"须发自长"的异象。辽代的常在法师甚至"茶毗之日，火身不灰"；每个月都要理发。元代的觉庆法师则"颜色如生，须发自长"，"漆其肉身祠之"。

古代在湖南也有许多僧人圆寂后以肉身驻世。如宋元之际的衡州鄜县灵云寺铁牛禅师，清代僧人自融撰《灵云铁牛定禅师传》云："禅师吉安，王氏子也。名持定。久依雪岩，因陈颂，得号'铁牛'。其颂曰：'铁牛无力懒耕田，带索和犁就雪眠。大地白银都盖覆，德山无处下金鞭。'钦公曰：'好个铁牛儿。'故人以是称之。……至衡州鄜县，过桃源山，眷其幽邃，乃庐于桃源。桃源深处人迹罕到，烟雾晦冥，而山君水王出没无时。定以迷悟因缘示之，授其五戒，于是神灵呵护。未久丛席大成，号曰'灵云寺'。……大德壬寅（大德六

---

① （宋）赞宁：《宋高僧传》卷第十七"护法篇第五·唐杭州千顷山楚南传"，《大正藏》第50册，第817页。

② （明）彭大翼：《山堂肆考》卷一百五十五"典礼·亡僧·须发自长"，《文渊阁四库全书》影印本，台湾商务印书馆1986年版。

年，1302）冬，手书长语示众，其略曰：尘世非久，日销月磨。桃源一脉三十年后流出一枝。无孔笛虚空吹起太平歌。癸卯春（大德七年，1303），泊然坐化。阅世六十有四，坐三十三夏。函全身于陶器，瘗于寺北沙潭。三年后启视之，爪发俱长。颜色如生。赞曰：余读《中峰广录》，至题定公赞，有'茶陵千仞灵云寺，声播元朝数百州'之句。默想公之为人必大有可观，中峰故归重之如此。及简《灯录》，见公《投机颂》，如多宝佛塔涌起虚空，人人得而瞻仰，益知公悟处的当与高峰齐名宜矣。"① 元代著名学者虞集撰《衡州酃县灵云寺铁牛禅师塔铭》的赞语中称："我观古尊宿，刻苦成佛道。"② 对其推崇备至。此外，清代迈柱等修雍正《湖广通志》也记载："皇清，贺献，嘉禾人，号贺禅师。顺治间示寂，至今肉身现存。"③ 即使是在永州，除秀峰禅师外，还有其他的肉身舍利佛，雍正《湖广通志》记载："坐化佛，道州人，姓何，阙名。初于圣母岭修炼得道。归辞妻子，坐化。今肉身尚存。"④

　　前文已经述及，一般而言，或者说从禅宗的角度看，通过戒定慧之所熏修，坐禅有功，身中自证，到达大涅盘境界，法身不坏，因而留下舍利。那么净土宗则认为，昼夜诵咏弥陀，也能够达到肉身自证的境界。明代高僧袾宏撰《往生集》云："唐大行，居泰山修普贤忏法三年，感大士现身。晚岁入大藏，陈愿随手取卷，得《弥陀经》，昼夜诵咏。至三七日，睹琉璃地上佛及二大士现身。僖宗皇帝闻其事，诏入内，赐号常精进菩萨。后一年琉璃地复现，即日而终，异香经旬，肉身不坏。赞曰：瑠璃地上下明彻，净德所感也。而慧永僧衒异香七日，慧

---

　　① （清）自融：《南宋元明禅林僧宝传》卷八"灵云铁牛定禅师传"，《卍新纂续藏经》第79册，第619页。

　　② （元）虞集：《道园学古录》卷四十九"衡州酃县灵云寺铁牛禅师塔铭"，《文渊阁四库全书》影印本，台湾商务印书馆1986年版。

　　③ （清）迈柱等修：《（雍正）湖广通志》卷七十五"仙释志·永州府"，《文渊阁四库全书》影印本，台湾商务印书馆1986年版。

　　④ 同上。

通三日，行今浃旬，孰非梵行之芬芳也哉。"① 这里提到了"异香经旬"，实际上，几乎所有的大德高僧圆寂后，都有"异香"产生。从常理看臭气来源于尸骨的腐败，肉身舍利没有腐败，当然没有臭气；异香则被认为是修行达到了凡质通灵境界的缘故。这就是宋代高僧延寿禅师所说的："修行力至，圣境方明；善缘所生，法尔如是。故将证十地，相皆现前。……乃至凡质通灵，肉身不坏；舌变红莲之色，口腾紫檀之香。"②

四

清雍正《湖广通志》云："阳明山在县东南一百里，山高险绝。明嘉靖间，有僧秀峰禅定于此，今为秀峰道场。"③ 清嘉庆《宁远县志》④、嘉庆《湖南通志》⑤、道光《永州府志》⑥ 云："……南渭王加其谥曰'七祖'，匾曰'曹溪正派'，名其庵曰'万寿寺'，改其山曰'阳明山'。"此处"七祖"云云，是身为藩王并长期生活在该地的南渭王所谥，不会受到佛教教界的认同。因为，追宗认祖是教门内部的事情，与世俗之人无关。正如一个家族不可能由外人来指认某某人为某世祖一样。实际上，佛教禅宗早已有教内教外所公认的禅宗世系。清代僧人纪荫《宗统编年》⑦ 根据禅宗之南禅宗门资料所编纂的宗派世系如下：

祖纪（东土祖师）：

---

① （明）袾宏：《往生集》卷之一"沙门往生类·唐大行"，《大正藏》第51册，第133页。

② （宋）延寿：《万善同归集》卷上，《大正藏》第48册，第962页。

③ （清）迈柱等修：《（雍正）湖广通志》卷十一"山川志·永州府·零陵县"，《文渊阁四库全书》影印本，台湾商务印书馆1986年版。

④ （清）曾钰纂：《（嘉庆）宁远县志》卷十"仙释"，清嘉庆十七年刻本。

⑤ （清）翁元圻等纂修：《（嘉庆）湖南通志》卷一百七十二"仙释"，清嘉庆二十五年刻本。

⑥ （清）吕恩湛等纂修：《（道光）永州府志》卷九下"艺文志"，清道光八年刻本。

⑦ （清）纪荫编：《宗统编年》，《卍新纂续藏经》第86册。

西天二十八、东震旦第一世，少林菩提达磨祖师

第二世邺都可祖师

第三世罗浮灿祖师

第四世蕲春信祖师

第五世东山忍祖师

第六世曹溪能祖师

第七世南岳让祖师，第七世青原思祖师

第八世江西一祖师，第八世石头迁祖师

第九世百丈海祖师，第九世药山俨祖师

第十世黄檗运祖师，第十世云岩晟祖师

以上为五宗出现之前的南禅祖师世系，其中并列者为后世五宗法脉的开创者。下续之五宗的开创者及宗派世系，纪荫又编有"五宗纪"，为：

沩仰宗：

沩仰开宗第一世（沩、仰）山（祐、寂）祖师

曹洞宗：

曹洞开宗第一世（洞、曹）山（价、寂）祖师

曹洞宗第二世云居膺祖师

曹洞宗第三世同安丕祖师

曹洞宗第四世凤栖志祖师

曹洞宗第五世梁山观祖师

曹洞宗第六世太阳玄祖师

曹洞宗第七世投子青祖师

曹洞宗第八世芙蓉楷祖师

曹洞宗第九世丹霞淳祖师

曹洞宗第十世长芦了祖师

……

曹洞宗第二十九世宗镜书祖师

临济宗：

临济开宗第一世临济玄祖师

临济宗第二世兴化奖祖师

临济宗第三世南院颙祖师

临济宗第四世风穴沼祖师

临济宗第五世首山念祖师

临济宗第六世汾州昭祖师

临济宗第七世石霜圆祖师

临济宗第八世杨岐会祖师

临济宗第九世白云端祖师

临济宗第十世五祖演祖师

临济宗第十一世昭觉勤祖师

临济宗第十二世虎邱隆祖师

……

临济宗第二十八世圆通宝祖师

临济宗第二十九世禹门传祖师

云门宗：

云门开宗第一世云门偃祖师

法眼宗：

法眼开宗第一世清凉益祖师

上述沩仰、云门、法眼三个宗派之传承不旺，时断时续；而曹洞、临济二宗传承至今。远在宋代，这两个宗派就已经传承了十几代，至清代康熙年间，已经传承了三十余世，世系清楚，历历可数。纪荫的这一世系编年，不止为佛教禅宗南禅宗门所认同，他还于清康熙三十二年（1693）将《宗统编年》进呈朝廷。纪荫在奏疏中称："窃臣僧薮泽蜎微，山林樗废。幼习邹鲁，既识字以无多。长慕禅宗，复究心而未尽。百凡荒昧，俯仰愧惭。祇于世道人心，每切攸同之念。时乎宗传慧脉，实深从上之思。不揣颛愚……辄相探考，会儒释之渊源，参圣贤之壶域，仿史例以编年，垂宗统于后世。"可见他编纂禅宗世系时是非常严谨的，也是无可挑剔的。

根据这一世系，禅宗南禅的第七世祖师分别是开创了南岳系的南岳怀让禅师与开创了青原系的青原行思禅师，阳明山秀峰禅师不可能成为南禅世系的"七祖"。顺便提及，五祖弘忍禅师、六祖慧能禅师、七祖南岳怀让禅师及其弟子马祖道一禅师、七祖青原行思禅师及其弟子石头希迁禅师都留下了肉身舍利。五祖弘忍禅师的肉身在湖北省黄梅县的五祖寺，六祖慧能禅师的肉身在广东省曲江县的南华寺，七祖南岳怀让禅师的肉身在湖南省南岳衡山的南台寺，七祖青原行思禅师的肉身在江西省青原山的净居寺，八祖马祖道一禅师的肉身在江西省赣州赣县的龚公山，八祖石头希迁禅师的肉身在湖南省南岳衡山的南台寺。这些祖师的肉身至今或被供奉，或还在墓塔之中。因此，阳明山秀峰禅师不可能是由于与六祖慧能禅师一样留下肉身而被崇为"七祖"。至于永州民间有"七祖"或为"漆祖"之说，认为他是因肉身曾被漆縩处理而得名，此说亦难以成立。因为，古代佛教徒对肉身舍利的处理，不外乎泥塑或漆縩（一般表面縩金），本文前面也已经述及，从未有因经过漆縩处理而被称为"漆祖"的说法。根据纪荫《宗统编年》的"五宗纪"记载，临济宗的第七世祖师为石霜楚圆禅师，曹洞宗的第七世祖师为投子义青禅师，阳明山秀峰禅师也不可能是这两个宗派的"七祖"。

阳明山万寿寺僧人于清光绪二十六年（1900）所编之《阳明山志》"秀峰祖师行录"称："……菊坡闻之南渭王，遂崇其号曰'七祖'，赠额曰'临济正派'。迁阳明山，改庵名'万寿寺'。"① 光绪《零陵县志》称："……崇其号曰'七祖'，盖以配六祖也，额庵曰'万寿寺'。"② 前引清嘉庆《宁远县志》③、嘉庆《湖南通志》④、道光《永州府志》⑤ 称秀峰禅师接法乃"曹溪正派"。嘉庆《宁远县志》载："秀

---

① 按，笔者未见光绪《阳明山志》的《秀峰祖师行录》原文，此处据中国人民政治协商会议湖南双牌县委员会文史资料研究委员会编 1991 年内部印行的《阳明仙境》一书所录《秀峰祖师行录》而引。

② （清）稽有庆等纂修，（民国）徐保龄等增补：《零陵县志》卷九"人物·仙释"，民国二十年刊本。

③ （清）曾钰纂：《（嘉庆）宁远县志》卷十"仙释"，清嘉庆十七年刻本。

④ （清）翁元圻等纂修：《（嘉庆）湖南通志》卷一百七十二"仙释"，清嘉庆二十五年刻本。

⑤ （清）吕恩湛等纂修：《（道光）永州府志》卷九下"艺文志"，清道光八年刻本。

峰……矢志出家。独行数十里，至阳和山，遇山僧明性，喜而驻足焉。明性素领曹溪宗旨，见聪容止不凡，甚敬礼之，允其披剃，持戒律三年，遁迹歇马潭。……身虽强归而心有曹溪之游。比至曹溪，与住持机缘相契，复坚阄之，苦修三载，以归本山。"①"曹溪正派"之说，当与秀峰禅师的剃度师——阳和山明性禅师"素领曹溪宗旨"，以及秀峰禅师"有曹溪之游"并在曹溪"苦修三载"有关；"临济正派"之说，或与明性禅师为临济宗法系的僧人有关。正是如此，秀峰禅师为禅宗南禅"七祖"之说，当为民间或者南渭王所比附，并不能当真，否则置禅宗历代祖师及临济宗历代祖师于何地？不免有欺师灭祖之嫌！

　　为何诸多的大德高僧能够肉身成佛？宋代著名文士苏辙称："予读《楞严》，知六根源出于一，外缘六尘流而为六，随物沦逝，不能自返。如来怜愍众生，为设方便，使知出门即是归路，故于此《经》指涅盘门初无隐蔽。若众生能洗心行法，使尘不相缘，根无所偶，返流全一，六用不行，昼夜中中流入，与如来法流水接，则自其肉身便可成佛。"②由此可见，阳明山的秀峰禅师或许也是一位"能洗心行法，使尘不相缘，根无所偶，返流全一，六用不行，昼夜中中流入，与如来法流水接，则自其肉身便可成佛"的智慧者。

　　（作者系湖南省社会科学院宗教文化研究中心副主任、副研究员）

---

① （清）曾钰纂：《（嘉庆）宁远县志》卷十"仙释"，清嘉庆十七年刻本。
② （宋）苏辙：《栾城后集》卷二十一"书金刚经后二首"，《文渊阁四库全书》影印本，台湾商务印书馆 1986 年版。

佛教肉身供奉制度略论

——从阳明山秀峰禅师临终偈说开去

张利文

一 引言

    阳明山是除南岳之外，湖南境内的又一座佛教名山。地处永州零陵区、双牌县、宁远县与祁阳县交界的阳明山，北望衡山，南临九嶷，气势磅礴，风光秀美。《永州府志》记载："阳明山去县治（零陵县）百里，在黄溪之尾，然山麓险绝，游者相望咫尺，无径可达。山最高，日始自阳谷出，山已明。故谓之阳明焉。嘉靖间有僧秀峰者，禅定于此。今遂为秀峰道场所。"① 《府志》所言秀峰者，系明代正德、嘉靖年间僧人，据《宁远县志》秀峰本"名真聪，本邑郑氏子也……年十三……矢志出家，独行数十里，至阳和山，遇山僧明性，喜而驻足焉。明性素领曹溪宗旨，见聪容止不凡，甚敬礼之，允其披剃修持戒律"②。秀峰隐居阳和山苦修的四年间，一直向往六祖慧能的道场，终于有一天他行脚至曹溪南华寺，与住持僧问答相契，于是被挽留挂锡南华寺，修持三年后返回阳和山闭关，于嘉靖二十九年（1550）坐化，年三十有九。秀峰遗训将其肉身留世，且命三年后开关。其后明藩南渭王孙菊坡与隐

---

① 《（康熙）永州府志》，书目文献出版社 1992 年版，第 210 页。

② 《（康熙）零陵县志（乾隆）宁远县志》，海南出版社 2001 年版，第 516 页。据相关府县志描述，此处所言阳和山可能就是今天的阳明山。

士蒋湘崖久慕高风，往山开关视之，见之庄严端坐，俨然如生，深赞拜伏。据传此后南渭王推崇秀峰事迹，"谥曰'七祖'，匾曰'曹溪正派'，名其庵曰'万寿寺'，改其山曰'阳明山'"①。正如今天万寿寺联"名山千古仰，活佛万家朝"所记，供奉秀峰禅师肉身像的万寿寺，以及人杰地灵的阳明山，在明清以降，成为永州地区善男信女上香祈福的著名道场，远近士庶登山礼拜者盛极一时。光绪二十六年编撰的《阳明山志》记录秀峰禅师在坐化前曾对其师明性和尚说："弟子闻西方有金刚不坏身，亦愿以身度世。"②从中可知秀峰留下肉身的本愿是"以身度世"，也就是度化具有肉身菩萨信仰的凡夫众生。

　　本文意在考察"肉身菩萨信仰"或"肉身供奉制度"在佛教中的源流史，以及分析这种文化现象产生与流传背后，在思想层面的诸种因缘。"肉身菩萨"在民间又称为"全身舍利"，略称"肉身"或"真身"，在中国往往是指修行人死后经久不朽的色身。佛教传入中国，尤其唐末五代禅宗兴盛后，在民间逐渐产生了对圆寂禅师肉身礼拜的风气，这部分改变了以往佛教徒死后不留遗体的传统，秀峰禅师就是其中一例。就宗教而言，葬仪的形式往往与主导该种葬仪的宗教思想密切相关，它是在回答"我们往哪里去"的哲学式疑问，换句话说也就是该种宗教的终极关怀所在。佛教茶毗法向肉身供奉制度的转化，折射出佛教在中国与本土文化的交融与思想变迁。我们不妨借秀峰禅师临终前留下的一偈作为此番考察的一个开始。

　　《宁远县志》秀峰条目下，记载了这样一则故事："（秀峰禅师）一日挝鼓升堂谓众曰：'寄迹人间三十余，度生之愿尚未毕。留得色身登祖位，也将黄叶止儿啼。'"③与唐代九华山的著名肉身菩萨金地藏"度尽六道众生始愿成佛"的悲愿相似，秀峰禅师的临终偈也表达了"度生之愿尚未毕"的思想。那么如何度生呢？秀峰谓之"留得色身登祖位，也将黄叶止儿啼"。"黄叶止啼"的故事出自北本《大般涅槃经》，

　　①　《（康熙）零陵县志（乾隆）宁远县志》，第516页。
　　②　转引自中国人民政治协商会议湖南省双牌县委员会文史资料研究委员会编：《阳明仙境》，1991年印刷，第23页。
　　③　《（康熙）零陵县志（乾隆）宁远县志》，第516页。

其中说了这样一则寓言故事："如彼婴儿啼哭之时，父母即以杨树黄叶而语之言：莫啼！莫啼！我与汝金。婴儿见已，生真金想，便止不啼。然此杨叶，实非金也。"①经中"黄叶"代表了父母的非实权变，借其方便言语，使小儿停止哭泣。《涅槃经》接下来点明佛教真谛："如来亦尔。若有众生欲造众恶，如来为说三十三天常乐我净，端正自恣，于妙宫殿受五欲乐，六根所对无非是乐。众生闻有如是乐，故心生贪乐，止不为恶。勤作三十三天善业。实是生死无常，无乐无我无净。为度众生，方便说言常乐我净。"②佛说常乐我净不过是为了对治众生"欲造众恶"之病的良药，究竟上并不违背"生死无常，无乐无我无净"的中道观。通过《涅槃经》的黄叶止啼喻反观佛教中的肉身供奉制度，我们就更应从"留得色身登祖位，也将黄叶止儿啼"的角度去观察。

二　汉传佛教肉身供奉制度溯源

　　原始佛教，自佛陀始，比丘圆寂之后，采用的是荼毗法火葬遗体的。荼毗，又译阇维，就是火葬的意思。《长阿含经》记载："阿难即从座起来，前白佛言：佛灭度后，葬法云何？佛告阿难：……汝欲葬我，先以香汤洗浴，用新劫贝周遍缠身，以五百张叠，次如缠之，内身金棺，灌以麻油毕，举金棺置于第二大铁椁中，旃檀香椁次重于外，积众名香厚衣其上，而阇维之，讫收舍利。"③肉身供奉在印度佛教中几乎是罕见的现象，肉身即父母所生之色身，在佛教法相分类中属于有为法，五蕴和合、因缘所成。凡有为法必然经历成住坏空四个过程，肉体之身终归坏灭，此即佛教缘起性空、诸行无常的教义体现。所以佛教徒圆寂之后对遗体多行荼毗法，也就是火葬。佛陀与后世高僧荼毗之后留下的真珠状的遗骨常被称为舍利。《金光明经》说："舍利者，是戒定慧之所熏修，甚难可得，最上福田。"④从宗教

---

① 《大般涅槃经》第18卷，《大正藏》第12册，第485页下。
② 同上。
③ 《佛说长阿含经》第3卷，《大正藏》第1册，第20页上。
④ 《大正藏》第16册，第354页上。

信仰的角度说，佛教把成佛之后的果报身（或果报身的自性）称为法身。① 法身是不生不灭，或说法身是常住的；而父母生身（肉身）是有坏灭的。如鸠摩罗什说："法身虽复久住，有为之法终归于无"，"菩萨得无生法忍，舍肉身次受后身，名为法身"。②法身果报之获得必然是在修行者肉身舍弃之后方可能有，这个思想在南传佛教巴利文的《长部经注》中也可以找到印证："连结完整之身体（śarīra）火焚后，变成如磨过之真珠、黄金等之粉末（dhātuyo）。"③śarīra 翻为舍利，dhātuyo 是 dhātu 的复数。dhātu 这个词在大乘佛教中常常被翻译成"界"或"种子"。与 Buddha 连用的 Buddha dhātu 在大乘经中泛指"佛性"或"如来种子"，与"法身"同义。通过《长部经注》，我们可以意外地发现"佛性"与佛陀涅槃后的遗骨结晶体竟然是同一个语词。这一方面说明鸠摩罗什所说"舍肉身次受后身，名为法身"不虚；另一方面也说明了大乘佛教在超越层面的形而上化是以原始佛教中佛陀色身的涅槃为理论基础的。

　　火葬法虽然是佛教提倡的，但却不是佛教独有的，世界许多古老民族中都存在火葬。在佛教产生之前，印度就已存在荼毗法。早在我国春秋时代，氏羌部落中也存在过火葬制度。④ 但是火葬制度因为与儒家的葬丧礼俗相冲突，更与"身体发肤受之父母，不敢毁伤"的孝道观不合，所以在中国一直不甚流行。焚烧尸体甚至被儒者视为不敬，如宋人洪迈在《容斋随笔》中说："卫人掘褚师定子之墓，焚之于平庄之上。燕骑劫围齐即墨，掘人冢墓，烧死人，齐人望见涕泣，怒自十倍。王莽作焚如之刑，烧陈良等。则是古人以焚尸为大僇也。"⑤中国佛教的早期倡导者东晋慧远，在其临终时，并没有选择火葬，而是"遗命使露骸

---

　　① 佛教中对佛身有法身、报身、应（化）身等诸种"三身"的说法，其中核心的关键是法身，依《大智度论》卷九："佛有二种身，一者法性身，二者父母生身"，报身、化身又可摄入法身，而与父母所生之色身对应。

　　② 鸠摩罗什、慧远：《鸠摩罗什法师大义》卷上，《大正藏》第 45 册，第 123 页。

　　③ 见《佛光大辞典》第 4 册，第 3495 页。

　　④ 夏姚：《考古学论文集》，科学出版社 1961 年版，第 27 页。

　　⑤ 洪迈著，夏祖尧、周洪武点校：《容斋随笔》，岳麓书社 2006 年版，第 292 页。

松下"①。最早传入中国的佛教律典之一《十诵律》就是慧远敦请西域僧翻译的，他不会不知道其中"千氎缠佛身，以火阇维之"②的律文，然而却采用了火葬与土葬的中间路线"露骸松下"，究其原因则是充分考虑"凡夫之情难割"③罢了。曾赴西域求经的三国时人朱士行大约是最早采用印度荼毗法的汉地僧，《高僧传》曰："士行遂终于于阗。春秋八十。依西方法阇维之。薪尽火灭。尸犹能全。众咸惊异。乃咒曰：若真得道法当毁败。应声碎散。因敛骨起塔焉。"④

早期中国佛教大多采用的还是印度的荼毗法或传统的土葬法，但是最早保留肉身不坏的汉地僧人是魏晋时的诃罗竭。《高僧传》说："诃罗竭者，本樊阳人……至元康八年（298）端坐从化。弟子依西国法阇维之。焚燎累日而尸犹坐火中，永不灰烬。乃移还石室内。后西域人竺定字安世，晋咸和中往其国，亲自观视，尸俨然平坐，已三十余年。定后至京，传之道俗。"⑤与朱士行相似，《高僧传》也记载了诃罗竭遗体火焚不坏的神迹，不同的是前者最终因得道而形散，后者则被迎还石室而留尸。或有人据姓氏谓诃罗竭是西域僧，但检《高僧传》体例，凡西域或月支、天竺等外来僧，慧皎必明言之，既已记之樊阳人，则诃罗竭必与吉藏、支遁等高僧同例，或为异族入籍中国之后裔，或为汉僧出家后改姓易名者。即便其祖辈由西域来华，若出生在中国，一般可以视为中国僧人。所以诃罗竭应是有史记载汉地佛教中最早肉身保留的僧人。只是此种风气当时显然并未流行，从其预行火葬来看，这也只是一个特例现象。未行荼毗法而色身不坏的最早记载是北魏僧惠始。《魏书·释老志》中说：

世祖初平赫连昌，得沙门惠始，姓张。家本清河，闻罗什出

---

① 慧皎：《高僧传》第6卷，《大正藏》第50册，第361页中。

② 《十诵律》第60卷，《大正藏》第23册，第446页上。

③ 慧皎：《高僧传》第6卷，《大正藏》第50册，第361页中。

④ 慧皎：《高僧传》第4卷，《大正藏》第50册，第436页下。

⑤ 慧皎：《高僧传》第10卷，《大正藏》第50册，第389页上。《法苑珠林》大正藏本樊阳作襄阳。

新经，遂诣长安见之。观习经典，坐禅于白渠北。昼则入城听讲，夕则还处静坐。……太延中临终于八角寺，齐洁端坐，僧徒满侧，凝泊而绝。停尸十余日，坐既不改，容色如一，举世神异之。遂瘗寺内，至真君六年，制城内不得留瘗，乃葬于南郊之外。始死十年矣（约 435），开殡俨然，初不倾坏。送葬者六千余人，莫不感恸。①

从朱士行之荼毗毁败为真得道法，到以诃罗竭、惠始的肉身不坏为神异，透露出佛教传入中国之后葬仪已出现变化的早期征兆。而在中国佛教肉身供奉现象中最具有重要意义的是陈隋之际的高僧智颛。智颛不仅是中国佛教天台宗的实际创始人，而且是留有遗嘱，主观上要求保留肉身的第一人。《续高僧传》记载："（智颛）灭后依有遗教而殓焉……枯骸特立，端坐如生。瘗以石门关以金钥。"②今日天台山智者塔院大殿内仍可见智者大师肉身塔，虽然据《佛祖统纪》，早在大业元年（605）智颛肉身已经消失，杨广谓之"灵体不可复见，既从变化，得道非虚"③，可是智颛圆寂后曾经留下肉身的事迹却是确实的。据说隋将杨素事必临信，怀疑智颛肉身不坏，曾奉敕领取户钥亲往寻视，"既如前告，得信而归"。④此外亲见智颛肉身不坏的还有散骑侍郎张乾威，仁寿元年（601）十二月"皇太子遣散骑侍郎张乾威送灌顶还山，设千僧斋，及为文致敬。坟龛开视舍利，见灵体不动，如在定中"⑤。至于大业元年，智颛肉身为何消失而唯留"空床虚帐"，除了杨广所谓其师"变化得道"的原因外，还有一个可能就是如李四龙的猜测："当年累石而成的舍利龛废圯倒塌，天台僧人就拾掇智者大师的舍利，装入现在

---

① 魏收：《魏书》第 8 册，中华书局 1974 年版，第 3032—3033 页。
② 《续高僧传》第 17 卷，《大正藏》第 50 册，第 567 页中下。
③ 《佛祖统纪》第 6 卷，《大正藏》第 49 册，第 185 页下。
④ 《续高僧传》第 17 卷，《大正藏》第 50 册，第 567 页中下。参见《佛祖统纪》卷六杨广忆智者灵体只提张乾威仁寿元年之事，而未说敕授杨素户钥，则此杨素受敕寻视智者肉身似应在仁寿年间事。
⑤ 《佛祖统纪》第 6 卷，《大正藏》第 49 册，第 185 页中。

波士顿的舍利函内，并在原基上建造'肉身塔'。"①唐代禅宗出现以后，出现了更多的肉身供奉事例，如四祖道信、五祖弘忍和六祖惠能据僧传记载都留有肉身。明清之后，肉身供奉现象更加普遍，如九华山自唐代金地藏留下肉身以来，有据可查的肉身菩萨就有 15 尊之多，其中绝大多数属明清以后。唐代以后肉身菩萨的相关情况，论者已多，本文从略。

人们在论及佛教肉身供奉或全身舍利的时候，常见引玄奘编译的《大唐西域记》中朅盘陀国中一例："朅盘陀国……城东南行三百余里至大石崖，有二石室，各一罗汉于中入灭尽定。端然而坐，难以动摇。形若羸人，肤骸不朽，已经七百余岁。其须发恒长，故众僧年别为剃发易衣。"②朅盘陀国是西域古国名，即今新疆塔什克尔干地区。论者多以此证西域佛教中早有全身舍利的实例。但笔者认为此事未足以全信。因为就佛教而言，入灭尽定与入灭（灭度）是完全不同的两个概念。作为广辨法相的法相宗创始人，玄奘不可能将二者混为一谈，玄奘在其译著中多处谈到两者的区别，如："灭尽定者，谓有无学或有学圣已伏或离无所有贪上贪不定，由止息想，作意为先，令不恒行、恒行染污心心所灭，立灭尽名。"③入灭尽定时，前六识及末那识俱伏灭，但是阿赖耶识是不灭的，有阿赖耶识存在，就肯定未入灭度。《阿含经》中说："寿暖及诸识，离此余身分，永弃丘冢间，如木无识想"④，如果阿赖耶识离开了身体，那么体温、寿命也就中止了，这个时候才能称为舍利（也就是肉身遗体）。佛教依理起行中也比较留意区别两者的不同。据说 1939 年广钦和尚在泉州承天寺入定数月，甚或鼻息全无，众人不能

---

① 李四龙：《智者真身今安在，波城竟藏舍利函》，《世界宗教文化》2003 年第 1 期。李四龙在假设波士顿艺术博物馆（Museum of Fine Arts, Boston）所藏智顗舍利函为真的前提下，推测智顗全身舍利被后人殓入舍利函中，并放在今天可见的肉身塔内，"从尺寸上看完全有此可能，两者的纹饰也不无相似"。但笔者以为李氏所谓肉身消失的 8 世纪初可能太迟，7 世纪初智顗肉身不见史传的时候，就有可能已经荼毗了。

② 玄奘：《大唐西域记》第 12 卷，《大正藏》第 51 册，第 941 页下—942 页。

③ 《成唯识论》第 7 卷，《大正藏》第 31 册，第 37 页下。

④ 《杂阿含经》第 10 卷，《大正藏》第 2 册，第 69 页上。

决断广钦是入灭还是入定，弘一大师闻讯赶至承天寺弹指三下，师遂出定，①这是近代的一则故事了。《大唐西域记》中入灭尽定七百余岁的罗汉是否属于当地传说尚不一定，但是可以确定的是，在大、小乘佛教徒的立场看，既然入灭尽定者寿命尚未终结，那么就与灭度、圆寂无关，也就不可能存在对入灭尽定者肉身供奉的现象。

三　肉身信仰与中国传统文化之联系

上引《长部经注》中将佛之遗体称为"舍利（śarīra）"，而将荼毗之后的遗骨称为"驮都（dhātu）"。但"舍利"一词的用法在印度是比较宽泛的。南传的《大般涅槃经》中就有"平分世尊舍利为八份"的说法，这里的"舍利"显然非指遗体，而指荼毗后的遗骨驮都。所以不论完整的遗体，或是荼毗之后的遗骨，在印度佛教中都是可以称为舍利的。在《妙法莲华经·提婆达多品》中出现了"全身舍利"一词："天王佛般涅槃后，正法住世二十中劫，全身舍利起七宝塔。"②《见宝塔品》中又说："有如来全身……号曰多宝……灭度之后于十方国土，有说《法华经》处，我之塔庙为听是经故踊现其前。"③就如来而言，《法华经》中所示现的多宝佛"如来全身"或天王佛的"全身舍利"均应作佛的化身来理解，而不宜视为凡夫的色身。但不可否认多宝佛"于宝塔中坐师子座。全身不散如入禅定"④的描写是促成智顗决定死后保留肉身念头的一个内典因素。另外，除《法华经》影响外，应该看到智顗的肉身观念中还有道教养生思想的因素存在。这是有迹可循的，智顗大约在北齐天统三年（567）受其师慧思之命，离开光州大苏山前往陈都建康（今南京）弘法。时江左正是道教上清派盛行的地区，从东晋葛洪开始，到梁代茅山宗的陶弘景都非常重视炼丹与仙道养生，并且江左地区一直也有佛道兼容的传统。智顗并不像传统佛教徒那样把

① 承天禅寺编：《一代高僧广钦老和尚语录》，第6页。
② 《妙法莲华经》第四卷，《大正藏》第9册，第35页上。
③ 同上书，第32页下。
④ 同上书，第33页中。

肉体视为求道的"臭皮囊",而是把道教的丹药养生术引入了佛教的禅观,他说:"金石草木之药,与病相应,亦可服饵。"① 甚至如此解说《法华经》:"三百人得信忍,四天王得柔顺忍,皆服长乐之药、佩长生之符,住于戒中见诸佛母。"②"服长乐之药、佩长生之符"显然是追求长生不死的道教徒的一个形象。但其目的在于"见诸佛母",这提示了智颉把道教的长生观念融入了佛教的末法思想。经过北魏太武帝与北周武帝两次灭佛,自认为时处佛法衰颓之末世,期望通过自己的长寿等待弥勒降世的末法观念在佛教界逐渐流行。智颉之师慧思在《誓愿文》中清晰表达了这种希冀自己长寿的想法:"我今誓愿持令不灭,教化众生,至弥勒佛出……为护法故,求长寿命。不愿生天及余趣。愿诸贤圣佐助我,得好芝草及神丹,疗治众病除饥渴,常得经行修诸禅。愿得深山寂静处,足神丹药修此愿,藉外丹力修内丹。"③可见慧思、智颉师徒求长寿命以遇佛的末法观念中已经植入了道教丹药求长生的思想。

　　早期道家就有追求肉体长生久视的记载,《老子》中说:"夫为啬,是谓早服;早服谓之重积德;重积德则无不克;无不克则莫知其极;莫知其极,可以有国;有国之母,可以长久;是谓深根固柢,长生久视之道。"④河上公注"莫若啬"曰:"治身者当爱精气而不为放逸。"注"长生久视"曰:"深根固蒂者乃长生久视之道。"⑤"精气"相对于"神"而言,在道教中一直就是指的肉体,《性命圭旨》中说:"何谓之命?先天至精,一炁氤氲是也。"精气和合构成了肉体的生命。早期道教延续了道家与方仙道的传统,大多也追求长生不老。葛洪在《论仙》一文中首先肯定了仙人长生不死的可能性:"若夫仙人以药物养身,以术数延命,使内疾不生外患不入,虽久视不死,而旧身不改,苟有其道,无以为难也。"⑥ 然而面对不可回避、终究要面对的死亡问题,葛洪提

---

① 智颉:《修习止观坐禅法要》,《大正藏》第 46 册,第 472 页上。

② 智颉:《妙法莲华经玄义》第 10 卷上,《大正藏》第 33 册,第 806 页中。

③ 慧思:《南岳思大禅师立誓愿文》,《大正藏》第 46 册,第 786 页下—791 页下。

④ 陈鼓应:《老子注译及评介》,中华书局 1984 年版,第 295 页。

⑤ 《道德经注》,《道藏》第 12 册,文物出版社、上海书店、天津古籍出版社 1988 年版,第 17 页。

⑥ 葛洪著,王明校释:《抱朴子内篇校释》,中华书局 1985 年版,第 14 页。

出了"尸解"的解释。"《仙经》云:'上士举形升虚,谓之天仙;中士游于名山,谓之地仙;下士先死后蜕,谓之尸解仙。'今少君必尸解者也。近世壶公将费长房去,及道士李意期将两弟子去,皆托卒死,家殡埋之,积数年,而长房来归。又相识人见李意期将两弟子皆在郫县。其家各发棺视之,三棺遂有竹仗一枚,以丹书符于杖,此皆尸解者也。"①所谓上士与中士的"举形升虚"、"游于名山"更多的是一种难以实证的宗教神化,而现实中具有可操作性的就是下士的"尸解仙"了。从葛洪的话来看,仙人"久视不死而旧身不改"与"先死后蜕"是逻辑一贯的,后者不过是前者肉身的延续,其"死"也仅仅是个假死,如李意期"死"后棺中无尸,他人郫县所见者仍然是仙人的肉身,所以说早期道教确有信奉肉体长生不死的仙道。与大乘佛教抽象的法身不同,道教的仙人是不离现实人生的,其信奉的仙人"不是生活在冥冥之中的精灵,而是现实活人个体生命的无线延伸和直接升华"②。

鲁迅曾说中国的根柢全在道教,道教(或道家)对肉身长生不死的信仰对中国传统文化的影响是至深至远的。讲实相而连类庄子的慧远在与鸠摩罗什的对话中,曾多次问及佛教中寿命长短的问题,尽管这一想法受到了鸠摩罗什的委婉否定,但是慧远对佛教修行后获得长寿的期待还是可见一斑的。杨广对智𫖮肉身先完好保存,然后莫名消失的解释"既从变化,得道非虚"与魏晋道教尸解仙"先死后蜕"的说法如出一辙。一个颇为吊诡的现象是,在三教融合的过程中,中国佛教徒接受了道教祈求长生的观念,甚至发展出了肉身菩萨信仰,但是隋唐以后的道教却借鉴了佛教中"法身不灭"观念,长生久视的修炼不再局限于肉身,从而转向了对"性命双修"的追求。后期道教不仅出现了对无形之性的修炼,而且摄命于性,使得道教徒理想中命终的去向是命与性同归于无形,故而后期道教中"尸解"的说法不再流行,也罕见肉身供奉的现象。陈撄宁说:"人身精、气、神原不可分,佛家独要明心见性,洗发智慧,将神光单提出来,遗下精气,交结成形,弃而不用。然

---

① 葛洪著,王明校释:《抱朴子内篇校释》,中华书局1985年版,第20页。
② 任继愈主编:《中国道教史》,上海人民出版社1990年版,第10页。

因诸漏已尽，禅定功深，故其身中精气，亦非凡物，所以舍利子能变化隐显，光色各别。由此推之，佛教所谓不生不灭者，神也，即性也。其舍利子者，精气也，即命也。彼灭度后，神已超于象外，而精气尚滞于寰中也。若道家则性命双修，将精、气、神混合为一，周天火候，炼成身外之身，神在是，精在是，气在是，分之无可分也。故其羽化而后，不论是肉体化炁，或是尸解出神，皆无舍利之留存。"①后期道教非常成功地运用了中国文化中圆融的观念，混合精、气、神，会三归一于无形，那么自然也就不再追求遗体的存留了。

中国佛教重视形体的观念，不仅来自早期道教，而且受儒家的影响也不容忽视。有学者指出："肉体的完整即意味着灵魂的永生，意味着灵魂与肉体'不死'。'不死'乃是基于灵魂不灭的观念。更何况，保持肉体的完整的重要性，在儒家的宗法伦理精神规范中乃体现为孝道，所谓：'身体发肤，受之父母，不敢毁伤，孝之始也；立身行道，扬名于后世，以显父母，孝之终也。'"② 肉体的完整无损，在先秦儒家的思想中就具有一种神圣的意义。曾参在临终的时候召门弟子曰："启予足！启予手！诗云，'战战兢兢，如临深渊，如履薄冰。'而今而后，吾知免夫！"③当有限的生命在宗教情怀下试图超越永恒时，儒家宗法对肉体发肤的重视必然会演化为对肉身不腐的崇拜。

佛教自汉魏传入中国以后，在促使儒、道向上提升的同时，也不断地吸收了儒、道传统文化的因素，这就是佛教中国化的历程。佛教在生死问题上讲"流转还灭"，一期生命的结束，也就是"我"即"阿赖耶识"的六道轮回或寂灭证果。此中父母所生肉身即羯罗蓝在生死业力中仅仅是增上缘的作用，其坏灭本是不可阻止的，诸法无我、诸行无常的佛教教理是佛教终极关怀的背后理路，也就是荼毗法这种葬仪的依据所在。唐末五代禅宗之后，禅师肉身塔葬渐成风俗，意味着佛教在中国化的历程中逐步对儒、道思想的认同与效仿。

---

① 陈撄宁：《道教与养身》，华文出版社 2000 年版，第 200—201 页。

② 沈海燕：《中国佛教中的"肉身菩萨"现象考析》，《华东师范大学学报》2011 年第 3 期，第 98—104 页。

③ 杨伯峻译注：《论语译注》，中华书局 1980 年版，第 79 页。

四 汉、藏与西域佛教中肉身供奉制度之辨析

为进一步了解佛教中肉身供奉制度演变的源流，我们有必要考察一下藏传佛教中的肉身供奉现象。除六世达赖去世后行天葬之外，历代圆寂的达赖喇嘛均建造有肉身灵塔，至今供奉于布达拉宫、哲蚌寺与扎什伦布寺内。第一世达赖喇嘛之师、格鲁派始祖宗喀巴也是留有肉身的，其弟子克主杰回忆说："次议大师之遗身，有欲火化者，有欲留肉身者。时诸上首，念留肉身，于如来正法有大利益，并且大师前在其坑时，本尊亦曾授记令留肉身，遂以留肉身为当。"①宗喀巴逝于1419年，据道光二十三年（1843）法王周加巷所述，当时宗喀巴的肉身仍然完整不坏地保留在甘丹寺的银塔中。②藏传佛教史书《青史》中保留有数例与肉身供奉相关的记载，大多发生在15世纪，但也有几条较早的记录值得重视。如迦尔居派噶玛迦尔居红帽系始祖扎巴僧格1349年圆寂的时候，"最后，在67岁时的己丑年（阴土牛，1349）3月扎巴僧格开始示现病容，从14日起身体每况愈下，于是，他对堪布和弟子等作详细的交代说：'你们应该把我的所有财物分了！我此生本想成就虹身而去，但由于某些障碍而未能如愿。现在我的遗体不要火葬，而应该以六种装饰（六种骨饰）来庄严我体，并奉安于白银塔中，让我面向东方。'而后他在19日正午逝世"③。迦尔居派香巴迦尔居系始祖穹波伦觉去世时也曾留有遗言："如果遗体未净治而奉安于金银棺中，熊熊金刚座将等同！"④但不知为何，僧众并没有听从他的意见，而将他火葬了。穹波伦觉生于1086年，卒年未详。再往前溯，根据《青史》记

---

① 法尊译：《阿底峡尊者、宗喀巴大师传记》，显密佛教交流中心2010年版，第190—191页。

② 法王周加巷：《至尊宗喀巴大师传》，郭和卿译，青海人民出版社1988年版，第458页。据说宗喀巴的肉身于"文革"时被毁坏。

③ 管·宣奴贝：《青史（足本）》，王启龙等译，中国社会科学出版社2012年版，第466页。

④ 同上书，第608页。穹波伦觉又译作琼波南交，这句话的大致意思是：如果我死后遗体被供奉在金银棺中，那么这座名为"熊熊金刚座"的寺庙将与我的遗体一样永存。

载，后弘期复兴藏地佛教的著名高僧鲁麦·喜饶楚臣以及他的"四柱"
弟子之一珠麦·益西穹奈①也是留有肉身的，"大格西鲁麦和珠麦二师
的遗体都没有火化而奉安在窝金灵塔之中"②。但汉译本《西藏通史》
却似乎认为此师徒二人是火化后建舍利塔的："（卫藏十人中的）鲁梅
从色热普巴前往塘地的途中去世，次崩在维拔尔地方为鲁梅和珠梅修建
了灵骨塔。"③倘若《西藏通史》中"灵骨塔"中的"骨"字是衍文，
而信从《青史》记载的话，鲁麦与珠麦师徒应是藏传佛教中较早（可
能是最早）有史记载的死后被肉身供奉的事例。鲁麦与珠麦的生卒年
代不详，但他们都是后弘期佛教复兴中的领军人物，王森《西藏佛教
发展史略》等书说到：鲁麦等卫藏十人被派往丹底（即今丹斗寺所在
地，位于青海省化隆县南境，循化县积石镇黄河北岸）出家学法，大
约在公元 975 年陆续返回卫藏地区。④鲁麦与珠麦等弟子在卫藏地区建
立了塘波且寺等许多寺庙，度了不少僧侣，奠定了藏地佛教复兴的基
础，他们去世的时代大约应在 11 世纪初（最早 1010 年后），相当于北
宋前期。那么可以说藏传佛教中出现肉身供奉现象相对于汉地佛教而言
是很晚了。

　　不少学者已经留意到了藏传佛教与汉地佛教肉身制度之间的相似关
系。如霍巍在《西藏古代墓葬制度史》中说："中国内地的灵塔供奉
'肉身'之制，在流行年代上与西藏地区的灵塔所兴的年代大体同时或
稍早，其建塔及对高僧遗体进行处理的方式也均与西藏相似，所以应当
说两者之间体现出十分密切的关系。"⑤但该书胪列的西藏肉身制度的早
期史料有些是需要修正的，如据《萨迦世系史》，元初国师八思巴是火

---

　　① 《青史（足本）》第 83 页，将鲁麦师的这个四柱弟子记作"珠麦·益西穹奈（gru mer yeshes vbyung gnas）"，在第 85 页记作"珠麦·楚臣穹奈（gru mer tshul khrims vbyung gnas）"似应为同一人。

　　② 管·宣奴贝：《青史（足本）》，王启龙等译，中国社会科学出版社 2012 年版，第 83 页。

　　③ 恰白·次旦平措等：《西藏通史——松石宝串》，陈庆英等译，西藏古籍出版社 1996 年版，第 254 页。

　　④ 王森：《西藏佛教发展史略》，中国社会科学出版社 1987 年版，第 26 页。

　　⑤ 霍巍：《西藏古代墓葬制度史》，四川人民出版社 1995 年版，第 327 页。

葬的，西藏萨迦寺附近的八思巴灵塔只可能是灵骨塔，而非肉身塔。①洛桑伦巴所谓色拉寺化身堂内供奉有九十八尊肉身金像的《第三眼》也纯属虚构故事，不足为史。查理士·比尔《西藏人民的生活》中转述的《蓝色记录》（《青史》）中关于生于 10 世纪的"鹰部落的 Yogi 的熟练者"肉身保存的记录，我在王启龙翻译的《青史（足本）》汉译本中也没有找到。②所以我认为，藏传佛教中最早留有肉身舍利的高僧很有可能还是灭度于 11 世纪初的鲁麦·喜饶楚臣，明显晚于唐代肉身塔葬流行的时间，更晚于最早出现肉身现象的两晋南北朝时代。鉴于这样的一种先后关系，我认同霍巍先生的假设：西藏这一肉身塔葬的习俗"可能是由汉地传入的"。鉴于前文已述，卫藏十人之首的鲁麦·喜饶楚臣极有可能是藏地佛教中最早建立肉身灵塔的高僧，我再给出两条鲁麦大师受到汉地佛教影响的旁证。其一，据《布顿佛教史》记载，鲁麦等卫藏十人请贡巴饶赛担任亲教师为他们受戒的时候，因不足五比丘数，故有汉地僧人参与了进来。王森未详出处地指出"鲁梅（笔者注，即鲁麦）等人受戒时仍有汉僧作尊证师"③。尊证师之说可能是根据《布顿佛教史》中"汉和尚凑足比丘数"④ 这句话推测而来的，而且这里所说的"汉和尚"不仅为鲁麦受戒，而且五年前也曾为鲁麦之师贡巴饶赛受戒。为贡巴饶赛受戒时，这两个汉地和尚的名字被《布顿佛教史》记载了下来，分别叫"葛旺"和"基班"⑤，尽管在汉地文献中尚未发现他们的记录。《布顿佛教史》透露出这样一个信息：鲁麦及其师贡巴饶赛受戒时，其所在地丹底的藏僧是比较少的，以至于凑不足法定的最少人数五人，而不得不聘请汉僧充当尊证师，而且请来的两位汉僧葛旺与基班似乎在丹底寺（今日通常称丹斗寺）住了很长时间，从为贡巴饶赛受戒一直等到了鲁麦十人的到来。所以，鲁麦完全有可能受

① 阿旺贡噶索南：《萨迦世系史》，中国藏学出版社 2005 年版，第 174—175 页。
② 相关描写见霍巍《西藏古代墓葬制度史》第十章第二节"西藏的塔葬与灵塔——肉身制度"，四川人民出版社 1995 年版，第 323—324 页。
③ 王森：《西藏佛教发展史略》，中国社会科学出版社 1987 年版，第 26 页。
④ 蒲文成译：《布顿佛教史》，甘肃民族出版社 2007 年版，第 123 页。
⑤ 同上。此汉文名当经过了两次音译，已非汉文本名。

到这两位汉僧尊证师的影响。其二，位于青海湖东南、黄河北岸的丹底在 10 世纪中叶是汉地通往西藏与西域的重要通道，敦煌写本 IOL Tib J 754 展示了一份署名为"乾德六年（968）六月二十二日僧道昭记之耳"的旅途记录，记载了一位名叫道昭的宋初僧人从五台山出发，途经兰州、河州、丹底、宗喀、凉州、甘州和沙州，欲前往印度取经的行程。①大约七年后，鲁麦·喜饶楚臣方才在丹底由贡巴饶赛授戒，这说明在鲁麦大师求法的时候，丹底地区早有汉僧往来。因此，鲁麦在接受藏地失传已久的佛教的同时，了解并接受汉地佛教肉身供奉的观念不是没有可能的。

再有，笔者对霍著中将汉、藏两地肉身供奉制度的来源归于西域佛教的结论表示存疑，因为这不仅缺乏有效实证，而且所引史据存有偏差。前文已说时人将《大唐西域记》所载竭盘陀国入定僧人视为肉身舍利，此与佛教教理不符。除此而外，霍著又例举了叶梦得《石林燕语》中关于东汉西域僧摩腾死后，奉于白马寺"真身至今不枯朽，漆棺石室……秉烛乃可详视"的记载，②但这显然是宋人层累上去的故事。《摩腾传》是梁代《高僧传》中的第一篇传记，摩腾也是僧传记载中第一位来自西域的传教僧人。《高僧传》中看不到关于摩腾肉身供奉的任何记录；唐代《法苑珠林》关于汉明帝求法的记载中，也没有摩腾肉身供奉的文字。这不仅说明了西域僧摩腾死后被肉身供奉的事情是宋代虚构的，而且提示了唐宋以后，汉地有不断神化西域佛教的现象。汉地出现肉身供奉现象 800 年后，肉身菩萨已渐成佛教界一种风俗时，中国人反而把这种源自汉地传统文化、带有神秘主义色彩的丧葬形式视为异域之风，这不能不说是一件值得深思的事情。

五　小结

在汉、藏两地佛教中都可以发现肉身供奉的现象，追溯历史，汉地

① Schaik S. V., Galambos I., *Manuscripts and Travellers: the Sino - Tibetan Documents of a Tenth - century Buddhist Pilgrim.* Berlin: Walter de Gruyter GmbH & Co. KG, 2012.

② 霍巍：《西藏古代墓葬制度史》，四川人民出版社 1995 年版，第 325 页。

佛教的肉身供奉制度始于两晋南北朝，渐盛于唐宋，至明清而流行。藏地佛教中的肉身供奉现象要明显晚于汉地，朗达玛灭佛之后藏传佛教后弘期之初，卫藏十人首领鲁麦·喜饶楚臣可能是最早一位被肉身供奉的藏地高僧。鲁麦在丹底的求学经历提示了藏传佛教中的肉身供奉制度来源于汉地佛教的可能性。而西域佛教中未见明显的肉身供奉现象存在。一期生命终结后，对遗体处理的丧葬仪式，折射出该种宗教教义下的终极关怀。佛陀释迦牟尼示现的是荼毗法，不论是否经过人为处理，肉身不坏、长久保留遗体的现象在印度佛教中是罕见的。佛教中肉身供奉制度是佛教传入汉地以后中国化进程中一个值得留意的现象。它主要受到了中国传统文化中早期道教追求肉体长生久视，以及儒家孝道观念下珍视形体发肤思想的影响，尽管这种影响是潜在的、不易察觉的；尽管后期道教在佛教的影响下放弃了对形而下色身的执着，转向追求精气神形而上化的超脱。儒释道三教合一的历程中，三家之间的彼此摄受在遗体肉身供奉制度上可窥一斑。但同时，大乘佛教尤其《法华经》中，对法身（及其化身）的崇拜，以及隋唐以后末法观念的流行，也是佛教肉身供奉制度产生的一个内典因素。

汉、藏佛教中高僧肉身供奉，对于普通信众的宗教情感诉求或许提供了一种神力昭示的作用。南宋南华寺长老重辨禅师圆寂后，未行荼毗法，据说七百余日后迁葬塔中，"改棺易衣，举体如生，衣皆鲜芳，众乃大愧服"。苏轼记述这件事情时说："世人视身如金玉，不旋踵为粪土，至人反是。予以是知一切法以爱故坏，以舍故常在，岂不然哉！……辨视身为何物，弃之尸陁林，以饲乌鸢，何有安以寿塔为？……特欲以化服同异而已。"①在苏轼看来，肉身不坏的目的只是在于对信众化服同异的劝喻，也就是本文开头所引秀峰禅师临终偈所说"也将黄叶止儿啼"的方便法门。究竟当如印顺法师在《肉身菩萨》一文中所说："佛与佛弟子的舍利（遗体），受到尊敬供养，是由于曾依此遗体，修发般若（智慧）慈悲等功德，以正法自利，以正法利益众

① 苏轼：《故南华长老重辨师逸事》，《东坡志林》，中华书局2007年版，第106页。

生。"①在真实意义上，佛教的真谛一如《金刚经》最后一偈所言："一切有为法，如梦幻泡影，如露亦如电，应作如是观。"苏轼在吊唁南华寺长老重辨禅师的时候，表达的也是这样的一层意思。苏轼在嘉祐六年（1061）十一月的名篇《和子由渑池怀旧》中还提到了另一位僧人奉闲禅师的灵塔，兹引其诗为结："人生到处何相似？应似飞鸿踏雪泥。泥上偶然留指爪，鸿飞那复计东西。老僧已死成新塔，坏壁无由见旧题。往日崎岖还记否？路长人困蹇驴嘶。"②

（作者系湖南省社会科学院哲学研究所副研究员、博士）

---

① 印顺：《肉身菩萨》，《华雨集》（下），中华书局 2011 年版，第 132 页。
② 苏轼：《苏轼诗集》第 3 卷，中华书局 1982 年版，第 96—97 页。

阳明山秀峰禅师所食"苦菜"考

徐仪明

阳明山是秀峰禅师修行悟道之处，为一山清水秀、环境优美的胜境。《永州府志》载："朝阳甫出，而山已明者，阳明山也。有银沙十里，鸟道盘折，上与云齐，其麓险绝，几疑无路，及登顶峰，左衡右巍，极目千里，身在云际，超然出尘。"古语云：天下名山僧占多，如此绝佳奇特之阳明山自然为佛门选胜，自宋以来，阳明山一带就修建了多处寺庙。至明嘉靖年间，秀峰禅师居阳明山寺中，殁后其身不坏，供在庙中，号曰"七祖"。相传，在秀峰禅师潜心修行、开悟得道的过程中，不食人间烟火，全凭山岩边上一颗苦菜维持生命，此菜茎大异常，叶大多汁，日降三叶供禅师三餐之需。岩内石上，有一处形凹如钵，内盛清泉，供禅师饮用。后来，禅师功德圆满，菜树亦凋，为朝拜者当桥往返之，人多削木医病。久不复存。《宁远县志》载："祖师岩，广可容百人，扉倩云封，响闻鸟答，人迹罕至，静若太古。昔为秀峰安禅之处，岩中生苦菜一本，叶大如掌，师日食一叶以疗饥。"另有《阳明山志·秀峰祖师行录》记载此事，其云："一日，师忽只身视之于歇马庵龙潭之侧，岩栖涧饮，坐苔朝夕，岩前有苦菜一本，茎大异常，日食一叶。继恐伤生，黄落斯采。久之醒悟，撮石为像，置于岩中，净性潜修。凡三年，山径崎岖，人迹罕至，明公（即秀峰之师明性长老）莫测其所。"这两处记载加上民间传说，俱言"苦菜"之神奇功效，秀峰禅师修行三载，全凭此菜疗饥度日，无论是一日三叶或一日一叶，仅食此树叶度日，恐怕对于一般人来说是难以想象的。这里有两点值得思考。一是秀峰禅师的确是神奇之人，二是此苦菜也非寻常之物。本文拟就第二个问题做一较为深入的探讨，不当之处，敬请方家指正。

"苦菜"应当很早就记入古代本草或其他典籍之中。尽管中国最早的药物学著作《神农本草经》早已亡佚，但在南北朝时期梁陶弘景《本草经集注·菜部》中已将"苦菜"辑佚，其云："苦菜，味苦，寒，无毒。主治五脏邪气，厌谷，胃痹，肠澼，渴热中疾，恶疮。久服安心，益气，聪察，少卧，轻身，耐老，耐饥寒，高气不老。一名荼草，一名选，一名游冬。生益州川谷，生山陵道旁，凌冬不死。三月三日采，阴干。"陶氏注曰："疑此则是今茗。茗一名荼，又令人不眠，亦凌冬不凋，而嫌其止生益州。益州乃有苦菜，正是苦蘵尔。上卷上品白英下，已注之。《桐君药录》云：苦菜叶三月生扶疏，六月花从叶出，茎直花黄。八月实黑，实落根复生，冬不枯。今茗极似此。西阳、武昌及庐江、晋熙茗皆好，东人止作青茗。茗皆有浡，饮之宜人。凡所饮物，有茗及木叶天门冬苗，并菝葜，皆益人，余物并冷利。又巴东间别有真茶，火熻作卷结，为饮亦令人不眠，恐或是此。世中多煮檀叶及大皂李作茶饮，并冷。又南方有瓜芦木，亦似茗，至苦涩。取其叶作，煮饮汁，即通夜不眠，煮盐人唯资此饮尔。交广最所重，客来先设，乃加以香芼辈尔。"① 所谓"苦菜"，《神农本草经》称其味苦性寒，功效主要有"安心，益气，聪察，少卧，轻身，耐老，耐饥寒，高气不老"，其中耐饥寒的作用，笔者认为最为重要，因为秀峰禅师三四年间寒冷之山岩间绝谷断粮，全靠食此叶维持生命，确因苦菜能够疗饥抗寒。而陶弘景则怀疑苦菜即"茗"，又称"苦蘵"，连带《神农本草经》所说的"一名荼草，一名选，一名游冬"，至此苦菜已有五个别名。但细读陶弘景注可以看到，他认为"茗"与苦菜最为相似，其主要功效则是"令人不眠"甚至"通夜不眠"，精神亢奋，即所谓"茗皆有浡"。"茗"也就是茶。《尔雅·释木》："槚，苦荼。（郭璞）注：树小似栀子，冬生叶可煮作羹饮。今呼早采者为茶，晚取者为茗。一名荈。"②《诗经·邶风》："谁谓荼苦，其甘如荠。"《诗经·大雅》"周原膴膴，

---

① 严世芸等编：《三国两晋南北朝医学总集》，人民卫生出版社 2009 年版，第 1093 页。

② 引自《康熙字典》，汉语大辞典出版社 2002 年版，第 503—504 页。

堇荼如饴",王夫之《诗经稗疏》谓:"《毛传》云:'荼,苦菜也。'
盖言菜之苦者,非《月令》之所谓苦菜,菜以苦名者也。《颜氏家训》
乃引《易纬》'苦菜生于寒秋,更历冬春,得夏乃成',以释此荼,误
矣。颜氏言'一名游冬,叶似苦苣而细,摘断有白汁,花黄似菊',乃
《广雅》所记,自别一类,非荼也。其尤误者,徐铉以《说文》无荼
字,谓即是荼。不知《尔雅》'槚,苦荼',在《释木》篇中,本非草
类。汉以上人无煮饮之,王褒《僮约》始有烹茶买茶之文。杨衒之作
《伽蓝记》时,北人尚不知啜茗。其始唯蜀地产而蜀人食之,后世乃移
种于江淮。若河北则土不宜种,邺安得有此,而周原亦安得荼之哉?"①
船山明确认为"荼"不是"茶"。至于"槚",《说文》名"楸",为落
叶乔木,材质坚硬,可供建筑,与茶树并不一样。但王夫之认为"苦
荼"为树木,因其在《尔雅·释木》篇,与前引《阳明山志·秀峰祖
师行录》所述相合。还有一点值得注意,那就是《诗经》中所说的
"荼"如"茅"如"饴",味甘,与《神农本草经》所说的"味苦"又
不相同,也给后世增添了又一困惑。这两个问题一直得不到解决,所以
后世对"苦菜"到底是什么一直不甚了了。唐孙思邈《千金翼方》在
《菜部》中"苦菜"条目沿袭了《神农本草经》的说法,而在《木部》
则有:"茗,味甘,苦,微寒,无毒。主瘘疮,利小便,去痰热渴。令
人少睡。春采之。苦荼,主下气,消宿食作饮,加茱萸、葱、薑等
良。"② 将苦菜、茗、苦荼三者一并记入书中。

但在《蜀本草》一书中有一段引《唐本草》的文字颇值得注意,
其云:"苦菜,《诗》云:谁谓荼苦;又云:堇荼如饴,皆苦菜异名也。
陶谓之茗,茗乃木类,殊非菜流。茗,春采为苦梌,梌音迟遟反,非荼
音也。"③ 也就是说苦菜即梌,也就是茶。《唐本草》的这一说法虽然在
很长一段时期内不被认同,或仅聊备一说而已。但终于学者中对苦菜即
茶的说法持信者越来越多,明杨慎(1488—1559)《丹铅录》云:"茶

---

① 王夫之:《船山全书》第三册,岳麓书社 1996 年版,第 54 页。
② 孙思邈:《千金翼方》,山西科学技术出版社 2010 年版,第 989—990 页。
③ 韩保升:《蜀本草》,安徽科学技术出版社 2005 年版,第 483 页。

即古荼字。诗云'谁谓荼苦，其甘如饴'是也。茶者，苦也，药用其叶，故名。"① 茶之别名也不断出现在各类本草书中，除《唐本草》称为槚外，陆羽《茶经》称为"蔎"；《圣济总录》称为"腊茶"；《本草别说》称为"茶芽"；《简便单方》称为"芽茶"；《万氏家抄方》称为"细茶"；《本草纲目》称为"酪奴"，等等。

人们认识到"苦菜"就是"茶"显然是经历过曲折而漫长的过程，究其原因则在于拘泥于苦菜的"菜"字，就是说古人总以为苦菜必定属于蔬菜类。王夫之《诗经稗疏》就是这样说的："凡菜名苦菜者有六：一，《广雅》所言游冬苦菜，似苦苣而秋生者也。二，贝母苗，《诗》谓之茵，陶弘景《别录》谓为苦菜也。三，龙葵，陶弘景所谓苦菜，乃是苦蘵，一名苦葵，一名天茄子，四月生苗，嫩时柔滑可食，叶圆花白，茎大如筋，结子如五味子者也。四，酸浆草，《尔雅》谓之苦浆，《上林赋》谓之蔵，一名苦耽，一名灯笼草。叶如水茄，可食，开小白花，结子作殻如撮口袋，中有子如珠者也。五，苦苣，今之苦蕒。六，败酱，今湖湘山谷多有之，叶条长，有锯齿，春生茎弱，秋则茎如柴胡，引蔓，节节生叶，味苦而有腐气，山野人采之，瀹过揉去苦味以为菜茹，或干之，与米同煮以御荒，此则今人所正名为苦菜者也。凡此六种，要非《毛传》所云'荼，苦菜'者。"② 然而此六种"苦菜"，俱非木生，已与《宁远县志》和《阳明山志》所载苦菜为树，即木生植物之叶片根本不类，而且其功效也与《神农本草经》所言大有出入，因此都不是秀峰禅师所食之"苦菜"。茶叶乃是一种树叶，关于茶树，李时珍《本草纲目》引陆羽《茶经》云："茶者，南方嘉木。自一尺二尺至数十尺，其巴川峡山有两人合抱者，伐而掇之。木如瓜芦，叶如栀子，花如白蔷薇，实如栟榈，蒂如丁香，根如胡桃。其上者生烂石，中者生栎壤，下者生黄土。"③ 这一对于茶树的描述进一步证明了秀峰禅师所食"苦菜"确系茶叶，而非其他品种的所谓"苦菜"。由此也可以

① 冉先德：《冉氏释名本草》，湖南科学技术出版社 2008 年版，第 659 页。
② 王夫之：《船山全书》第三册，岳麓书社 1996 年版，第 55 页。
③ 李时珍：《本草纲目》，人民卫生出版社 1999 年版，第 1534 页。

看到古代那种把植物药物分为"木部"、"菜部"、"草部"等的局限性，现代中药学则将这类药物统统归为"叶"，因为无论树叶、菜叶还是草叶，都可以称为叶，而不至于顾此失彼，令人迷茫。

关于"苦菜"即茶叶的考证至此仍不能算结束，因为其功效仍需与《宁远县志》或《阳明山志》所载秀峰禅师长期食用后的身体精神状况比对以后，如能够完全相符合才算最终完成了我们的考证工作。好在已有学者查阅过500多种文献，总结出茶的功效20项，计有：1. 令人少睡；2. 安神除烦；3. 明目；4. 清头目；5. 下气；6. 消食；7. 醒酒；8. 去腻解肥；9. 清热解毒；10. 止渴生津；11. 去痰；12. 治痢；13. 疗瘘；14. 利水；15. 通便；16. 祛风解表；17. 坚齿；18. 益气力；19. 疗饥；20. 其他。[①] 可以说这20种（严格说是19种）确实能够涵盖《神农本草经》所说"苦菜"的全部功效。而《阳明山志》中所载秀峰禅师食用茶叶三年后依然能够"忽疾声念佛"，说明他此时的身体和精神都处于良好的状态，颇显示出茶叶的疗饥、益气力等多种功效。顺便说一下，由此也可以证明，许慎所处的汉代尚未流行饮茶或品茗，所以只见"荼"字而不见"茶"字。唐代《新修本草》（又称《唐本草》）才认识到苦荼，即苦槚，也即苦茶。这在茶叶的发现史上可谓厥功甚伟。

秀峰禅师在阳明山中仅靠茶叶维持生命达三四年之久，除了说明茶叶确有疗饥、益气力等功效之外，同时也证明了秀峰禅师所具有的苦修精神非同寻常，这种却谷之术也非任何人都能够做到的，食茶叶饮山泉的史实，充分说明秀峰禅师的确是一位得道高僧，后人给予其"七祖"的称号恰如其分，实至名归。还有一点必须指出，那就是禅与茶的密切关系在秀峰禅师身上得到了充分体现，所谓"禅茶一味"非虚语也。

　　　　　　　　　　　　　　　　（作者系湖南师范大学公共管理学院教授）

---

① 林乾良、刘正才：《养生寿老集》，上海科学技术出版社1991年版，第86页。

分裂的世界：明代零陵名士蒋湘崖事略考

周建刚

一　前言

阳明山是永州的文化名山，在明代嘉靖以后，由于秀峰禅师的传说，由道教圣地而转为佛教道场。在秀峰禅师创建道场、涅槃坐化、崇为"七祖"的过程中，零陵名士蒋湘崖起过很大的作用。今据地方志以及相关文献的记载，试对蒋湘崖的生平事迹进行初步考证，为阳明山文化提供史实依据。

蒋鏊，字汝济，号湘崖。明清地方志中时常称其为"蒋湘崖"。零陵人。明正德八年举人。曾任广东教谕、河南扶沟知县、摄陕西三原县事，为政清介，有清廉之名。长于书法，兼擅诗文，有著作《湘崖文集》四卷（今已佚）。中年后弃官修道，漫游名山，与江浙名士徐渭兄弟有师生之谊。晚年返乡家居，与明宗室朱菊坡、秀峰禅师筑庵于黄溪之阳明山。

蒋湘崖是明代文人中典型的"三教合一"型人物，他早年崇尚理学，中年修仙炼丹，晚年则与禅师交往，在思想上处于一个不断变化的状态。相应地，在明清时代的永州地方志中，蒋湘崖也呈现出两种不太一致的形象：一种是《先贤传》、《先正传》中的儒生、隐士形象；另一种则是《仙释传》中的神仙方士形象。无论如何，这两种形象给人以一种"分裂"的印象。

蒋湘崖的形象"分裂"源自生活世界的分裂，这在明代文人中是一个普遍的现象。《古诗十九首》说："服食求神仙，多为药所误。"但历代士人求仙问道却络绎不绝，其中实有不得已之苦衷。蒋湘崖生活的明代中后期，是一个政治环境严酷而文化思潮勃兴的时代，一方面正德、嘉靖诸帝皆以昏暴著称，朝政黑暗，正人去位；另一方面由于王学的兴起，带动了社会文化思想的解放，知识分子儒道兼修、儒佛兼修成为普遍现象。在朱元璋以来的政治高压政策下，明朝的思想文化中始终有一股隐士化的阴郁气息，究竟是面对政治世界还是背对政治世界，这一两难选择造成了明代文人生活世界的分裂。蒋湘崖由儒入道、由"先贤"而"仙释"的个人和历史遭际，是明代文人生活世界分裂的真实写照。

二　蒋湘崖的传记资料

蒋（鳌）湘崖仅是明代的一名举人，官职止于知县，虽有《湘崖文集》四卷，但并没有流传后世。蒋湘崖作为明代普通文人中的一员，生平可说是籍籍无名，在事功、文章、学问方面都没有取得很高的成就，因此《明史》和《明实录》中以及各种官修史书、民间私史都没有提到他，他的传记资料主要保存在明清时期的永州地方志中，包括《永州府志》和《零陵县志》；此外，清代的《扶沟县志》中，也记载了蒋湘崖任扶沟知县的时间和部分事迹。

明清时期先后出现了多种《永州府志》和《零陵县志》。明代《永州府志》今存3种，分别编纂于洪武、弘治和隆庆时期，其中记载有蒋湘崖传记资料的是《隆庆永州府志》，这也是蒋湘崖传记资料中最早的一种。清代有《永州府志》3种、《零陵县志》3种，其中都有蒋湘崖的传记。笔者在研究的过程中，根据年代的先后，以《隆庆永州府志》、《康熙永州府志》、《道光永州府志》，《康熙零陵县志》、《光绪零陵县志》为基本史料，拟对蒋湘崖的传记资料进行讨论。

蒋湘崖仅是明代零陵地区的一名地方文人，但地方志作者对他的传记编排和处理颇费了一番苦心，其中一方面是由于蒋湘崖本人的生平事迹具有神秘色彩，出入儒道，游戏红尘，让地方志史家难以准确定位他的思想；另一方面，也可以看出方志作者在正统的儒学观念与诡异的神仙世界之间摇摆不定的犹豫心态。

　　蒋湘崖最早的传记见于《隆庆永州府志·人物列传》：

　　　　蒋鏊，字汝济。零陵人，举人。任广东教谕，究心道学，尝承
　　当道委毁淫祠，一无所容。寻升扶沟县令，有冰蘖声。家居贫甚，
　　吟咏自娱。所著有《湘厓文集》四卷。尤精玄学，以寿终。①

　　《隆庆永州府志》中的蒋湘崖传记比较平实，没有过多的神秘色
彩，文中提到他早年"究心道学，尝承当道委毁淫祠，一无所容"，其
实是一名思想正统的儒生，做官时很廉洁，晚年家居贫困，以诗文自
娱，这些都是明代乡间老儒的典型形象。特别是文末指出，蒋湘崖
"以寿终"，完全没有此后清代方志中关于湘崖神仙尸解的传说。但
《隆庆永州府志》还是很委婉地指出，湘崖"尤精玄学"，是对道家、
道教学术比较精通的人物，这和一般的儒生还是有区别的。

　　《隆庆永州府志》中的蒋湘崖传记成为清代地方志的蓝本，《康熙
永州府志》、《道光永州府志》、《康熙零陵县志》、《光绪零陵县志》都
依据《隆庆永州府志》，为蒋湘崖列有专门的传记。但清代地方志中的
蒋湘崖传记与明代《隆庆永州府志》有所不同，出现了"一人两传"
的特殊情形，即在"人物传"和"仙释传"部分分别列有蒋湘崖的传
记，"人物传"部分基本依据《隆庆永州府志》的记载，突出蒋湘崖的
"儒生"、"理学"形象；"仙释传"则记载蒋湘崖学道、炼丹乃至尸解
成仙的神异经历。这种"一人两传"的特殊处理方法，在包括地方志
在内的中国古代史书中是十分罕见的。

　　《康熙永州府志》是清代最早的永州地方志，正是在这部书中，蒋
湘崖开始享受了"一人两传"的特殊待遇，并被此后的《康熙零陵县
志》、《光绪零陵县志》所沿袭。为说明此种特殊情形，现将《康熙永
州府志》中的两种蒋湘崖传记抄录于下。

　　(1)《康熙永州府志》卷十六《人物·零陵乡贤》：

---

① 《隆庆永州府志》，《四库存目丛书》史部第 201 册，第 713 页。

　　蒋鳌，字汝济，号湘崖。正德癸酉乡荐。任广东教谕，潜心理学，当道委毁淫祠，一无所假。升扶沟令，有冰蘖声。家贫甚，吟咏自娱。所著有《湘崖文集》四卷。①

（2）《康熙永州府志》卷二十四《外志·仙释》：

　　蒋鳌，号湘厓。正德癸酉乡荐。尝出宰扶沟，以清洁著闻。致政归，得遇异人，授以服食之术，弃家，构一椽于山中，曰"寄寄巢"。修炼数年，遂游名山，尝在天台、雁岩间。山阴徐渭，文长兄也，好辟谷，乃师事之，文长曾记之以诗。

　　先生归而贫甚，饮食常不给，意泊如也。其妻偕隐，亦能安贫。除夕，不能具朝饷，笑谓先生曰："岁云暮矣。"先生不应，作诗示之曰："柴米油盐酱醋茶，七般俱在别人家。唯有老夫无计策，开窗独坐看梅花。"遂假寐。王孙菊坡者，与先生友，每见先生进谒，谈及于此，乃备物送之。至其家，先生乃寤。其幻迹多如此。

　　如是者数十年，而先生死。死之日，道逢乡人，授以口，寄其家。家人骇之，举其棺，轻甚。盖尸解云。后数年，又有人遇之于蜀峨眉山中。

　　先生著有《证道歌》及《湘崖文集》，传于世。②

　　从《康熙永州府志》中的这两种蒋湘崖传记来看，前者《人物传》部分基本袭自《隆庆永州府志》，比较简略；后者《仙释传》部分为首创，篇幅较大，材料也大为丰富，为我们展示了蒋湘崖具有神异色彩的一生。在清代的几种永州地方志之中，《康熙零陵县志》和《光绪零陵

---

　　① 《康熙永州府志》，日本藏中国罕见地方志丛刊，书目文献出版社 1992 年版，第 437页。

　　② 同上书，第 719 页。

县志》都沿袭《康熙永州府志》的做法，对蒋湘崖的传记作"一人两传"的处理办法。

清代《道光永州府志》对蒋湘崖传记的处理有所不同。《道光永州府志》不设《仙释传》，蒋湘崖的传记列于《先正传·高隐》，内容比较简略，但兼顾了湘崖的早年仕宦生涯和晚年隐居生活，将其视为隐士而非神仙方士。

《道光永州府志》中的蒋湘崖传记如下：

> 蒋鳌，字汝□，号湘崖。零陵人。正德八年举人。任□□教谕。早岁潜心性命之学，佐当道毁淫祠。升扶沟令，有冰蘗声。□贫甚，吟咏自娱。晚感时事，弃官遨游江海，遁而谈元。人望之若神仙中人，盖有托而然欤。其隐居曰寄寄巢。著集四卷。山阴徐渭尝赠□诗。①

《道光永州府志》的蒋湘崖传记有一定的特点。首先是记载比较全面，既叙述了蒋湘崖早年"潜心性命之学"的理学家一面，也记录了蒋氏晚年隐居修道、"遁而谈元（玄）"的一面；其次是没有过于强调蒋湘崖作为道教、道术修炼者的神异色彩，而是比较理性地指出"人望之若神仙中人，盖有托而然欤"，言下之意是，蒋湘崖修炼道术实际是出于一种不得已之寄托。基于这种认识，《道光永州府志》将蒋湘崖列入"高隐"，即文人中的隐士一类。

至此我们可以对蒋湘崖的传记资料进行综合性的分析。在地方志中，蒋湘崖有三种类型的传记：（1）明代《隆庆永州府志》中单独传记，主要突出蒋湘崖的"理学家"色彩，可以命名为"理学型传记"；（2）清代《康熙永州府志》、《康熙零陵县志》、《光绪零陵县志》中的"一人二传"，兼述蒋湘崖的儒生经历和修道过程，有一定的神异色彩，可以命名为"神仙方士型传记"；（3）清代《道光永州府志》中的单

---

① 《道光永州府志》，中国方志丛书·华中地方·第 289 号，成文出版社有限公司 1970 年版，第 971 页。

独传记，强调蒋湘崖的"隐士"身份，可以命名为"隐士型传记"。

三　蒋湘崖生平事迹编年

　　蒋湘崖虽然在地方志中有了多种类型的传记，但这些传记资料都比较简略，对蒋湘崖生平事迹的叙述颇有遗漏之处。为此，笔者以地方志中的蒋湘崖传记为基础，结合多种材料，试图对蒋湘崖的生平事迹进行编年叙述，以尽量还原蒋湘崖的生平原貌，并对地方志的疏漏进行补正。

　　明清方志记载蒋湘崖的仕宦生涯，一般认为是先后担任"广东教谕"、"扶沟知县"，与湘崖有过交往的浙江名士徐渭也称他为"蒋扶沟公"，有《蒋扶沟公诗并序》，在《伯兄墓志铭》中更明确为"故扶沟知县零陵蒋先生"。但据笔者发现，四部丛刊三编影印上海涵芬楼明刊本《寇忠愍公诗集》，卷末有明代关中理学家王承裕所作的后记，其中提道"摄三原县事零陵蒋君鋈至，会予于归来之堂"。清代《扶沟县志》记载蒋湘崖任扶沟知县的时间为嘉靖九年庚寅（1530）至十一年壬辰（1532），王承裕《记》则作于嘉靖十四年乙未（1535），时间地点皆合。由此可见，蒋湘崖在卸任扶沟知县后，还曾摄任陕西三原知县。此事明清时期的永州地方志皆阙载，今当据史料补其缺漏。

　　1. 明武宗正德八年癸酉（1513），蒋湘崖领乡荐中举。

　　《隆庆永州府志·人物表·皇明举人》："（正德）癸酉：杨材；萧栋；何思；王浩；朱口；蒋鋈；何口；杨宗厚。"[①]

　　《康熙永州府志·人物·零陵乡贤》："蒋鋈，字汝济，号湘崖。正德癸酉乡荐。"[②]

　　2. ？—明世宗嘉靖九年庚寅（1530），任广东教谕。在任期间，究心理学，并在上司委托下毁弃民间宗教"淫祠"，态度严苛，一无

---

① 《隆庆永州府志》，《四库存目丛书》史部第 201 册，第 588 页。
② 《康熙永州府志》，日本藏中国罕见地方志丛刊，书目文献出版社 1992 年版，第 437 页。

所容。

《隆庆永州府志·人物列传》："蒋鏊，字汝济。零陵人。举人。任广东教谕，究心道学。尝承当道委毁淫祠，一无所容。"①

3. 明世宗嘉靖九年庚寅（1530）—嘉靖十一年壬辰（1532），任河南扶沟知县，为政有清介之声。

《光绪扶沟县志·官师表》："知县：杨瞻，（嘉靖）八年任，有传。蒋鏊，（嘉靖）九年任，有传。贺希禹，耒阳举人，十一年任，卒于官。"②

《光绪扶沟县志·良政传》："明蒋鏊，零陵举人。书法清劲出尘。性纯静宁澹，宠辱不惊。解任后，传其仙去。"③

4. 明世宗嘉靖十四年乙未（1535），摄陕西三原县事，与关中理学家王承裕交往，并刻印《寇忠愍诗集》。

王承裕《寇忠愍公诗集记》："予昔时录藏宋莱国忠愍公诗，迄今几四十年，惧其字画磨灭而未可以言久也，且公为华之下邽人，予忝乡曲之末，方图刻之，转相流布，俾公口齿膏馥，霑被后人，而力未能。近摄三原县事零陵蒋君鏊至，会予于归来之堂，话及公之言行，倾仰切至。予因曰：'家藏公集旧矣。'出以示之，喜而怀归，遂捐俸以永其传，则其为学之要、为政之体可以见矣。时嘉靖乙未岁春正月丁卯，平川野逸王承裕记。"④

5. 明世宗嘉靖十四年乙未（1535）前后—嘉靖二十四年乙巳（1545），弃官修道，庐居山中，构"寄寄巢"。后漫游浙江天台、雁荡等名山。徐淮师事之。

《康熙永州府志·外志·仙释》："蒋鏊，号湘厓。正德癸酉乡荐。尝出宰扶沟，以清洁著闻。致政归，得遇异人，授以服食之术，弃家构一椽于山中，曰'寄寄巢'。修炼数年，遂游名山，尝在天台、雁岩

① 《隆庆永州府志》，《四库存目丛书》史部第 201 册，第 713 页。

② 《光绪扶沟县志》，中国方志丛书·华北地方·第 471 号，成文出版社有限公司 1970 年版，第 333 页。

③ 同上书，第 385 页。

④ 《（寇）忠愍公诗集》，四部丛刊三编集部据上海涵芬楼影印明刊本，第 91 页。

间。山阴徐淮，文长兄也，好辟谷，乃师事之。"①

　　6. 明世宗嘉靖二十四年乙巳（1545），徐淮卒，由东阳往吊徐淮之丧。徐淮之弟徐渭赠以《蒋扶沟公诗并序》。

　　盛鸿郎《徐文长先生年谱》："嘉靖二十四年（乙巳，1545）……夏，兄淮（1492—1545）卒，与杨嫂合葬。'死之前一月，犹与故扶沟知县零陵蒋先生者铸鼎稽山中。蒋一往东阳，及再来，而哭兄于寝矣。'作《蒋扶沟公诗并序》。（注：淮信道，游四方，遇蒋同归于越。）秋后追作《伯兄墓志铭》。"②

　　徐渭《蒋扶沟公诗并序》："零陵蒋先生者，迅鹍鹏之退翮，秉龙蛇之屈伸，尝欲顶摩青天，手弄白日，不着上下，以栖混元。早岁妍精孔孟，含藉六经，故说有谈空，不诡正道。昔尝出宰扶沟，晚节薄游四方，挂冠拂衣，如沤在海，虽随光扬波于上代，鲁连高蹈于海滨，御寇埋名于郑圃，先生放纵于吾越，可谓闭户造车，出门合辙者矣。渭伯兄淮，恬澹厌俗，弱龄访道，垂五十春，玄室冥奥，未睹宫墙。遭先生遡舟闽粤，放于山阴，邂逅天缘，值诸行道，顾盼之间，疑谓异人；遂数语浃襟，悬榻弥月，过蒙收畜，列诸仆御之徒。既而先生鸿迹远旷，再渡钱塘，期许后来，意得执鞭长侍。岂谓造物苛猛，未更寒暄，伯已化为异物。乌乎，陵海尚变，人寿几何？金丹未成，玉颜曷驻？渭每念此，可谓寒心，先生哲人，胡以导指南向耶？顷者又将浮湘江，并九疑，直指芝田，家门一人，渭于斯际，能不依依？夫兄所师表，弟胡不尔？恐尘凡之姿，仙圣所拒。嗟哉，死者已矣，生人去焉，存亡惕心，永以为好。异日吸沆瀣之精景，陟壶峤之福庭，飞九还之丹火，骑八极之游气，则天凡殊途，相见无日。缅哀伯氏，重以离衷，因献五言六首。"③

　　徐渭《伯兄墓志铭》："生弘治某年月日，死嘉靖某年月日，年五

　　①　《康熙永州府志》，日本藏中国罕见地方志丛刊，书目文献出版社 1992 年版，第 719 页。

　　②　盛鸿郎：《徐文长先生年谱》，《中国诗歌研究》（第五辑），中华书局 2008 年版，第 111 页。

　　③　《徐渭集》，中华书局 1983 年版，第 79—80 页。

十四。死之前一月，犹与故扶沟知县零陵蒋先生者铸鼎稽山中。蒋一往东阳，及再来，而哭兄于寝矣。"①

7. 明世宗嘉靖二十四年乙巳（1545）后—嘉靖三十一年壬子（1552），归乡家居，与妻子偕隐。家贫无以给饮食，吟咏自娱，不以为意。与明宗室南渭王孙朱菊坡交好，菊坡常周济之。

《康熙永州府志·外志·仙释》："先生归而贫甚，饮食常不给，意泊如也。其妻偕隐，亦能安贫。除夕，不能具朝铺，笑谓先生曰：'岁云暮矣。'先生不应，作诗示之曰：'柴米油盐酱醋茶，七般俱在别人家。唯有老夫无计策，开窗独坐看梅花。'遂假寐。王孙菊坡者，与先生友，每见先生进谒，谈及于此，乃备物送之。至其家，先生乃寤。其幻迹多如此。"②

8. 明世宗嘉靖三十一年壬子（1552），与南渭王孙朱菊坡礼拜秀峰禅师遗蜕于零陵阳明山，并崇其号曰"七祖"，额其庵曰"万寿寺"。

《光绪零陵县志·人物·仙释》："秀峰禅师……居久之，一日击鼓升座，与众人说偈毕，复入室闭门，且谓众曰：'吾将于此中坐化矣。俟三年，乃启门。'及期，众入视，发爪加长，状貌如生。众叹异之。时嘉靖三十一年。……先是，明藩南渭王孙菊坡、邑人蒋湘崖俱好道，与秀峰友。及是二人至，见其状，礼拜之，且崇其号曰'七祖'，盖以配六祖也。额庵曰'万寿寺'。"③

9. 约明世宗嘉靖三十四年乙卯（1555）左右，湘崖卒，或传其尸解成仙。著作有《湘崖文集》四卷，或云有《证道歌》，皆不传。

《康熙永州府志·外志·仙释》："先生归而贫甚，饮食常不给，意泊如也。……如是者数十年，而先生死。死之日，道逢乡人，授以口，寄其家。家人骇之，举其棺，轻甚。盖尸解云。后数年，又有人遇之于

---

① 《徐渭集》，中华书局 1983 年版，第 632 页。

② 《康熙永州府志》，日本藏中国罕见地方志丛刊，书目文献出版社 1992 年版，第 719 页。

③ 《光绪零陵县志》，中国方志丛书·华中地方·第 309 号，成文出版社有限公司 1970 年版，第 750 页。

蜀峨眉山中。"①

《康熙永州府志·人物·零陵乡贤》："（蒋鏊）所著有《湘崖文集》四卷。"②

《康熙永州府志·外志·仙释》："先生（蒋鏊）著有《证道歌》及《湘崖文集》，传于世。"③

四　蒋湘崖交游考

蒋湘崖一生游踪颇广，先后在广东、河南、陕西等地任职，弃官修道后，又长期漫游名山大川，在浙江天台、雁荡等地留下了自己的足迹，晚年则归乡家居。湘崖在仕宦、漫游、家居等不同时期，与各种形色的人物有过交游往还，其中有与他一样的地方性文人（朱缙），也有著名理学家（王承裕）、知名艺术家（徐渭），此外还有宗室（朱菊坡）、禅师（秀峰）等。这些形形色色的人物，以及他的漫游足迹，构成了蒋湘崖具体生存的那个时空环境，由此也可以体察他思想前后的细微变化。当然，由于文献所限，这些人物可能只是蒋湘崖生活世界的冰山一角，我们试由此一角来观察那巨大的冰山本身。

在包括地方志在内的各类文献记载中，可以考见与蒋湘崖有过交往的人物有如下六人。

（一）朱缙

朱缙，字云卿，号晴峰。湖南零陵人。父朱衮，字子文，弘治十五年进士，历官云南左参政、布政按察司，有《白房集》、《续郡十三志》等著作，明清永州地方志均有传。日本学者户崎哲彦有《永州朝阳岩现存柳宗元诗刻与明人朱衮》（《湖南科技学院学报》2011年第5期），考释朱衮生平及著作情况甚详。

---

① 《康熙永州府志》，日本藏中国罕见地方志丛刊，书目文献出版社1992年版，第719页。

② 同上书，第437页。

③ 同上书，第719页。

　　朱氏为永州世家，朱缙为朱衮之子，嘉靖四年（1525）举人，任河南郏县教谕，后迁封丘知县。清代《郏县志》中称："（朱缙）湖广零陵人，举人。嘉靖中任。淹通经史，勤于课士，多所裨益。"① 朱缙致仕归乡后不久去世，蒋湘崖为作《墓志铭》，今存《光绪零陵县志·朱缙传》中，其文曰："司学郏廱，修清节，多著述，士夫推重之。及令封邱，澹泊自守，便于民者以躬瘁之。观教多余有录，试政有录，足征矣。铭曰：生有德以善世，死有铭以终誉。公也无愧于神明矣。"② 湘崖与朱缙同乡同里，生活经历相似，思想接近，他对朱缙推重备至，可见二人生前有密切的交往，相知甚深。

（二）王承裕

　　王承裕，字天宇。陕西三原人。明代成化、弘治间名臣王恕之子。《明史》卷一百八十二《王恕传》末附传云："少子承裕，字天宇。七岁能诗，弱冠著《太极动静图说》。恕官吏部，令日接宾客，以是周知天下贤才，选用无不当。举弘治六年进士。恕致政，承裕即告归侍养。起授兵科给事中，出理山东、河南屯田。减登、莱粮额，三亩征一斗，还青州彰德军田先赐王府者三百六十余顷。武宗立，屡迁吏科都给事中。以言事忤刘瑾，罚米输塞上。再迁太仆卿。嘉靖六年累官南京户部尚书。清税一百七十万石，积羡银四万八千余两。帝手书'清平正直'褒之。在部三年，致仕，卒。赠太子少保，谥康僖。"③

　　王承裕不仅是一名称职的官员，同时也是明代重要的理学家，曾创建三原弘道书院，培养了众多关中理学人才，对明代关学学风有重要影响。《明儒学案》卷九《三原学案》云："（王承裕）登弟后，侍端毅归，讲学于弘道书院，弟子至不能容。冠婚丧祭，必率礼而行，三原士风民俗为之

---

　　① 《郏县志》，中国方志丛书·华北地方·第 440 号，成文出版社有限公司 1970 年版，第 104 页。

　　② 《光绪零陵县志》，中国方志丛书·华中地方·第 309 号，成文出版社有限公司 1970 年版，第 680 页。

　　③ 《明史》第 16 册，中华书局 1974 年版，第 4838 页。

一变。"①

　　蒋湘崖与王承裕相识于嘉靖十四年（1535），时当王承裕致仕后晚年家居讲学时期。据王承裕《寇忠愍公诗集记》所记，是年蒋湘崖摄三原县事，在谒见王承裕时得观王氏家藏北宋名臣寇准诗集，因捐俸刻印。王承裕是明代的重要学者，名满天下，在事功、学问方面远非湘崖能及，他虽识湘崖于晚年，但其为政风格、理学思想应当给湘崖留下了难以磨灭的印象。

（三）徐淮

　　徐淮，字文东，号鹤石山人。浙江山阴人。明代著名文人徐渭之兄。徐淮酷信神仙之术，终身勤求不已。徐渭《伯兄墓志铭》曰："始兄嗜丹术，性复散宕，不内恋，如有待于兄弟中，乃始尽舍其家室，益遍游名山岳，庶几一遇神仙焉，而卒不得。"② 徐淮在访求神仙的过程中，遇蒋湘崖于山阴，一见之下，惊为异人，遂师事蒋氏，从学神仙服食炼丹之术。徐渭《蒋扶沟公诗》记其事云："伯氏颇好道，终岁事修服。道上逢异人，髭须洒林竹。修礼重致问，德音美如玉。扣之转微茫，焦螟游广漠。冀得长奉事，双飞向王屋。"③ 徐淮卒于嘉靖二十四年（1545），死前一月，犹与蒋湘崖炼丹于山阴会稽山中。

（四）徐渭

　　徐渭，字文长（初字文清），别号田水月、天池山人、青藤道士等。浙江山阴人。明代著名文人、艺术家。徐渭虽早有文名，但困于科场，一生坎坷，晚年因精神错乱屡次自杀不遂，郁郁困居而终。徐渭在诗歌、散文、书法、绘画方面均有高度成就，对后世影响极大，明代文人如袁宏道、陶望龄等人都对他有极高评价。

　　徐渭与蒋湘崖的交往当缘于其兄徐淮。湘崖弃官修道后，曾漫游名

---

① 沈善洪主编：《黄宗羲全集》第 7 册《明儒学案》，浙江古籍出版社 1985 年版，第 180 页。
② 《徐渭集》，中华书局 1983 年版，第 632 页。
③ 同上书，第 81 页。

山，路过浙江山阴，与徐淮结识，并传授其神仙服食和丹鼎修炼之术。在徐淮随蒋湘崖修炼期间，徐渭也曾厕身其间，在会稽山中共同炼丹修道。《蒋扶沟公诗》中回忆其事云："忆昔兄与弟，相乐和鸣琴。奉君会稽山，回睇香炉岑。两两捧清爵，一一聆徽音。"① 徐淮去世后，湘崖由东阳返山阴，并拟"浮湘江，并九疑"，返乡家居。徐渭作《蒋扶沟公诗并序》六首赠之，以表惜别之意，并强调"兄所师表，弟胡不尔"，以湘崖为自己在道教思想方面的导师。徐渭曾注《周易参同契》，遗佚不传。今本《徐渭集》中有论道教修炼术的文章如《论玄门书》、《注参同契序》、《书古本参同契误识》，或与蒋湘崖的传授有关。

（五）朱菊坡

朱菊坡，明代宗室，具体名、字不详，菊坡或为其号。朱菊坡为明代藩王南渭王之王孙，崇尚道术，与蒋湘崖、秀峰禅师均有密切交往。据《康熙永州府志》记载，朱菊坡与秀峰禅师、蒋湘崖筑庵于黄溪之阳明山，又曾周济湘崖于晚年困苦之中。《光绪零陵县志》则记载，朱菊坡与蒋湘崖俱好道，与秀峰禅师为友，秀峰圆寂后，二人崇其号为"七祖"，并额其庵为"万寿寺"。

据《康熙永州府志·藩封志》："明成化十五季，封岷王次子音墅为南渭王，分居永州，建府第于太平门内。"② 据《明史·诸王世表》，南渭王为太祖庶十八子岷王支系，共传袭四次，（谥号）分别为荣顺王、怀简王、安和王、庄顺王。庄顺王于嘉靖二十六年（1547）嗣位，三十九年（1560）薨逝，无子国除。③ 朱菊坡究竟系出于哪一代南渭王，因史料缺乏，已无从考证。

① 《徐渭集》，中华书局1983年版，第81页。

② 《康熙永州府志》，日本藏中国罕见地方志丛刊，书目文献出版社1992年版，第249页。

③ 详见《明史》一〇二卷《诸王世表三》，《明史》第9册，中华书局1974年版，第2741页。

（六）秀峰禅师

秀峰禅师，明代永州地区著名禅僧。《康熙永州府志·外志·仙释》云："秀峰，生于正德间。晚与邑人蒋鳌、宗室□□□□□筑庵于黄溪之阳明山。山高与云齐，即见日出，故以阳明名之。秀修行数十年，得曹溪正传。忽一日，涅槃于桶中，戒其徒，越千日乃启。及期启之，宛然如生。即建道场于山。其地有银沙十里，鸟道盘折。每年八月，朝礼者以数万计。至今肉身犹在焉。"①《光绪零陵县志·人物·仙释》则云：秀峰为新田县东山郑氏子，年十三，谒零陵阳明山僧明性为弟子；后往曹溪，受其宗旨，复归阳明山；居久之，击鼓升座，说偈辞众，入室坐化；越三年，肤色如生，时为嘉靖三十一年；邑人蒋湘崖、宗室朱菊坡礼拜遗蜕，崇其号为"七祖"，额其庵为"万寿寺"②。

五　余论——蒋湘崖的思想特征与明代文人的生活世界

在明代的零陵文人中，蒋湘崖并不算是最知名的，但他的生平经历、思想特征却反映了明代知识分子生活世界的一些普遍特征。蒋湘崖首先是一位儒家知识分子，有着传统文人治国平天下的理想情怀。他早年潜心理学，在任广东教谕时严厉处置民间宗教的"淫祠"，就反映了儒家传统的社会治理思想，即以儒学的纲常名教为本来教化民众，对民间的"小传统"、异端思想持拒斥态度。在任河南扶沟知县时，地方志对他的评价是"以清洁著闻"，《光绪扶沟县志》将他列入"良政传"。凡此种种，都说明蒋湘崖是一名传统社会所培育出来的优良官吏，如果他的政治生涯能进一步延伸，当有机会列入传统史书的"循吏传"。

蒋湘崖的人文素养也与一般的传统知识分子无异，长于书法和诗文。《光绪扶沟县志》称他"书法清劲出尘"，为我们透露了这方面的

---

① 《康熙永州府志》，日本藏中国罕见地方志丛刊，书目文献出版社 1992 年版，第 719页。

② 详见《光绪零陵县志·人物·仙释》，中国方志丛书·华中地方·第 309 号，成文出版社有限公司 1970 年版，第 750 页。

一点信息。《康熙永州府志》记载，湘崖弃官修道后，在山中构建了一处名为"寄寄巢"的居所。"寄寄巢"一名，或即来自元代著名文人、书法家杨维桢的自署堂名。杨维桢的《东维子文集》中，有多篇作品篇末题云写于"寄寄巢"，其中《沈生乐府序》一篇，书法真迹今藏于故宫博物院，纸本册页，纵横三十二行，行书体，用笔恣肆开张，风格矫健苍劲，卷末题云"至正庚子春三月既望，铁篆道人杨维桢书于云间之寄寄巢"①。

蒋湘崖的诗文修养如何，由于《湘崖文集》的遗佚，我们已不得而知。他在摄陕西三原县事时，曾从关中理学家王承裕处得到北宋名臣寇准的诗集，并大为叹赏，并捐俸刻印。这件事说明蒋湘崖即使身在仕途，也不是一名只知埋首于案牍的"俗吏"，而是对诗文有相当鉴赏能力的儒家文人。

总的来看，在蒋湘崖的前期生涯中，他与一般的儒家知识分子没有任何区别。他努力读书中举，然后进入仕途，为官清廉，对诗文有鉴赏能力，并且长于书法。到此为止，我们有理由相信，地方志作者将他列入"先贤"、"先正"、"仕迹"等类传记是十分恰当的。

蒋湘崖的转变是在人生的中途，他弃官而修道，转变得十分突然。关于蒋湘崖弃官入道的原因，《康熙永州府志》说是"致政归，得遇异人，授以服食之术"，《道光永州府志》则说是"晚感时事，弃官遨游江海，遁而谈元（玄），人望之若神仙中人，盖有托而然欤"。依照前者的说法，湘崖是得到道教中人授以修炼术，从而主动地投向浪漫美好的神仙世界；而依照后者之说，湘崖之修道是感于时事之艰难，以"谈玄"为寄托，盖有不得已的苦衷。二说孰是孰非，我们已无从判断。但自此之后，"望之若神仙中人"的蒋湘崖代替了"潜心理学"的蒋湘崖，并由此逐步走进了地方志中的《仙释传》。

蒋湘崖的这种思想和生活轨迹的变化在明代知识分子中十分普遍，反映了明代知识分子生活世界的分裂。与宋代儒生受到君主的尊重优礼

---

① http://www.9610.com/yangwz/07.htm 书法空间—永不落幕的书法博物馆—元代书法。

相比，明代儒生所面临的政治生态十分严酷。明代诸帝动辄残杀、廷杖大臣，知识分子的尊严感空前没落，并由此导致对政治的冷漠。明代思想从一开始就有一股幽冷灰暗的隐士文化气息。《明儒学案》记载，明初学者吴与弼（康斋）"遂弃去举子业，独处小楼，玩《四书》、《五经》、诸儒语录，体贴于身心，不下楼者二年"①；陈献章（白沙）"归即绝意科举，筑春阳台，静坐其中，不出外者数年"②；即使是大儒王阳明，也与道教人士多有往来，并筑室于余姚的阳明洞天，行静坐导引之术，居然达到"前知"的神奇效果。可以说，明代政治环境的严酷造成了知识分子生活世界的分裂：一方面是传统儒生渴望建功立业的理想情怀，另一方面则是背对政治世界、向往全真养性的阴郁心情。在这种分裂的局面下，知识分子普遍兼修儒道、出入三教。早年曾从湘崖学道的徐渭一方面是阳明心学的信徒，另一方面则精心研究《周易参同契》的丹道修炼之术。王阳明之后的王门弟子从道教中人学习养生修炼更是极为普遍，如《明儒学案》记载阳明弟子王龙溪、罗念庵与道士方与时的交往说："方与时，字湛一，黄陂人。弱冠为诸生，一旦弃而之太和山习摄心术，静久生明。又得黄白术于方外，乃去而从荆山游，因得遇龙溪、念庵，皆目之为奇士。车辙所至，缙绅倒屐；老师上卿，皆拜下风。"③ 方与时甚至"已入京师，欲挟术以干九重"，他的湖北同乡张居正讽刺他说："方生此鼓，从此挝破矣。"④ 由这类轶事，也可以看出道教修炼术在当时知识界的风靡程度。

　　蒋湘崖弃官入道的真实心路历程，我们已无从得知究竟，但有理由相信，《道光永州府志》所说的"晚感时事"、"有托而然"，并非是纯粹的托词。当然，湘崖本身官阶不高，不可能接触到朝堂政治的腥风血雨，但政治环境的黑暗压抑了他的理想，而"纯静宁澹，宠辱不惊"的天性则使他自然而然地由儒家的政治世界走向道家道教的虚幻神仙世

---

　　① 沈善洪主编：《黄宗羲全集》第 7 册《明儒学案》，浙江古籍出版社 1985 年版，第 3 页。

　　② 同上书，第 80 页。

　　③ 同上书，第 825 页。

　　④ 同上书，第 826 页。

界，这一推断应是可以成立的。徐渭在《蒋扶沟公诗并序》中称他
"早岁妍精孔孟，含藉六经"，并将他与历史上的隐士随光、鲁仲连、
列御寇相提并论，说他"薄游四方，挂冠拂衣，如沤在海"，可谓十分
生动形象地刻画了他的内心世界。

　　蒋湘崖的处境是明代文人的普遍处境，他们早年大多意气风发，中
年渐入颓唐，晚年专修佛道，其中性格刚烈者如徐渭发狂而困居终老、
郁郁以终，雄强者如李贽以"七十老人何所求"的英勇气概自尽于诏
狱，而大多数气质平庸者则无声无息地消逝在历史的阴影中。蒋湘崖作
为明代零陵的地方知识分子，他由儒而入道，并在地方志中由"先贤"
而进入"仙释"，这种分裂的形象，是明代文人生活世界的一幅缩影。

　　附记：本文在 2013 年"永州阳明山文化"研讨会宣读发表后，承
湖南科技学院周欣老师提供永州拙岩摩崖石刻一幅，内容为蒋鳌所题五
言诗一首。经湖南科技学院张京华教授释读，全文如下：

> 治剧非真拙，分明摆脱尘。
> 每哦周子赋，觉爽自家神。
> 鸠养心中慧，珍收天下春。
> 何时放机事，许我构西邻。

　　此诗见于永州拙岩摩崖石刻，字迹虽略有模糊，但篇末"蒋鳌"
二字题名清晰可辨。由于蒋鳌《湘崖文集》已佚，因此此处摩崖石刻
的文献价值更加弥足珍贵。感谢张京华教授和周欣老师提供史料的无私
行为，特此致谢！

（作者系湖南社科院哲学所副研究员、哲学博士）

阳明山文化开发研究

永州阳明山佛教文化品牌如何打造

刘立夫

永州是我的家乡。这次有幸参加"永州阳明山文化研讨会",既感到亲切,也感到惭愧。因为在此以前,我从来没有去过阳明山,对那里的情况简直一无所知。直到前不久接到会议的邀请函,才开始关注阳明山,才知道阳明山拥有那么多秀丽的山水和厚重的人文底蕴。从中国历史文化的角度看,阳明山蕴含着丰富的儒佛道三教文化和民俗文化资源,加上这里得天独厚的自然景观,可以肯定地说,阳明山确实是一座有待发掘的"生态品牌",是一处充满佛道灵气的"人间福地"。

会议的主办方希望进一步宣传阳明山,提升这张永州"文化名片"的含金量,这是一件很有意义的事情。作为永州人,我也有一份责任。我是研究中国传统文化的,这些年来对佛教关注得比较多,也参加过许多佛教方面的学术活动。在此,根据会务组提供的相关资料,我想就阳明山佛教文化品牌如何打造的问题,谈一些个人的感想和建议。

一 佛教是阳明山的灵魂

俗话说,"天下名山僧占多",名山与佛教自古以来就很难分开。因此,谈到阳明山的文化,就不能不涉及佛教。所谓"山不在高,有仙则灵,水不在深,有龙则灵",如果阳明山只有山水,而没有"仙",没有"龙",那就没有灵气,没有灵魂,也就不能成为"山水圣地"。那么,阳明山的"仙"在哪里,"龙"在哪里?我认为,最重要的还是阳明山的佛教。

　　我在互联网上看了一则关于阳明山的介绍，提到阳明山的佛教历史很悠久，从东汉开始，就是周边地区的"朝佛圣地"，鼎盛时有大小寺庵108座，万寿寺、歇马庵、白云寺等皆为历史上有名的寺庵。对于这则介绍，我觉得还有必要考证一下。就目前所知，我们湖南佛教的最早寺院，是省城长沙岳麓山的古麓山寺，被称为"汉魏最初名胜，湖湘第一道场"。麓山寺始建于西晋武帝泰始四年，即公元268年，距今1700多年。如果阳明山在汉代就有寺庙的话，那就比长沙的岳麓山还早，这到底是出于当地人对外宣传的需要，还是确有其事？从学术的角度而言，汉魏南北朝时期中国北方的佛教历史要清楚一些，南方的情形就相对模糊，史书上可靠的记录不多。永州位于湖南南部，历史上长期处于封闭落后的状态，阳明山究竟最先在什么时候、由谁来建了庙？阳明山的佛教最初是从南方传入，还是从北方传入？这些问题非常值得考证。若能证明阳明山的佛教确实始于汉代，那将会改写湖南的佛教史。当然，这需要充分的证据。

　　事实上，阳明山在湖南之所以出名，成为"朝佛圣地"、"佛教名山"，那是从明朝才开始的。按清康熙年间编的《永州府志》，在明武宗正德年间，阳明山出了一位秀峰禅师，从广东韶关学得"曹溪正传"，四十岁左右就修成了"肉身活佛"。朝廷闻之，诏封秀峰禅师为临济"七祖"，更寺名云"万寿寺"，并赐寺联，其文曰："名山千古仰，活佛万家朝。"此后三百余年，名声大震，士庶登临者络绎不绝，香火极盛。现在阳明山的祖爷岩，曾经是秀峰禅师修行的地方，保存了大量文人墨客的题词，赞叹这位肉身活佛的无量功德。如清代罗楚贤《祖诞诞》（可能有抄印错误）诗云："星辉云灿小阳天，诞降瞿昙话昔年。卅载精修成善果，一身端坐拥祥烟。松心柏节风霜古，肉髻珠眉面貌全。愿折岭梅遥献寿，慈光长此照大千。"清代刘宝锡《读阳明山志》诗云："衣钵传来第七人，名山费锡契元真。持将石洞长生诀，留得金刚不坏身。莲萼芬芳仙有骨，银沙璀璨地无尘。遥遥东望天门里，云气空蒙护法轮。"这里选的两首诗均来自清代人编的《阳明山祖爷岩志》。诗中的"慈光长此照大千"、"云气空蒙护法轮"等句，无疑点出了人们对于这位肉身菩萨的景仰之情。阳明山当然还有许多其他有名气的自然风光、人文景观，但秀峰的"七祖"身份，以及他的肉身舍利，从明代以来，无可争议地成了阳明山的镇山之宝，也是阳明山佛教文化最大的亮点。

二　阳明山"肉身舍利"的价值

"舍利"，在佛教中颇具神秘色彩。佛经上说："舍利者，是戒定慧之所熏修，甚难可得，最上福田。"（《金梵明经》卷四）一般人死后不会留下舍利，只有那些严持戒律的得道高僧才会有。因为稀有难得，所以在佛教中称之为"最上福田"，即最高的福报。舍利又分碎身舍利和全身舍利，阳明山秀峰禅师的肉身舍利属于第二种，即全身舍利，与中国佛教的禅宗有直接的关系。

在印度佛教中，佛祖释迦牟尼在涅槃后经过火化，就留下了大量的舍利。按佛经记载，这些佛舍利被当时印度的八个国王所瓜分，后来这些佛舍利还辗转流传到印度以外的其他地方。如在中国陕西西安的法门寺，就存有一颗佛指舍利；在江苏南京的牛首山，则保存了一颗佛的头骨舍利。这些都有明确的文献记载，是极为珍贵的历史文物。法门寺的这颗佛指舍利在唐朝还曾闹出过大的政治风波。唐朝元和十四年（819），宪宗皇帝虔诚地从法门寺迎请舍利到宫中供养，宰相韩愈上《谏迎佛骨表》，批评宪宗的佞佛行为，建议将此舍利"投诸水火，永绝根本"。结果，韩愈差点被杀了头，后被贬为潮州刺史，韩愈的政治前途就此终结。公元 1999 年，也就是法门寺的这颗舍利，被迎请到香港，香港八十万佛教徒举行了盛大而隆重的敬佛礼佛活动。公元 2002年，应台湾佛教界的联合邀请，经中央政府的特批，法门寺的这颗佛指舍利在圣辉大和尚、星云法师等两岸佛教界四百多名僧俗弟子的接送下，由专机运抵台湾，接受三百多万信徒的瞻仰，一周后返回法门寺。从这些事例中可见，舍利在佛教中确属"圣物"，为信徒所供养、膜拜。

在中国，从南北朝开始，就有了"肉身舍利"的记载。肉身舍利不是火化后的碎身，而是得道高僧的全身，这是中国佛教的一个重大变化。六祖慧能就是一个重要的代表。慧能在唐玄宗开元元年，即公元713年在曹溪坐化，留下全身舍利，成为中国佛教史上一位著名的"肉身菩萨"。慧能是南宗禅的实际创始人、一位伟大的修行者，最后修成了"金刚不坏之身"，他的肉身至今还供奉在广东韶关的南华寺中。广东的气候炎热，空气潮湿，正常人在死亡以后不可能长期不腐烂，但慧能的真身经过了1200多年，依然神态安详，栩栩如生，现在仍然是南华寺的镇寺之宝。

慧能以后，中国佛教的高僧们纷纷仿效，留下不少的不败真身。如唐朝的石头希迁和尚，得法于青原行思，为慧能的隔代弟子，后来在南岳衡山传法，开曹洞、云门、法眼三宗，在禅宗历史上享有很高的地位。石头希迁于唐德宗贞元五年，即公元790年在南岳坐化，留下真身舍利。明代四大高僧之一的憨山德清，被认为是慧能南宗禅的中兴者，他于明熹宗天启三年，即公元1622年，在曹溪坐化，肉身不朽。憨山德清的肉身至今与六祖并坐于南华寺。

需要提及的是，中国佛教四大名山之一的安徽九华山，是地藏王菩萨的道场，从唐德宗贞元年间（785—804）开始，至今留下了14具高僧大德的真身（其中一位是女性），形成了九华山奇特的肉身菩萨景观。九华山的第一位真身菩萨，是来自新罗国（今韩国）的僧人金乔觉，他经过长期的苦修，于唐德宗贞元十年，即公元794年坐化，当时99岁。三年后，僧徒开缸，大师的面颜如新，被认为是地藏菩萨转世。九华山由是名声大震，成为"东南第一山"。以后的农历七月三十日，都会举行盛大纪念法会，香客云集，演化成著名的九华山庙会。

在湖南，永州阳明山的这尊肉身舍利显得尤为珍贵。上面提到的石头希迁是湖南南岳的高僧，但希迁的籍贯不在湖南，而在广东的高要县。阳明山的秀峰禅师不同，他是正宗的永州人。换句话说，从古到今，湖南本地的高僧，也就只有秀峰禅师留下了不朽的真身舍利！而且，从禅宗的历史看，秀峰禅师也是明代南岳临济宗的一位法嗣，与慧能的南宗禅有间接的传承关系。

根据清光绪二十六年编的《阳明山志》之《秀峰禅师行录》，秀峰禅师系湖南永州府新田县南乡六都八甲东山郑氏子，生于明武宗正德七年（1512），殁于明世宗嘉靖二十九年（1550），世寿 39 岁。与历史上的许多高僧一样，秀峰禅师从小就矢志出家，父母不能止。先是到陶岭师姑殿，再到大瓜岭秀峰山，都没有待下去。不久往当时零陵阳和山，依止明性长老。明性长老来自南岳，属于临济宗传人，专修苦行。秀峰禅师于嘉靖六年（1527）披剃，依照临济宗派，取名真聪，法号秀峰，时年 16 岁。秀峰禅师剃度后，发心成为慧能那样的得道高僧，曾专访曹溪，在广东韶关的南华寺参学三年，"默传六祖宗旨"。回到阳明山后，杜绝人事，一心修禅。《行录》载：

> 忽一日，挝（zhuā）鼓集众曰："寄迹人间三十余，度生之愿尚未毕，留得色身登祖位，也将黄叶止儿啼。"又谓明公曰："弟子闻西方有金刚不坏身，亦愿以身度世。"遗约三年期满，方可开关。……（接下文字有误，不录）偈毕，入关坐化。时嘉靖二十九年，师年三十有九。

菊坡、湘崖等，久慕师之高风，生前未晤，深以为憾。嘉靖三十一年壬子八月中秋，及期偕至阳和山，启关谛视，宛然如生，发爪犹长，赞叹不已，顶礼拜服。师徒相扶，披剃衣覆庄严，涅槃端坐，方悟壬子趺坐之偈不谬。菊坡闻之南渭王，遂崇其号曰"七祖"，赠额曰"临济正派"，改庵名"万寿寺"。

上文详细记录了秀峰禅师坐化而留下真身的全过程。有几点值得说明：

（一）秀峰禅师于明嘉靖二十九年，即公元 1550 年在阳和山入关坐化，时年 39 岁。三年后，时居永州的藩南渭王的孙子朱菊坡与零陵人蒋湘崖（地方贤达）因仰慕秀峰禅师的神迹，特来寺中启关，肉身舍利得到证实。

（二）秀峰禅师根据西方"金刚不坏身"（舍利），愿意留下"色身"以普度众生。偈语中既提道"留得色身登祖位"，又提道"也将黄叶止儿啼"，这两句话皆是禅宗语。前一句意思是以六祖慧能为楷模，留下色身成佛作祖；后一句是对前一句的补充，意思是说，这种做法也是权宜的方便。摘下一片黄叶去哄小孩，别让他再哭，这是一个比喻。秀峰禅师在偈中说的大意是留下金刚不坏的色身于世间，会让普通大众生起信心，让更多的人从佛法中受益。

（三）秀峰禅师由于以六祖慧能为榜样，坐化后得到藩南渭王的尊崇，封号为"七祖"。这个封号很特别，因为禅宗自六祖慧能以后，传法不传衣，五家七宗均以南岳、青原二系记录法脉，不再用"祖"这个序号。既然是"七祖"，那就意味着秀峰禅师的肉身舍利完全可以与"六祖"慧能媲美。"临济正派"指的是秀峰禅师接法于南岳明性长老的临济法系。"万寿寺"寓意为金刚不坏身。

这里有几个问题需要澄清：

第一，秀峰禅师坐化于阳和山，三年后肉身舍利迁往阳明山，寺院因此而更名。可见，阳和山和阳明山对佛教有不同的意义。

第二，"七祖"、"临济正派"、"万寿寺"到底是当时居永州的藩南渭王所封，还是藩南渭王上奏朝廷由嘉靖皇帝所封，还需要考证。

第三，秀峰禅师肉身舍利是怎样形成的？《行录》上并没有提到，只说先入关坐化，三年后才能打开，这与六祖慧能以及九华山的诸位全身菩萨情况类似。但具体的做法并不相同。我看过一些资料，说慧能圆寂时，坐于龛中，这个龛用什么材料做的，不得而知。一年后才开关。后面由弟子做了一些处理。安徽九华山的肉身舍利，据报道，高僧们先坐于瓦龛中，过一年或三年开关。秀峰禅师的情况，我在一篇文章中看到一则介绍，说是坐于一个大木桶里面，然后往木桶里面加盐，三年后木桶完全腐蚀，才开关。材料的出处，可能是当地老百姓的传说。

永州在历史上比较闭塞落后，可能出于培养接班人有困难的考虑，秀峰禅师用留下肉身舍利的办法弘扬佛法，不失为明智之举。当年六祖慧能在广东也是如此：广东属于岭南，当时也非常落后，文化不发达，慧能的肉身舍利所起的影响和作用，在某种意义上比生前的说法可能还要大。所以，《秀峰禅师行录》有这样的评价："祖师自坐化以来，真灵不灭，肉体俨若金刚，由前明至国朝，每岁秋冬，远近士庶，登山礼拜，香烟极盛，不亚全州寿佛。"从明清至今，秀峰禅师用自己的不朽佛光普照着阳明山的大地，香火极盛，其影响不亚于全州的寿佛。

全州寿佛在广西的全州县湘山寺，先后曾得到历代皇帝的六次敕封，被称为"楚南第一名刹"。这尊佛对于打造广西全州县和桂林市的知名文化品牌，促进旅游事业的发展，具有非常重要的意义。从明代开始，阳明山的肉身佛影响已不亚于全州的无量寿佛，所以，说佛教是阳明山的灵魂并不为过。

三　对当代阳明山佛教文化品牌打造的几点建议

根据以上讨论，今后阳明山佛教文化的建设，特别是阳明山佛教文化品牌打造，我认为，至少还需要做以下一些事情：

（一）成立阳明山生态文化开发领导小组，全方位负责阳明山自然、人文资源的开发。这个领导小组可以在双牌县委、县政府在2013年11月13日申报的"阳明山海峡两岸交流基地"的基础上，进一步加大对阳明山诸多自然、人文资源开发的投入力度。

（二）设立阳明山文化研究基地或中心，作为阳明山自然、人文资源开发的智库。这个研究基地或中心可以下设几个分支机构，聘请相关知名专家学者与当地政府和企业合作，对阳明山与中国文化，阳明山与两岸经济合作、文化交流，阳明山与永州旅游等方面提供切实可行的政策定位和智力支持。

就阳明山的佛教文化而言，首先要编写一本合格的《阳明山佛教文化志》。目前可以借鉴的参考文献主要是《阳明山志》、《零陵县志》、《宁远县志》、《永州府志》等地方资料，多是清代的记录。另外，双牌县委文史资料委员会1991年组织编写的《阳明仙境》好像是个铅印本，错误较多。其他的多是些传说、神话，缺乏可靠性。我在写这篇短文的时候，发现好几处关键的地方都比较模糊，不准确。另外，阳明山的佛教在湖南省志中几乎还没有提到。这些基础性的工作必须要做好。

（三）扩大对阳明山佛教文化的宣传力度，继续寻找秀峰禅师的真身舍利。当地政府对包括佛教在内的宗教文化要"脱敏"，要与时俱进，有宗教资源是好事，不要当成包袱，更不要"谈佛色变"。佛教是中国传统文化的重要组成部分，这在学术界已经是常识。因此，发掘、宣传优秀的宗教文化资源，对于净化人心、促进社会和谐、建设民族共同的精神家园、凝聚正能量，都具有重要的现实意义。

关于秀峰禅师真身的寻找问题，我的看法是：他有可能失而复得。历史上石头希迁的肉身在南岳保存了1000多年，晚清民国时期因为战乱而不知去向，后来有人竟说在日本横滨市的总持寺找到了。不过，圣辉大和尚告诉我，当时他们专门派人去日本看了，认为那尊肉身舍利不是石头希迁的。但即使不是石头希迁的真身，也应该是历史上某一个高僧的。六祖慧能的真身在历史上也几次被"偷"，后来却又回来了。这倒不是虚构出来的。秀峰禅师的真身，是在"文革"时期丢失的。对于这个谜，我看过一个材料，认为有可能是参与破坏的红卫兵怕遭报应，将他藏到了一个不为人知的山洞里。至于其他的可能性也是有的，比如，某个虔诚的信徒事先就做了手脚，及时将其保护起来，以待时机成熟，再公布于世。秀峰禅师是"活佛"，是有灵性的，无论是佛教信徒，还是普通的老百姓，都不可能轻易，也没有那个胆量就去毁掉他。今天，我们正在实现中华民族的伟大复兴，弘扬包括佛教文化在内的中华优秀传统文化，团结宗教界广大的信教群众，建设中华民族共同的精神家园，是党和政府在新的历史时期的战略决策。如果我们的宗教政策开明了，宗教信仰的环境宽松了，依佛教的话说，待因缘成熟，秀峰禅师的真身重现人间的奇迹是有可能发生的。

（作者系中南大学国学研究中心主任，中南大学公共管理学院教授、博士生导师）

阳明山文化底蕴初探

杨金砖

一 阳明山是一座风光旖旎的画山

阳明山是一座风光旖旎、山色秀美的奇山，更是一座历史文化神秘厚重的神山。

阳明山位于五岭北麓的道江盆地和零祁盆地交界处的都庞岭山系上。海拔高度达到 1624 米，属永州境内的第四大高山。它南峙九疑、北望衡岳，生潇水烟波，挹零陵春色，溪流纵横，碧螺如黛，白云缭绕。这里仿若就是一处人间仙境。有人说："泰山归来不看山，九寨归来不看水。"其实，若论阳明山水光山色的文化意蕴，并不比其他名山大川逊色。

关于阳明山的山色之美，最早见于柳宗元的《游黄溪记》。黄溪，属阳明山众多溪流中的重要一支。柳宗元曾赞之曰："北之晋，西适豳，东极吴，南至楚、越之交，其间名山水而州者以百数，永最善。环水之治百里，北至于浯溪，西至湘之源，南至于泷泉，东至于黄溪屯，其间名山水而村者以百数，黄溪最善。"① 黄溪之妙，究竟妙在何处？柳子厚这样描述道："黄溪距州治七十里……两山墙立，如丹碧之华叶骈植，与山升降。其缺者为崖峭岩窟，水之中，皆小石平布……至初潭，最奇丽，殆不可状。其略若剖大瓮，侧立千尺，溪水积焉，黛蓄膏渟，来若白虹，沉沉无声，有鱼百尾，方来会石下。"

---

① 柳宗元：《柳宗元全集》，中华书局 1979 年版，第 759 页。

　　从柳宗元的文字里，足可以从黄溪之一斑，去窥视出阳明山之神奇秀貌。明末清初文人易三接《零陵山水记》曰："柳言零陵山水当以黄溪为首，幽深奇险，难为名言。又言山水深处，皆石所为，有如侧瓮而立。山为水涌，水为山陁，干云蔽日，过于幽清，人不可久处也。"

　　其实，黄溪上游，阳明山腹地的大黄江源一带，自然风光更是奇绝。放眼望去，溪流蜿蜒，瀑布如练，绝崖峭壁，高矗云间；晴岚习习，雾海茫茫，珍禽异兽，鸣于山谷，异卉奇花，良木蓊郁，真若秀峰禅师所见："石木幽异、紫气腾空、地铺银沙、岭势磅礴。"也正是这妙曼幽胜的自然山色与钟灵神秀的人间仙境，才孕育了源远流长与璀璨辉煌的阳明山文化。

二　阳明山是一座光照红尘的秀山

　　阳明山之名的来历，《永州府志》里多有记载。如清康熙九年《永州府志》卷八《山水志》载："阳明山：去县治百里，在黄溪之尾。然山麓险绝，游者相望咫尺，无径可达。山最高，日始自旸谷出，山已明，故谓之阳明焉。"[①] 卷二十四《外志》："秀峰：生于正德间，晚与邑人蒋鳌、宗室菊坡相友，乃筑庵于黄溪之阳明山，山高与云齐，即见日出，故以阳明名之。"[②]

　　亦有志书载曰："朝阳甫出，而山已明者，阳明山也。"

　　可见，阳明山之名的由来，源于"日出山明"之意。但是，细细咀嚼其意，非常值得玩味，在永州，阳明山并非第一高峰，而为何日出独明此山？而如九疑的畚箕窝、萌渚山脉的韭菜岭与越城山脉的舜皇峰都远高于阳明山，而为何没有得此名呢？这里一定有更深层次的道理。

　　但是，在明代的《永州府志》里，并没有"阳明山"的称呼。笔者遍查洪武、隆庆、弘治三个版本的《永州府志》，均未有"阳

---

　　① 清康熙九年《永州府志》，书目文献出版社 1992 年版，第 210 页。
　　② 同上书，第 719 页。

明"之山的词条。不过，在洪武《永州府志》里有"阳和山"的记载："阳和山：在城东北八十里，接道州界，乃王真人修炼之所。"文中"东北八十里"有误，道州在零陵古城之南，接道州界，显然应属"东南"，而非"东北"。而东南八十里，刚好是阳明山所在地。

但是"阳明山"是否就是"阳和山"呢？我想答案是肯定的。原因有二：

一是"阳明山"的名字的出现，与明代秀峰禅师有关。《阳明山志》里的《秀峰祖师行录》一文有这样的记载："祖师回东山，矢志出家，父母不能止，遂许之。师一瓢一笠前往陶岭师姑殿，居十八日，曰：'此非我住场！'旋行至大瓜岭秀峰山，居有八日，复曰：'地非吾愿。'于是，寻幽选胜，拨草披荆，至零陵界阳和山，只见木石幽异，紫气腾空，地铺银沙、岭势磅礴，并阅宋代古碑钟器，知是真人炼丹之处，神禹藏书之穴，遂欣然曰：'大事因缘，其在斯乎！'"①可见，当时郑秀峰禅师参禅修炼之处为"阳和山"。

二是从相关的诗文也可以证实阳明山就是阳和山。如明代陈荐的《秋登阳明山有感》曰："望里阳和杳，迢迢路几重。拟寻东井月，更访西桥松。黄叶空山寺，秋风薄暮钟。何年得栖隐，为觅秀峰踪。"首句"望里阳和杳"所指的就是阳和山，即向阳和山放眼望去，绵延不绝，杳无尽头，全诗无一句不是在摹写阳和山中的景致，而诗题所标的则是"秋登阳明山"，显然，阳和山就是阳明山。

阳明山最早出现在诗文里，当属蒋鏊的《游阳明山》诗。其诗曰："扶筇散步到阳明，云淡风和远世尘。纵目峰头三楚尽，旷怀别领一天春。"这首诗，诗题与诗句都提到阳明，应是目前较早的文献。

蒋鏊，何许人也？清康熙《永州府志》中分别在《人物志·名贤列传》和《外志·仙释》篇中都有其《传》。《名贤列传》篇：

① 中国人民政治协商会议湖南双牌县委员会文史资料研究委员会编：《阳明仙境》，1991年印刷，第22页。

"蒋鏊，字汝济，号湘崖，正德癸酉（1513）乡荐，任广东教谕。潜心理学，当道委毁淫祠，一无所假。升扶沟令，有冰蘗声。家贫甚，吟咏自娱。所著有《湘崖文集》四卷。"①　"蒋鏊，号湘崖，明正德八年（1513）癸酉乡举。曾出宰扶沟，以清洁著闻。致政归，得遇异人，授以服食之术。弃家构一椽于山中，曰'寄寄巢'。修炼数年，遂游名山。……先生著有《证道歌》及《湘崖文集》传于世。"②　从这两段记述中可以看出，蒋鏊人生练达，生活简朴，为人淡泊，好理学与仙术。《阳明山志》载：其晚年在阳明山中修炼，尽管家贫如洗，饮食时有不给，但仍不乏其乐。有一年除夕，家中无粮，好友王孙菊坡来访，作一诗示之："柴米油盐酱醋茶，七般皆在别人家。唯有老夫无计策，开窗独坐看梅花。"这首诗充分反映了蒋鏊当时的生活困境与淡泊心境。王孙菊坡见此诗后立即备物济之，成为蒋鏊与菊坡的一段传世佳话。

从秀峰禅师的坚定参禅，到蒋鏊的淡泊尚道，可以想见，这里的"阳明"不仅仅源自"日出而明"，更有淡泊坚定而心底洞明的禅定之意。

三　阳明山是一座宗教向往的神山

阳明山，先以元代王真人修炼之所而为道家所崇，后又因明嘉靖年间秀峰禅师涅槃于此，肉身不腐，获"临济正派"之称与禅宗"七祖"之誉，遂成为佛家名胜。据史志记载，明清时期，每年农历七月到十月间，前往万寿寺朝拜者，信众如潮，每日多以千计。据传：在民国初期，万寿寺的规模已相当宏大。自月台而上，有下殿、中殿、祖师殿、父母殿，四进两横，总面积达3400平方米。"寺内有僧人四十名左右，铁锅三十六口，客被五百多床。"由这寺院中的生活设施，便可知其当

---

① （清）刘道著修，钱邦芑纂：康熙《永州府志》，书目文献出版社1992年版，第437页。

② 同上书，第719页。

时盛况之一斑。

秀峰禅师的"七祖"之誉，声名远播。禅宗自六祖慧能之后，为了防止弟子们因衣钵之事而起纷争，从此，衣钵不再下传。秀峰"七祖"的出现，可谓是横空出世，直接承接800年前的六祖慧能，这里有其内在的渊源。一是秀峰的出家与慧能的出家有许多相似之处，不仅有良好的天赋与慧根，更有一种对佛的深切向往与执着追寻。二是都处在一个时代的变革点上。慧能处于盛唐中叶，而秀峰处于明代中期，都是在社会由盛而衰的一个转折点上，新的社会思潮涌动，权贵争斗加剧，社会矛盾开始显现。三是对佛性的理解与佛缘的缔结上，均不着一字，而尽得风流，同时又都以肉身舍利而闻名天下。

关于禅宗佛教，自慧能南传，力主改革，提倡心性本净，佛性本有，觉悟不假外求，不读书，不礼佛，不立文字，强调"以无念为宗"，"即心是佛"，只要明心见性，就可顿悟成佛。这一改革恰恰契合了当时唐代的社会现实，事佛而不影响劳动生产，于是，南派禅宗迅速崛起，成为中国佛教禅宗的主流。慧能而下，南派禅宗又分为南岳怀让与青原行思两系五宗。其中南岳怀让系下的临济宗发展最为繁茂。不仅遍布江南，而且流传海外，尤其在日本与中国台湾非常盛行。秀峰禅师所皈依的明性长老便是南岳临济一宗。秀峰谒长老明性禅师时，明性长老有言："老僧自南岳来，秉领临济宗旨，匿迹是山，栽芋为食。尔少年书生，因何到此？"秀峰答曰："适瞻山巅，紫气成盖，必有道人栖托，愿为门下弟子。"从此，秀峰皈依明性禅师，栖居阳明山中，专心事佛，清苦修炼。而后，又因"心契曹溪衣钵"，而云游曹溪，并在曹溪挂锡三载，学得曹溪真法。然后，秀峰返回阳明。从秀峰的行实录中可以看出，秀峰不仅是打破禅宗临、曹二系的先驱者，也是将临济与曹溪二派融会贯通的第一人，这也恰是阳明山"和"文化的最佳注解。民间曾流传着这样一说："临济临天下，曹洞曹半边。"临济、曹洞僧徒之多，几乎是遍布台海两岸及东南亚国家。

阳明山与秀峰之关系，仿若如永州与柳子一般，人因地始重，地因人而名。一座山奠定一个人的高度，一个人丰富了一座山之传奇。于此，阳明山"万寿寺"七祖殿中有一副楹联："自漕溪六祖而后，法统谁承？春水诞真人，能教龙树低眉，马鸣合掌；于衡岳五岭之间，异军突起，明山辟胜境，不数匡庐九曲，邓尉十盘。"联中将秀峰直比印度高僧龙树和马鸣，将阳明山直比江西庐山与江苏万峰山，足可见对秀峰与阳明的评价之高。

四　阳明山是一座儒家底蕴的圣山

阳明山居于永州的道江盆地与零祁盆地的交界带上，是永州城南的第一屏障，也是通向岭南的第一要塞。在这里南北文化交融交汇、撞击错杂，然后包容并蓄，相安共生，从而在这里形成了其独有的永州文化现象。在上古之世，舜帝就将其亲弟象，敕封在有庳，而有庳就正在阳明腹地的江村一带。象虽曾作恶多端，但古老的永州人并没有排挤和为难他，而是很乐然地接受。在道江盆地，自秦汉以来，不仅有规模宏大的舜庙，而且还建有专门的象祠。在古城零陵，不仅有城隍庙、文庙、武庙，也有潇湘庙、二妃祠、诸葛庙，更有时迁庙。这足可以看出永州文化的包容性。这种包容源于阳明山独特的地理地貌而孕育出来的文化自信与文化担当。

因此，每当民生于水火之中时，永州的剽悍汉子不仅有舍生取义的勇气，更有直面人生的胆识。也许正是对这种处江湖之远而忧其君的儒家文化的坚守，在这片土地上才有九疑舜德文化的灿烂，才有元结、柳子儒家民本文化的炽焰，才有濂溪理学文化的璀璨与神奇女书文化的激浊。

其实，阳明山文化的核心就是"和"。它以"和"的博大胸怀接纳着北面而来的中原文化的劲风与南面而来的海洋文明的骤雨，又以"和"的似水柔情滋养着本土文化的生长。

尤其有意思的是，最近据湖南省文物局考古所谢武经教授考证，明代第二位皇帝朱允炆自"靖难之役"逃离南京，最后隐居阳明山的东南腹地——南武当山，在此出家事佛长达几十年。这里的百姓对其爱戴有加，并无一人举报和告密，这也显示出阳明山文化独有的人格魅力和担当意识。

五　阳明山更是一座沟通两岸的名山

蒋介石于 1949 年退守台湾，为了光复大陆，将台北草山更名为阳明山。从此，海峡两岸便有了两座阳明山。

蒋介石为何要将草山更名为阳明山呢？这是由于蒋介石对同乡王阳明学术思想的敬仰和崇拜。王阳明（1472—1529）是有明一代最著名的思想家、文学家、哲学家、军事家，集陆、王心学之大成，统合儒释，道法自然，格物致理，独成一家。在儒家史上有孔孟朱王之称，可见其对中国文化之影响。

亦有人认为，蒋介石在离开大陆前曾接受过阳明山一位高僧的指点，后为感恩而特将草山更名为阳明山，意思是要让自己铭记高僧的教导。第二种说法虽有些突兀，但并不是空穴来风、无稽之谈。因为在蒋介石去世后，其保存的一份舍利子，几经周转，最后由其亲人转赠到我们永州阳明山的万寿寺中供奉，这一事实正印证了这一说法。

其实，无论哪一种说法，两岸阳明山，两个阳明山，其名的由来都与王阳明有着内在的联系。

虽然没有王阳明到过永州的记载，但是零陵蒋鏊却与王阳明不无联系。永州"阳明山"一词最早出现在蒋鏊的诗文中。蒋鏊在正德癸酉（1513）乡荐入仕，出任扶沟（今河南扶沟县）县令，尔后致仕，遂游山水，尝在天台、雁荡之间。这段时间王阳明也正在绍兴开坛设讲，我想蒋鏊一定受到过王阳明先生学说的影响。后来隐居家乡阳和山中，与道友诗人皆有往来，如与朱衮过从甚密，朱衮文集中有两首题赠蒋鏊（湘崖）的诗，便可看出其不一般的关系。关于朱衮其人，在康熙《永州府志》有《传》。《传》曰："朱衮，字子文，号石北，永州卫人。少颖悟绝人，领弘治戊午（1498）乡荐，登正德壬戌进士，任翰林庶吉士，以阐明正学为己任，尤以诗文著名，太学士李东阳器之，迁南京御史，升云南左参政。居官刚介，风猷凛然，奸宄敛迹。所著有《白房集》、《续郡十三志》。崇祀乡贤。"朱衮在《白房集》中多处为湘崖赋诗。如其《招隐篇》的跋中写道："感湘崖子汝济甫见访，为作《招隐篇》，陋词漫寄一笑耳。"说明《招隐篇》一诗是为蒋湘崖而作。诗曰："子自湘之崖，我卧湘之壁。子来叩我壁，壁上日初出。何处木丁丁？檐云自出入。潦倒七茶瓯，月轮挂屋极。谭屑出未穷，义辄三五逸。子道方中行，我心已免役。终坐嗟临岐，归驾还当亟。坐颇云片多，子来分一席。"此外，还有《湘崖幽居次韵》与《再叠幽居韵》两诗。如《再叠幽居韵》："出出窗中远近山，吾庐正在白云间。长松坐我年年好，绣羽穿花日日欢。橘里棋枰何自笑？江干瑶瑟是谁弹？幽居若比柴桑胜，犹有琅玕与客看。"从朱衮的和诗中不难看出蒋湘崖的隐居情趣与仙道生活。

由此，也可以推知蒋湘崖将自己寄居的阳和山改成了阳明山，从而便知阳明山出现在蒋鏊诗文之中的缘由了。

因此，笔者认为两岸阳明山，山同名，名同源，文同根，人同祖，佛同派。五同于此，天下无二，有此内在关系，阳明山定会成为海峡两岸交流的一个重要通道和平台。

（作者系湖南科技学院图书馆编审）

论湖南永州阳明山文化彰显的四个基本维度

陈力祥

　　永州阳明山是湖南南部著名的旅游文化胜地。因阳明山独特的自然环境，造就了它独具特色的文化。党的十五大报告指出：文化大体可分为两类，即物质文化层和精神文化层。物质文化即是实体文化，即在阳明山上所能见到的有形的各种实体文化现象。易言之，在阳明山生存与发展的历史长河中，人类利用各种材料对阳明山上各种自然物进行加工形成的各种可见的器物、器皿、建筑、工具、寺庙等，这些属于阳明山物质文化层面，是阳明山上可见的物态文化层面。其次，阳明山之文化现象还表现为精神层面的文化现象，主要是指人类对阳明山的自然美景进行加工或塑造阳明山自我过程中形成的用语言或符号表现出来的、涵盖着一些具有精神层面的、人格层面的虚体文化。如对阳明山秀美风景赞美的诗歌、文字、语言、音乐等，并由此而形成的宗教、哲学、绘画、书法、风俗、制度等。阳明山所凸显的精神文化或者说虚体文化即是从两个大的方面体现出来。当然，永州阳明山的文化精髓还可从文化定义的四个层面进行详分，即阳明山彰显了物态文化、制度文化、行为文化以及心态文化四个层面，以下将从这四个层面详述之。

一　对阳明山上自然物加工形成的实体而彰显物态文化

　　物态文化表现为有形的、可见的文化形态。本文所界定的阳明山上的物态文化，即是可见的、有形的建筑物、寺庙等，彰显的是先辈们对阳明山上的自然物进行加工而成的物质生产活动及其相应产品的总和。

阳明山的命名与定位，是建立在人对自然认识的基础之上，并对自然进行加工形成的物态文化。通常所说的文化表现出明显的特征：即超自然性与超个体性。所谓"超自然性"，指的是阳明山的自然风光、自然环境须打上人的印记与烙印，如此才能称为文化；易言之，纯粹的自然物和自然现象不能称为文化，不属于文化的范畴；只有在人有目的、有意义的基础之上的活动作用于阳明山，如此方能称为文化。因之，阳明山物态文化的出现，不能脱离人的有意识、有目的的活动。

首先，我们可从阳明山上的道场管窥其物态文化。有关阳明山的文献记载曰："阳明山：去县治百里，在黄溪之尾。然山麓险绝，游者相望咫尺，无径可达。山最高，日始自旸谷出，山已明，故谓之阳明焉。嘉靖间有僧秀峰者，禅定于此，今遂为秀峰道场所。"永州府志中提及了阳明山的来历，也提供了阳明山上的物态文化：秀峰道场。就文化特色来说，文化必然是主体作用于客体，人作用于自然界而成。阳明山上的秀峰道场，为佛教文化传承者朝圣的地方，这种特殊的朝圣场地，凝聚的是人与自然、主体与客体之间的相互作用，彰显了阳明山上的物态文化。在阳明山上，还有著名的阳明山万寿寺、镇龙塔等古代建筑，这些古建筑物也共同构成了阳明山上的物态文化之一。这些物态文化所表征的是先人们在阳明山上的活动，并作用于自然对象而成的、可见的实体文化。在这些物态文化中，凝聚的是先人们关于古代建筑的心思，表达的是他们对阳明山这个对象世界的基本思考。阳明山上这些古代建筑，表现为物态文化，必将给后人们留下深刻的印象，成就现代人对阳明山的无限遐想。阳明山上的物态文化主要是满足人类最基本的物质生活需求，凸显了古代人类对阳明山的利用与开发的智慧结晶。

阳明山上的物态文化不仅表现在古建筑物上，同时也表现为游客对阳明山奇山怪石的人化描述。比如说，由陈顺柏拍摄到的阳明山上的"观音合掌"与"望佛来朝"，亦映衬了阳明山上的物态文化。阳明山上的一些自然景观本不属于文化范畴，因为文化须是人化、打上人的活动痕迹，方可称为文化。"观音合掌"与"望佛来朝"，本无此称谓，但通过人的想象与加工而成的臆想物便成了文化。阳明山上的奇山怪石，本是阳明山上的自然物，在人的作用之下，阳明山上的自然物开始了人化作用，进而形成了我们所说的物态文化，阳明山上的"观音合掌"与"望佛来朝"等物态文化，满足了游客、文人墨客的观赏需要，彰显了阳明山上物态文化的基本价值。在阳明山上，类似的其他自然景观为人所称颂，继而成为我们所熟知的物态文化，除了上述"观音合掌"与"望佛来朝"有着丰富的物态文化意蕴之外，由陈顺柏摄到的阳明山上的物态文化还有"天门口"和"秀峰塔"。其中"天门口"彰显的是打上人类心智的印记而成的天门实体文化。在阳明山上本无天门口，由于来往游客对阳明山之惊奇，于是在想象中把阳明山上的奇山怪石人格化，充分发挥想象，把这道奇异的风景定义为自己所需的"天门口"，让人能形象地描绘为"天门"，一扇很难打开之门，人为因素描绘便成了人们看得见、摸得着的物态文化。同样，阳明山上的秀峰塔主要源自秀峰大师曾经在此修炼与圆寂，为人所美谈为秀峰塔，也表现为物态文化。

综上，阳明山的物态文化反映了人与自然之间的关系，反映了人在社会生活过程中必然向自然界索取并求得人与自然之间和谐平衡的基本价值倾向。物态文化必然是人作用于自然，并向自然进行索取的基本价值倾向。

阳明山不仅仅彰显的是其物态文化意蕴，在由道而佛的过程中，阳明山上之高道、高僧大德遵守教规之时创造了独具特色的阳明山制度文化。

二　因释道二教教徒遵守教规而彰显制度文化

阳明山秀美的风景，吸引了一些高道、高僧等到阳明山上修行、修炼。修行、修炼需要固定的场所，于是就有了我们上文所说的高僧、高道们修行所需要的场所，如秀峰道场，这些道场成就了上文所说的物态文化层。据永州地方志的记载，阳明山最初由三山组成：

其一，"船橹山：在城东百里，山傍斗绝，如船形，其间屈□水流，春霖积潦，凡三十六涉。"

其二，"福田山：在州东北五十里，山势峭绝，中有一峰，耸立如塔，俗传阿育王所建，故名福田。"这里说福田山，在州东北，方位记录有误，应为东南。

其三，"阳和山：在城东北八十里，接道州界，乃王真人修炼之所。"道州在零陵古城之南，接道州界，显然应属南，而非北。

船橹山、福田山、阳和山是阳明山的三大山系。在这三大山系中，一些高僧、高道们因习惯于寂静的修行环境，他们便栖息于阳明山修身养性。在阳明山上，最初到达此地修行的是道教修行者。这些道教修行之人，看重的是阳明山系中的寂静与环境的优美，这与道家哲学中的"自然"学说相契合。"东南二里为阳和山，王真人修炼于此。"此处所说的东南二里应该是"东南百里"（明隆庆《永州府志》卷七《零陵·山川》）。可见，阳明山最初为一座道教修炼场所，后发展成为一座佛教场所，因为王真人所修炼的地方后来发展成为佛教场所。从目前所查的方志文献来看，阳明山最早是一座道教场所，始于王真人，并在元初赐额"万寿宫"。明嘉靖后始易寺名为"万寿寺"，阳明山从道家圣地转而成为佛家道场。即是说，阳明山是由道而佛、由佛而儒的三教合一的圣地。道家也好、佛家也罢，制度文化规约着道教徒与佛教徒的行为。

所谓制度文化层，即是各种社会规范，它规定着人们必须遵循的行为规范。阳明山上有儒释道三教文化的联姻，儒释道必定会彰显出其制度文化层面。就道教文化来说，道教徒必然有教规的制约，这些教规构成阳明山上的制度文化层。早期在阳明山上的道教徒必须遵循的是道教的基本戒律，称为道教戒律。道教的基本戒律有初真五戒、十戒、女真九戒等。女真的道德戒律虽然不一样，但都有一种最基本的制度规约于其中，表现为制度规约，并因之而表现出制度文化层。阳明山上的道教徒，我们现在无从考证他们是否遗留下关于道教的基本文献，但有一点可以确认，即便是他们没有留下任何关于阳明山的文献（物态文化），但道教徒所遵循的基本教义，已在他们心中根深蒂固。道教的基本教义可以说是从制度文化层的基本要素中呈现出来的。根据宗教学的定义，任何一种教别都有自己的教义与教规，这种教义与教规即表现为一种制度文化。比如《太平经》所说"天道无亲，唯善是与"①，这里所说的实际上就是一种制度文化。《太平经》所规定的文化层面，即是一种制度文化。道教创立之初，严密的规诫制度就建立起来了，比如说"老君说一百八十戒"、"老君想尔戒"等，到了宋元明清时期，道教的教义在全真派的推波助澜之下，还效仿佛教的基本教义制定了"全真清规"。所有这些道教徒所遗留下来的戒律与戒规，均作为一种制度文化遗留下来。

阳明山在明末清初的时候已经享有盛名，且最初作为道教徒修身养性的地方，最早有文字记载的时间为明朝，摘录如下：

> 明弘治《永州府志》卷二《山川》又载："阳和山，在县东南二里，乃王真人修炼之所。"很明显，其"东南二里"有误，应为"东南百里"。
>
> 明弘治《永州府志》卷四《人物》又载："王真人，德安人，修炼于零陵阳和山。元初赐观额为万寿宫，封懿德真人，征入朝，遂不返。"
>
> 明隆庆《永州府志》卷十七《外传》载："王真人，德安人，修炼于零陵阳和山，元初赐观额为万寿宫，封懿德真人，征入朝，遂不返。"

就目前有文字可知，阳明山作为道教活动场所始于明朝，而在元朝时道教的教义与教规，已经展现为"全真清规"，这种"清规"即可视为道教的一种制度文化。

当阳明山由道而佛成为佛教文化圣地以后，阳明山的高僧大德在寺庙中生活所需要的内部管理展现为严格的制度文化。在阳明山，制度文化所彰显的是高僧大德们处理人与人之间关系的基本准则。阳明山成为佛教文化圣地以后，凸显了制度文化。阳明山作为佛教僧人修身养性之

---

① 《太平经合校》，中华书局1960年版，第4、148—149、152页。

地，无形之中有一种制度文化规约着僧人的行为，也正是这种制度文化敦促着人们修身养性，敦促着人们守善、求真、务实。在中国传统文化的三种境界当中，儒教文化所倡导的是人如何成为贤人、圣人；佛教文化引导人们在佛教戒律的引领之下，进入成佛之境界；而道教也通过制度文化，引领着人们成仙。因之，儒释道三教均凸显了自己的制度文化。在制度文化的规约之下，使人之道德境界不断得以提升。

阳明山作为中国的佛教文化圣地，其制度文化的存在不言而喻，尽管这种制度文化有隐形的成分蕴含其间。佛教文化引导人们成佛，其前提条件是通过制度文化的规约，更好地提升人之内心世界的道德素养。故此，在阳明山这个佛教圣地，无形之中就有一种制度文化规约着人之心灵，外化进而规约着人的行为。生活在阳明山这个地方的高僧大德，就有一种非同寻常的制度文化在规约他们。佛教文化底蕴为："是心是佛，是佛是心……欲得早成，戒心自律。"① 在阳明山这个特殊的佛教圣地，人们修行的目标就在于以制度为规约，以制度戒心自律。可见，在佛教徒看来，人之内心世界是制度安排使然，尤其是阳明山曾经作为佛教圣地，无形之中给人一种规约自己行为的外在制度文化。当然，这种无形的行为可以是一种无形的制度，或者说是一种无形的佛教戒律规约着佛教徒的行为，我们称这种无形的佛教戒律为阳明山佛教制度文化。在制度文化的规约之下，关涉高僧大德们一个最为基本的内心世界的活动：即守心。佛教坚持人要守心，并认定守心"乃是涅之根本，入道之要门，十二门经之宗，三世诸佛之祖"②。守心的一个基本前提在于有制度的规约，在制度规约的前提之下，将制度规约逐渐转向为人之内心世界的"慎独"。制度的规约能促使人慎独，而慎独之后，则能于此向心，继而成佛。修心养性，不向外寻求。阳明山系佛教圣地，因之，进入阳明山，我们能感受到曾经兴盛于斯的制度文化，是其制度文化在规约着每个佛教徒的心

---

① 《景德传灯录》卷三〇之《傅大士心王铭》，《大正藏》第 51 册，第 457 页。

② 《最上乘论》，《大正藏》第四十八卷，第 377 页。

灵。由心灵之美，而逐渐影响到人之性："佛向性中作，莫向身外求"①，那么向性中求背后的原因是什么，是阳明山潜在的制度文化之规约使然，是制度成就了信仰，信仰修复了人之心，制度让人修心灵、养气质，从而提升人之性情。可见，阳明山在很大层面上已经凸显其制度文化。制度文化的彰显，培养了人之心灵，因为"行道之人，每慎独于心，防微始虑"②。可见，进入阳明山这个地方，就有一种无形的制度力量在左右着信徒的灵和肉，无形之中对一些信徒的灵和肉进行熏陶，这种熏陶和教化的背后力量是制度文化，这种制度文化来源于佛教经典，来源于佛教的基本教义。在阳明山这个佛教圣地，这种制度文化已经彻底内化为人们内心世界的制度文化，表现在外则体现为行为规范。在阳明山这个佛教圣地，制度文化对人的心性以及灵魂必将产生强烈的洗礼，经由内心世界的洗礼之后，在外直接表现为人之制度文化对人之行为的规范。比如说，佛教经典教义对人之行为的规范即是如此，佛教的基本教义教导大家："不得废坏器用不赔偿"，不得挑唆斗争。"开两舌头，戒无益言"，"不得欺心，不得贪财，不得使奸，不得用谋，不得惹祸，不得侈费"。③ 因之，阳明山作为佛教文化圣地，对佛教徒的制度规约颇为明显，且和佛教的普适性经典教义具有一致性，从而凸显出阳明山的制度文化意蕴。在我们看来，佛教文化的基本教义使我们更能清楚佛教文化的制度文化层面，也更能清楚阳明山这个地方作为佛教文化圣地的制度文化意蕴。此外，佛教的制度文化层还表现在"诸恶莫作，众善奉行，自净其意，是诸佛教"④，这也是一种典型的佛教制度文化。佛教的这种制度文化，教育大家要行善，善施天下。进入阳明山，无形之中就可能受到佛教制度文化的规约，这种规约，彰显的是作为佛教文化圣地阳明山的制度文化之底蕴。

阳明山作为佛道文化圣地，在这个圣地中生活的人们总有一种无形

---

　　① 杨曾文校写：《六祖坛经》，宗教文化出版社 2001 年版，第 546 页。

　　② 郗超：《奉法要》，《大正藏》第五十二卷，第 87 页。

　　③ 《百丈清规证义记》卷七下，《大正藏》第 63 册，第 485—486 页。

　　④ 《法句经》卷下，《大正藏》第 4 册，第 567 页。

的抑或是有形的制度文化在规约着人们的行为，我们将这种制度文化行为称为阳明山的制度文化。在制度文化的规约之下，道教文化引导人们进入成仙的境界，佛教制度文化引领人们进入"涅槃境界"，"每个生命，均没有高下贵贱等差别，一切众生都具有真如佛性，也都能通过自己的努力成就佛果，进入涅槃境界"①。可见，阳明山彰显了其制度文化，正是制度文化，使阳明山成为中国有名的佛道教文化圣地。

三　因善男信女对佛道二教笃信而彰显阳明山之行为文化

阳明山作为旅游胜地，此地不仅景色迷人，更为可贵的是：此地作为宗教文化圣地，往来朝拜者更是络绎不绝，从而形成了独具特色的阳明山行为文化。阳明山文化中的行为文化可从历史角度和当下角度来说明。

从历史性角度来说，阳明山作为曾经的由道而佛的宗教文化圣地，曾经出现在此山的高道与高僧，他们的行为共同构筑了行为文化。

首先就阳明山的高僧、高道而言，他们修行行为即属于行为文化之范畴。以高僧大德为例，高僧活动有很多明显的特征：其一，表现为高僧大德的集体约定俗成。易言之，高僧大德之修行、打坐、念经、悟道等系列活动的完成，是通过高僧集体商讨约定的行为，且是每天必须完成的一种行为，久之，则形成独具特色的行为文化。其二，高僧大德的行为具有一定的模式化、类型化特征。比如说高僧大德的行为，什么时候打柴、什么时候念经、什么时候打坐，均具有比较严格的规定，表现出其行为的模式化以及类型化的特色。其三，高僧大德行为的传承性。阳明山作为中国佛教文化圣地，在很大层面上表现出其行为的传承性。阳明山的行为文化，高僧大德的行为模式，与现代高僧大德的行为模式具有很大的承接性、遗传性以及一致性。比如说，有很多的行为模式在一定层面上趋向于创新性，但大部分的行为模式均具有一定的传承性，

---

① 石刚：《佛教文化精神与和谐世界理念》，《首都经济贸易大学学报》2006 年第 4 期。

有一定的历史性痕迹在里面。比如说，念经打坐等，均具有一定的传承性。

其次，就当下社会情况而言，阳明山的行为文化除了高僧大德每天行为的固定性而外，还有居士们的一些行为所表现出的行为文化。居士们的行为也表现出行为文化的特点，居士们所凸显的行为文化，主要表现在时间上的周期性、定期性等。为了求得佛祖的庇佑，或者是为了求得自己的财运，或者是为了求得家庭的幸福与安康，抑或是为了其他诸多因素，在信仰佛教的层面，我们认为居士们的信仰更表现出对宗教的一种笃信与虔诚。居士们在佛教基本教义中能体悟到诸多关于人生的基本道理。在儒释道三教中，儒家哲学教育人们如何成圣、成贤；道教教育人们如何成仙；佛教教育人们如何成佛。因之，居士们的理想与志向是不变的，即不断向佛的境界迈进，不断提升自己的人生境界。正因为如此，居士们也在日常生活中形成了自己的行为文化。

每年到阳明山烧香拜佛的人络绎不绝，从而形成了阳明山独具特色的阳明山行为文化。在阳明山，他们有着固定的行为模式，比如说，居士们也到阳明山烧香拜佛，以寻求佛祖的庇佑。正因为如此，阳明山香火异常兴旺，从而形成了独具特色的行为文化。一旦到了每年的节日，或者是佛祖的生日，或者其他中国传统的节日，阳明山就会热闹异常。居士们对佛祖的敬仰，久而久之就形成了一种独具特色的行为文化。居士们的这种行为文化同样也表现出三大特色：即集体的约定俗成，类型的形式化、模式化，以及时间上的传承性。

阳明山居士们虔诚的信仰而表现出的行为文化，与阳明山的高僧们所表现出的行为文化层面，具有相同的行为文化的基本特点。可见，就阳明山行为文化的特色而言，其表现出来的行为文化，与流行的行为文化的基本特点也颇具相似性。而在阳明山这个佛教圣地所表现出来的文化特色，正好反映了行为文化的内在特点。

当然，由阳明山而表现出的行为文化特色，其内在原因还在于其心理，也即我们通常所说的心态文化。因之，阳明山所彰显的文化特色还表现出心态文化。

四　阳明山因人之宗教情怀而彰显其心态文化

阳明山不仅仅有物态文化、制度文化、行为文化之内蕴。阳明山所关涉的这三种文化层，其终极的原因要归结为阳明山所绽放的心态文化。心态文化是宗教信仰过程中所形成的价值观念、审美情趣、思维方式以及心理活动等的总称。阳明山所彰显的四种文化层中，阳明山的心态文化最为关键，也极为重要。心态文化系阳明山所彰显出来的文化的核心泉源。事实上，阳明山所彰显出的物态文化、制度文化以及行为文化均是心态文化的外显，是这三种文化价值的内在动力泉源，是发生学意义上的文化源泉。阳明山的心态文化最为关键，在阳明山的文化现象中，社会心理的作用是暂时的，有流动性和变化性，在阳明山所彰显的心态文化的作用中占据着非常重要的一面。

阳明山的心态文化分为几个方面：首先是就阳明山的高僧大德而言，他们所表现出"色即空"的内心宁静的心态文化。他们所关注的是内心世界的安宁，不为外物所侵扰，不为外物所引诱，这构筑了高僧们宁静的心态文化。这些高僧们的心态，与尘世间游离的利益文化截然不同，他们所关注的是如何成佛，如何成就他们最高的宗教信仰问题。高僧们之所以选择阳明山这个地方作为他们安身立命、安道成性之地，完全是由他们的心态使然，这种心态也就构成了独具特色的高僧心态文化。

阳明山人杰地灵，不同层次的人有不同的心理活动，有不同的价值判断、审美情趣、思维方式。阳明山的高僧们有着不同寻常的心态文化，同时居士们也有着不同的心态文化。如前，阳明山居士们所表现出的行为文化，其最初的原因还在于居士们的心态文化外化为其行为使然，因为由心态文化可以外化为一种与众不同的行为文化。在阳明山心态文化中，不同层次的人所表现出来的行为文化不同。居士们虽然在家修行，但却在特定的时间、以特定的方式到阳明山进行佛法活动，表面看来这是一种行为文化层，其本质上却体现着居士们的心态，并由此而彰显出阳明山独具特色的心态文化。在居士们看来，他们虽然在家修行，由修行也表现出一种特定的行为文化，在家修行实际上也是一种特定的心态文化。此外，居士们以为在家修行佛法远远不够，基于此，他们内心世界的心理活动就会发生微妙的变化。居士们就会以自己的诚心与实意，到阳明山里表达自己对释迦牟尼的敬仰，对佛法的无限渴望与景仰，并渴望因之而超度成佛。他们到阳明山烧香拜佛的行为文化的内在动因就在于他们内心世界的矛盾与冲突，在于其内心世界所激起的涟漪，并因之而成就了阳明山独具特色的居士心态文化。

对于到阳明山旅游的人来说，他们都有一种共同的心态，即对佛祖的怀念与尊重，这也表现出一种共同的心态文化。由阳明山所彰显出来的心态文化，可从到阳明山的游客所遗留下来的诗歌中得以管窥。比如说何全华先生所作诗歌《咏秀峰修道》："幽岩独坐影随身，叠嶂遮天不见人，一念静修谁可效，山精水怪转相亲。"此处凸显出那些在阳明山旅游的人的一种心态，即对秀峰法师的尊崇与怀念。对秀峰法师的尊崇，这是上山旅游之人的一种共同心态。对秀峰法师怀念的游客还有罗文藻与扬杏。如罗文藻游阳明山的时候即作了一首《咏秀峰祖师》："山高虽藉道高传，来到山中了世缘。满岫白云真性见，静参别透一重天。"在诗歌中，表达了作者罗文藻对秀峰法师的无限怀念与尊崇的心态，因此，此诗歌凸显出阳明山心态文化的另一类。扬杏之诗歌《登阳明山有感》也同样表明了他的一种文化心态："重九兴登阳明山，名花异草扑鼻香。仰观二龙戏宝寺，极目浩气贯长空。秀峰奇洞似仙境，艮沙碧水赏心目。五百年前佛始奠，终有名山万古传。"扬杏的这首诗歌，也同样表明了作者的一种心态，凸显了心态文化。

当然，阳明山的心态文化还因时代的变迁而更加持久留香。因为，一些高僧、信徒、居士的心态是不一样的：居士们对佛教的信仰层面主要来自他们内心世界对自己财产、对自己当下生活的不安以寻求佛祖的庇护，并由此而形成独具特色的心态文化；而高僧、信徒们的终极目标同样形成他们独具特色的心态文化，成就他们心中永恒的信仰，也即通过释迦牟尼佛的信仰，该放下的放下，从而形成一种对待尘世间凡夫琐事的正常心态，进而不断地进行道德追求与价值追求，不断提升自身的宗教信仰，以达到人生至善的道德境界，由此也形成了独具特色的心态文化。

五　结语

阳明山看似一个简单的地名，一个曾经普通的山涧林地，一个在历史上曾经沧桑的地方，一个曾经风风雨雨、平平静静相互交织的地方。但这个地方经过历史的洗礼，孕育了丰富的阳明山文化，我们称之为独具特色的阳明山文化。从文化四层面来说，阳明山文化包含着物态文化层、制度文化层、行为文化层以及心态文化层。阳明山文化四层结构，共同构成了阳明山文化完整的逻辑结构。从物态文化层方面来说，阳明山的整体可见的部分表现为物态文化层。物态文化层是阳明山制度文化层、行为文化层、心态文化层的载体，它承载着制度文化、行为文化以及心态文化。阳明山的制度文化，是建立在其物态文化基础之上的，是在阳明山内部关于管理而制定的规章制度的总和，它们在相互约束、相互制约的基础之上形成独具特色的阳明山制度文化。同时，在阳明山制度文化的背后，阳明山的文化还包含着行为文化层。在阳明山，制度文化规约着阳明山高僧大德的行为，并由此而形成居士们的行为文化。当然，在阳明山，无论是呈现出物态文化，抑或是蕴含着制度文化，还是外显着行为文化，最终都要规约为心态文化。关于物态文化的形式与内容、制度文化的制定、行为文化的出现等，均要受到心态文化的制约。在心态文化的规约之下，将阳明山文化的四个层面进行了具体的链接，并由此构成了一幅完整的阳明山生态文化图。总之，阳明山从一开始，就以文化生态的形式出现，阳明山文化凸显了其成为佛教圣地、人间仙境的自然的、人为的、历史的必然性。阳明山文化彰显的四个维度相互联系、相互影响、相互制约，共同构成了阳明山独具特色的文化名片。

（作者系湖南大学岳麓书院教授）

阳明山文化精髓：和合三教为一体

陈仲庚

阳明山是一座自然之山，更是一座文化之山；而且，阳明山不仅文化底蕴深厚，还集中地体现了中国文化的精髓，这在中国各大名山中是极为少见的。

一 中国文化的精髓：和合文化

中国文化的精髓，如果用一个字表述是"和"，用两个字表述就是"和合"。这两个字有着丰富而复杂的内涵，可以从文字学、社会学、哲学等不同层次进行解释，但最简单而直观的解释就是："和"是和谐相处，"合"是合成整体。这一文化特征，体现在中国文化的方方面面。

首先，从人类社会必须要处理好的几大基本关系来看，特别强调和谐相处、合成整体。譬如，将人与人的关系看成是"民胞"的关系，所谓"四海之内皆兄弟也"，全体中华民族都是"炎黄子孙"；人与社会的关系则强调"修身、齐家、治国、平天下"四位一体，也就是说，作为个人来说，首先要通过"修身"来提高自己的素养，做到与家、国、天下的和谐相处，然后再通过修、齐、治、平的社会实践，使天下太平、万风归一；人与自然的关系则被认为是"物与"的关系，即人要把自然当作朋友，友好地相处，最终形成"天人合一"的整体效应。人类社会只有把这些关系处理好了，才可以做到和谐相处，共享太平。

其次，和合文化在中国的宗教领域则体现得更为明显。本来，宗教信仰是具有排他性的，如犹太教的信条规定"必须信奉上帝耶和华为唯一的神"，基督教也规定"除上帝外不可信别的神"，但在中国，儒、道、佛三教不仅可以和谐相处，而且还可以融合三教为一体。

中国的文化很特别，既没有严格意义上的全民性宗教信仰，也没有严格的宗教界限，只要是对社会、人生有用的东西就可以一概吸收。因此，在唐代还是儒、道、佛三教并立，到了宋代就成为"三教合一"：佛学修心性、道教求养生、儒学治国民，三者相济，相得益彰。许多儒家士大夫起初极力排佛，但一旦领悟了佛学有修心养性的功能，便马上一改初衷，援佛入儒。唐代的韩愈曾是排佛最力的，他上表力谏唐宪宗止迎佛舍利（佛指骨）入宫，称："佛本夷狄人，身死已久，枯朽之骨，不宜入宫禁，乞以此骨付之火，永绝根本。"由此引起宪宗盛怒，被贬为潮州刺史。到潮州后，闻大颠禅师之名，前往造访，数番交谈，韩愈茅塞顿开，方知自己以前排佛实为不谙佛之真谛，从此皈依佛理。宋代的欧阳修早年亦认为"佛教为中国患"，"千年佛老贼中国"，并因此被贬官出京。一次途经九江，游庐山东林圆通寺，谒拜祖印禅师，祖印的一席教诲，使欧阳修肃然心服，平日排佛之心荡然无存。后又读契嵩的《辅教编》，知佛学亦以忠孝为本，从此便诚心向佛，临终时还在读着《华严经》溘然仙逝。总之，有宋一代，儒、道、佛三家由相互攻讦而趋向于相互谅解和融合，学者皆以儒学为治世之学，佛教为修心之学，道教为养生之学。宋代的禅宗大师佛印了元还向王安提出了三教合一的口号："道冠儒履佛袈裟，和会三家作一家。"大觉法师开堂讲法，宣道曰："若向迦叶门下，直得尧风浩荡，舜日高明，野老讴歌，渔人鼓舞。"俨然一派儒老的口吻。与佛家的"三教合一"主张相呼应，道教亦劝人诵《道德经》、《般若心经》、《孝经》，宣扬"教虽分三，道则唯一"，"天下无二道，圣人不两心"，"红花白藕青荷叶，三教原来是一家"。最有意思的是《南齐书》记载终生信佛的张融，他在生前便留下遗言：在他死后入殓时，须左手持《孝经》和《老子》，右手持《小品法华经》，此种"信仰"，儒、道、佛已无法区别，完全融为了一体。与此相适应，寺庙里的神灵也可以掺杂着供奉，孔子庙里供观音，佛教寺院有玉帝，甚至有将"三清殿"和"佛祖庵"合为一体的。

　　而且，"三教和合"绝不只是个别现象，而是一种主流文化。有唐一代，儒学与佛、道对立，结果是佛、道鼎盛，儒学式微。宋代以后，儒学则通过和合佛、道而使自己再度复兴，并占据正统地位。有人认为，宋代的"理学是儒、释、道三教由冲突——融合而和合的和合体"，明代王阳明的心学同样是"儒、释、道三教融突的和合体，因此他的思想既包容三教，又超越三教，而能独树一帜，使中国哲学又达到了一个高峰，成为心学的集大成者"①。这种"和合"，不仅重新焕发了中国传统文化的生命力，更是中国文化精髓的集中体现。

　　由此可见，无论是世俗生活领域还是宗教生活领域，无论是此岸世界或彼岸世界，和合文化均发挥了核心价值的作用。因此，要概括中国文化的精髓，除"和合"二字之外，似乎再难找到更恰当的词语。

二　阳明山文化精髓：和合三教为一体

　　阳明山是一座文化之山，更是一座宗教之山，或者说，阳明山文化的内涵和精髓，就体现在儒、道、佛的三教合一上。

　　阳明山的出名，首先是因于道教。明隆庆《永州府志》卷七《零陵·山川》载："东南二里为阳和山，王真人修炼于此。"明弘治《永州府志》卷二《山川》又载："阳和山，在县东南二里，乃王真人修炼之所。"这里的"东南二里"明显有误，应为"东南百里"。

　　王真人为何许人士？明洪武《永州府志》卷九载："王真人，德安人也。修炼于零陵阳和山，元初赐额为'万寿宫'，封'懿德真人'。征入朝，遂不返。"此外，明弘治《永州府志》卷四《人物》、明隆庆《永州府志》卷十七《外传》等亦有相同记载。可见，阳明山最早是一座道教场所，始于王真人，并在元初赐名为"万寿宫"。

　　阳明山在元朝因道教闻名于天下，这是因为元朝是一个崇尚道教的王朝；而元朝的崇道又是因于全真教的教主丘处机。道教的全真教派创立于金人统治下的北方，金人铁骑南下，南宋称臣议和。北方汉人眼见

---

① 张立文：《王阳明全集·前言》，红旗出版社1996年版，第5—11页。

复国无望，国破家亡的隐痛促使他们到宗教中去寻找慰藉。当时北方创立了"太一教"、"大道教"等不同的教派，其中最有影响的是全真教。全真教的创始人是王喆，其嫡传弟子丘处机掌教期间，全真教产生了广泛的影响。丘处机审时度势，看破了金与南宋必为蒙古人所破的趋势，不奉南宋和金人之诏，而奉了远征西域的成吉思汗之诏。丘以七十高龄，率十八个弟子，跋涉数万里，途经数十国，历时四余年，在西域雪山行营见到成吉思汗。丘处机以道教清心爱民之旨劝谕成吉思汗戒滥杀，深得成吉思汗的敬重，尊之为"丘神仙"。丘回燕京，成吉思汗给他掌管道教、自由收徒布道、免差役赋税的权利。当蒙古铁骑践踏中原时，很多人无路可走，便避入全真教门下修道避祸，由此，全真教团迅速扩大，随着元朝的统一，全真教也传向了全国。王真人是否属于全真教派已很难考证，但他被封为"懿德真人"，说明他的修道已经达到道教的最高境界；同时也可说明，阳明山因为他而闻名全国，也因他"征入朝，遂不返"而使阳明山的道教走向了式微。

到了明代，不仅是阳明山的道教走向了式微，全国的道教也走向了式微。明太祖朱元璋是依靠白莲教、摩尼教（明教）之类的民间宗教组织的帮助登上皇帝宝座的，为防止别人故技重演，他解散白莲教和摩尼教，并严格限制道教和佛教，规定四十岁以下的人不准出家，出家人全部集中于府州、县城，限定人数，由政府统一发放度牒，"僧道俱不许奔走于外，及交结有司"，若于深山老林修道参禅，一二人为伍可以听之，"三四人勿许"。如此严格的限制，道教不仅失去了国教的地位，并由此走向了衰落。

朱元璋的第九子朱棣夺了侄儿的皇位后，情况则有了变化。为了消弭自己的不安心理和社会的物议，他暗示自己是"真武转世"，在武当山大建真武殿，在朝中重用道士，被重用的道士陶仲文，加少保、少傅、少师，一人而总三孤，并与大学士严嵩结为一党，一时间权势熏天。但陶仲文并无什么真本事，仅以符水治妖祟、献房中术而得宠，于是导致了明代的世风日下，社会趋利若鹜，道士则只以占卜推命、疗病禳灾、黄白丹药之类方术谋生，道教全然走向了世俗化。这就是《金瓶梅》之类的小说之所以出现于明季的缘由。

　　道教的全然世俗化，从高雅走向低俗，也使自己的文化地位一落千丈，这一状况反映到阳明山，就是使它从道教圣地转而成为佛教道场。

　　清康熙九年《永州府志》卷八《山水志》载："阳明山：去县治百里，在黄溪之尾。然山麓险绝，游者相望咫尺，无径可达。山最高，日始自旸谷出，山已明，故谓之阳明焉。嘉靖间有僧秀峰者，禅定于此，今遂为秀峰道场所。"

　　关于秀峰禅师之介绍，清康熙《永州府志》卷二十四《外志》载："秀峰，生于明正德间，晚与邑人蒋鳌、宗室□□□□□，筑庵于黄溪之阳明山。山高与云齐，即见日出，故以'阳明'名之。秀峰修行数十年，得曹溪正传。忽一日涅槃于桶中，戒其徒：'越千日乃启。'及期，启之。宛然如生。即建道场于山，其地有银沙十里，鸟道盘折。每岁八月，朝礼者以数万计，至今肉身犹在焉。"又载：明嘉靖帝"遂崇其号曰'七祖'，'临济正派'，改寺名'万寿寺'，赐寺联'名山千古仰，活佛万家朝'，自此远近士庶登山礼拜者极盛……"

　　但也有文献记载，谥号、改名的不是嘉靖帝，而是明宗室南渭王："南渭王谥曰'七祖'，名所曰'万寿寺'，改其山曰'阳明'。"① 这里有两点似乎值得注意：一是改了名，阳和山改名为阳明山，万寿宫改名为万寿寺；二是崇拜的对象变了，由礼拜王真人变为礼拜秀峰禅师，从崇道变成了崇佛。

　　需要讨论的问题是：为什么要改"阳和山"为"阳明山"？万寿宫改名为万寿寺很好理解，因为道教的场所称"宫观"，而佛教的场所称"寺庙"。"阳和"与"阳明"则道教、佛教均可用，且"阳和"更能体现中国文化的精髓，完全没有更改的必要。而且，改名的理由更是站不住脚，"日出而明"——凡高山皆如是，"阳明"能体现这一特点，"阳和"更能从本质上体现这一特点。

　　"阳和山"之所以改名为"阳明山"，应该与明代大儒王阳明有关。

---

　　① （清）李瀚章、裕禄等编纂：《湖南通志》七卷二百四十二方外志五·仙释二·明，岳麓书社 2009 年版，第 4866 页下。

万里先生认为：按照刘范弟先生的考证①，秀峰禅师其实是一位半道半
释的人物；与他同时在阳明山修道者，还有身为南渭王裔孙的菊坡和由
儒入道的蒋鏊（蒋湘崖）。蒋鏊曾经游历江浙，不可能不知道浙江绍兴
（会稽）的"阳明洞天"；而且，以王阳明之声名，曾经身为儒者的蒋
鏊也不可能不知道王阳明；只不过王阳明是由"道"入儒，蒋鏊则是
由儒入道。王阳明在贬谪龙场驿时途经永州，也有可能与南渭王府之
人，包括菊坡在内有所接触。因此，道教的"阳明洞天"与儒家关于
"阳明"之学说，不可能不直接或通过蒋鏊间接影响到在秀峰禅师圆寂
后将该山命名为"阳明山"的南渭王。② 基于此，作为一座被视为修真
证道之处所胜境的永州阳明山之得名，当与王阳明自号为"阳明子"
一样，与道教之"阳明洞天"及儒家之"阳明境域"有关；换言之，
阳明山应该是一座被认为阳明清气所弥漫之山，在此山悟真修道，可
"以阳明之气塞吾其体也"（黄仲元《陈耀卿字叙》语）。这应该是该
山得名之最为合理的解释。③

如此看来，阳明山之改名是因为大儒王阳明，于是，这座本因道
教、佛教而闻名天下的大山，因王阳明的关系又增添了浓郁的儒教色
彩——儒、道、佛三教在阳明山上难解难分，融会和合为一个整体，成
为天下名山之中一道独特的风景线。

三　阳明山和合文化的打造：和合三教的文化载体

作为中国文化精髓的集中体现，阳明山和合文化在今天的社会发展
和文化建设中，仍然有着极为重要的现实意义。这种现实意义，需要通
过一定的手段进行打造，使其发挥更好的作用。

---

① 刘范弟：《秀峰禅师、蒋鏊道人、菊坡王孙与阳明山》，提交本次会议论文。

② （清）曾钰纂：《（嘉庆）宁远县志》卷十"仙释"云："一日树鼓升堂谓众曰：'寄
迹人间三十余，度生之愿尚未毕。留得色身登祖位，也将黄叶止儿啼。'语毕，入关坐化。遗
命师徒约以三年期满，方可开关。届期，有王孙菊坡久慕高风，往山开关视之，庄严端坐，
俨然如生，深赞拜伏。南渭王加其谥曰'七祖'，匾曰'曹溪正派'，名其庵曰'万寿寺'，
改其山曰'阳明山'。"清嘉庆十七年刻本。

③ 万里：《从"阳明"语义看阳明山之得名及其与王阳明的关系》，提交本次会议论文。

1. 建造立于一山的三教庙宇

现在的阳明山只是一个佛教圣地，万寿寺仅供人们烧香拜佛，这不能真正体现阳明山的文化特点。应该在万寿寺的旁边选择合适的地方恢复万寿宫，作为道教的场所，供奉王真人及道教的神灵。万寿寺作为秀峰禅师的道场，也应该突出秀峰禅师的主神地位，不能像其他寺庙一样，仅供奉如来或观音。还应建造"阳明庙"，供奉大儒王阳明。这样一来，三教庙宇集于一山，才能真正彰显阳明山的文化特色，使之在天下名山中有着更为独特的地位。

2. 打造优势互补的三教文化

有了三教的庙宇作为载体，接下来就要打造与三教相关的特色文化，使之优势互补并形成整体效应。

首先，道教场所应突出养生文化。道教从老子、庄子开始就重视养生、全身，道教的教义也希图灵魂和肉体一起成仙，历代道士不断地修炼内丹、外丹，试图找到长生不老之药，虽然"永生"的愿望最终要归于破灭，但作为延年益寿的养生方法则归纳了不少；再加上阳明山当地有利于养生的土特产（如雪莲果之类的）本就不少，使之与道教的养生术相结合，一定可以打造丰富而又实用的养生文化。

其次，佛教场所应突出养心文化。佛教普度众生，善待一切生命，这种平等而宽广的"善心"，正是医治现代社会人与人、人与社会、人与自然三大危机的一剂良药。佛教场所突出养心文化，就是要培养这种善心。所以万寿寺应该有更多的作为，不能仅仅是烧香拜佛，为善男信女个人消灾免祸——这当然也是必不可少的，还应该利用佛教的"象教"传统，以壁画、展览、变文传唱等艺术形式，传扬普度众生、善待生命的"善心"；还可以建立"放生园"，以亲身体验的形式来培养人们的善心。

再次，儒教场所应突出养民文化。儒家最为重视的是治民、养民，二者是紧密地结合在一起的。汉代班固《汉书·艺文志》云："儒家者流，盖出于司徒之官，助人君，顺阴阳，明教化者也。游文于六经之中，留意于仁义之际。祖述尧、舜，宪章文、武，宗师仲尼，以重其言，于道最为高。"儒家"助人君"是治民，"留意于仁义之际"则是养民，"顺阴阳"是遵循自然规律，"明教化"则是百姓智力的开发和道德素质的培养。儒家考虑问题是最为全面的，所以能成为中国传统社会两千多年一直占据统治地位的正统思想。宋人彭龟年《论雷雪之异为阴盛侵阳之证疏》云："阳明升则德性自用，阴浊盛则物欲必行。"南宋学者黄裳称："南方阳明而主生，有君子之道焉，生则子民之仁，明则君国之智。"这说明儒家对"阳明"的理解首先是"主生"，亦即生民、养民。王阳明的学生钱德洪在《阳明先生年谱序》中称："吾师阳明先生出，少有志于圣人之学，求之宋儒，不得穷思物理。卒遇危疾，乃筑室阳明洞天，为养生之术。静摄既久，恍若有悟，蝉脱尘垢，有飘飘遐举之意焉。然即之于心若未安也。复出而用世，谪居龙场，衡困拂郁，万死一生，乃大悟良知之旨，始知昔之所求未极性真，宜其疲神而无得也。盖吾心之灵彻显微，忘内外，通极四海而无间，即三圣所谓中也，本至简也而求之繁，至易也而求之难，不其谬乎？征藩以来，再遭张许之难，呼吸生死，百炼千磨，而精光焕发，益信此知之良神变妙应而不流于荡渊澄静，寂而不堕于空，征之千圣，莫或纰缪，虽百氏异流，咸于是乎取证焉。"① 王阳明从求道教的"养生之术"入，又从"大悟良知之旨"出。"良知"是什么？就是"明觉自然"，亦即"仁者以天地万物为一体"②。"以天地万物为一体"，其实包含了两层意思：一是人与自然是一个整体，所以要爱护自然、保护自然；二是人与自然一样，也具有天然的本性，所以王阳明所提倡的"致良知"，也就是"识心见性"，发掘人的天然本性。由此而论，王阳明的"明觉自然"则还包含第三层意思：顺阴阳而养民。柳宗元在《种树郭橐驼传》中曾总结出他的"养民术"："顺人之天，以致其性"，即遵循顺从民众生产生活的天然规律，促使其天然本性得以充分显现。应该说王阳明所提倡的正是对柳宗元"养民术"的继承和发扬。从"识心见性"出发，则还包含第四层意思：重视对小孩子的教育，以保持"人之初，性本善"的天然本性。因此，在阳明庙中，应侧重两个方面的内容展示：

---

① （明）钱德洪：《阳明先生年谱序》，《王文成全书》卷三十六"附录五·年谱附录"，《文渊阁四库全书》影印本，台湾商务印书馆 1986 年版。

② （明）王守仁：《王阳明全集·知行录》，《传习录》上，红旗出版社 1996 年版。

一是顺应自然的养民术，包括爱惜自然、保护自然的问题，这与阳明山的生态环境以及当今的两型社会建设可以联系起来；二是蒙学教育，包括蒙学教材、儒教经典以及《增广贤文》等普及性教材的展示，这与当今所提倡的国学进课堂可以联系起来。也就是说，养民文化应包括物质生活和精神生活两个方面。

3. 再现各具特色的三教礼仪

中国是礼仪之邦，古代的"国之大事，在祀与戎"①，也就是说，最早的礼仪是源于祭祀，祭祀文化在人们的日常生活中发挥了极为重要的作用。在三教祭祀礼仪中，儒教不是超理性的上帝信仰，而是祖先崇拜，往往是在祭祀活动中"慎终追远"——中国古代社会以血缘关系为纽带，那是宗法制度的根据，亦是祭祖仪式的根源。所以祭祖仪式已普遍被人们认可，成为人们生活的一部分。儒教通过对严父的崇敬，进而对祖先的崇拜，形成一种"礼教"的形式，从制度上凝聚了全体国民的向心力，促使中华民族从"祖先认同"走向了"民族认同"，使全世界的华人都认同自己为"炎黄子孙"；同时，这种祭祀还让国人通过血缘链的接续找到了灵魂的归宿，并通过子孙"慎终追远"的香火祭祀，使灵魂获得了永生。就具体的仪式形式来说，九疑山舜帝陵的"祭舜仪式"已经申报为国家级非物质文化遗产，它完全可以借助为儒教的典型形式，通过规范性演绎，将祭祀过程呈现出来，让人们参与其中进行切身体验，这是民族文化认同的最好途径。

道教和佛教的祭祀仪式，以前在民间也有着广泛的影响。在当今的社会生活中，其影响力已大为减弱，但作为一种文化遗产，即便是以表演的形式呈现出来供人们观赏，也仍然有它的文化价值、艺术价值和经济价值。但三教的仪式必须保持自身的特点，不能混同为一，否则也就失去了各自存在的价值，同时也就失去了阳明山文化的丰富多彩性及其艺术魅力。

（作者系湖南科技学院教授）

---

① 《左传·成公十三年》。

阳明山"和"文化的培育与创意

潘雁飞

一 "和"的历史渊源

"和"的概念最早出自《国语·郑语》，是西周末年的史伯提出来的。他认为"百物"都是"先王以土与金、木、水、火杂"而生成的；大自然，乃至人类社会，不同民族、不同种群、不同文化、不同意识形态，都是由于不同的"他"物相互作用、和合演化而来的，所以"和"是事物产生、发展的根本法则，"和实生物，同则不继"。史伯还进一步对"和"与"同"的含义作了精辟的辨析："以他平他谓之和，故能丰长而物归之。若以同裨同，尽乃弃矣。"这就是说，"和"是指众多不同事物之间的和谐，矛盾诸方面的平衡，亦即事物多样性的统一。只有以"他"来平服，即两个以上不同性质的事物聚集、组合在一起，才能产生新事物。相反，"同"则是指无差别的同一。"以同裨同"是把相同的事物加在一起，简单地重复，只有量的增加而没有质的变化，那么就不可能产生新事物，世界也就"尽乃弃矣"。①

春秋时期齐国的晏婴继承和发展了史伯关于"和与同异"的思想。他以"和羹"、"和声"为例生动地说明了相反相济、相反相成的道理："如和羹焉，水、火、酸、酿、盐、梅，以烹鱼肉，烽之以薪，宰夫和之，齐之以味，济其不及，以泄其过。君子食之，以平其心。……声亦

---

① 方克立：《"和而不同"：作为一种文化观的意义和价值》，《中国社会科学院研究生院学报》2003 年第 1 期。

如味，一气、二体、三类、四物、五声、六律、七音、八风、九歌，以相成也；清浊、大小、短长、疾徐、哀乐、刚柔、迟速、高下、出入、周疏，以相济也。君子听之，以平其心，心平德和。"（《左传·昭公二十年》）厨师将鱼肉放在盛满水的锅里，加上各种调料，用火烹煮，就能做出美味的羹汤；乐师用各种乐器把不同的音调配合起来，就能奏出和谐的乐曲。只有通过"济其不及，以泄其过"的综合平衡，才能收到多样性统一的"和羹"、"和声"的功效。"若以水济水，谁能食之？若琴瑟之专一，谁能听之？"没有差异的绝对同一，就如同"以水济水"，做不出可口的羹汤，或如"琴瑟之专一"，奏不出动听的乐章一样，所以说"同之不可也如是"（《左传·昭公二十年》）。

无论是史伯还是晏婴，他们对"和而不同"的认识都带有形而上层面的哲学意味，道出了事物发展变化的一个规律性的东西。

二　"和"与儒道释

儒家创始人孔子在《论语·子路》诸篇中也谈到了"和而不同"问题。他说"君子和而不同，小人同而不和"。其弟子有子也说："礼之用，和为贵。先王之道斯为美，小大由之。有所不行，知和而和，不以礼节之，亦不可行也。"明显地把"和"的思想用于人际与社会关系。而《礼记·中庸》更是由人际上升到人的天性与身心的角度来谈"和"的功用："喜怒哀乐之未发，谓之中；发而皆中节，谓之和；中也者，天下之大本也；和也者，天下之达道也。致中和，天地位焉，万物育焉。"

朱熹在《朱子语类》卷四十三回答"和而不同"时认为：

问："诸说皆以'和'如'和羹'为义，如何？"曰："不必专指对人说。只君子平常自处亦自和，自然不同。大抵君子小人只在公私之间。淳录云：'君子小人只是这一个事，而心有公私不同。孔子论君子小人，皆然。'和是公底同，同是私底和。如'周而不比'，亦然。周是公底比，比是私底周，同一事而有公私。"

《朱子语类》卷六十三回答"中和"时说：

> 以性情言之，谓之中和；以礼义言之，谓之中庸，其实一也。以中对和而言，则中者体，和者用，此是指已发、未发而言。以中对庸而言，则又折转来，庸是体，中是用。如伊川云"中者天下之正道，庸者天下之定理"是也。此"中"却是"时中"、"执中"之"中"。以中和对中庸而言，则中和又是体，中庸又是用。

王阳明心学则认为：

> 直问：戒慎恐惧是致和还是致中？先生曰：是和上用功。曰：《中庸》言致中和，如何不致中，却来和上用功？先生曰：中、和一也。内无所偏倚，少间发出，便自无乖戾，本体上如何用功？必就他发处，才着得力。致和便是致中，万物育便是天地位。直未能释然，先生曰：不消去文义上泥，中和是离不得底。如面前火之本体是中，火之照物处便是和。举着火，其光便自照物，火与照如何离得？故中和一也。

在朱熹这里，"和而不同"犹如"周比"关系，"中和"是体用两截的关系。而到王阳明这里体即用，用即体，已庶几难以分出。他还认为"良知即是未发之中"（《传习录》卷二《答陆原静书》），也就是说在日常生活的良知之中便可以达到"和"的境界。

道家"和"的思想主要来源于老庄。《老子》二十九章说："人法地，地法天，天法道，道法自然。"《庄子·齐物论》说："天地与我并生，万物与我为一。"《天道》篇说："夫明白于天地之德者，此之谓大本大宗，与天和者也，所以均调天下，与人和者也。与人和者，谓之人乐；与天和者，谓之天乐。"可见，道家的和谐思想可归结为"道法自然"之天人和谐论，从此出发，道家强调返璞归真，淡化名利，看淡生死，政治上倡导无为而治。人作为宇宙一分子必须顺应自然，从属大化，才能超越世俗的是非、名利，净化心灵，求得精神的平静，达到物我两忘，于是人与自然不再冲突对抗，恢复了人与自然的和谐状态。

佛教的和谐思想在于其"因缘和合"的缘起论，以及中道圆融观，与儒道比较，佛教的和谐观，更注重人自身灵与肉的和谐。缘就是因缘、条件；起就是生起、发起。佛教认为，宇宙人生的生发无不是依托于各种"因缘"和合而成。缘起理论表明世间万物都是一种因缘而起的和合共生关系，即"因缘和合"。

中道观指不偏不倚的中正之道，又称中路。《大宝积经》："常是一边，无常是一边，常无常是中，无色无形，无明无知，是名中道诸法实观。我是一边，无我是一边，我无我是中，无色无形，无明无知，是名中道诸法实观。"《佛说摩诃衍宝严经》也说："真实观者，谓不观色有常无常，亦不观痛想行识有常无常，是谓中道真实观法。"这里讲的实际上是佛教修行的方法论，也就是从过去的各种偏激极端的方法转向"中道"的方法。

后来佛教进一步发展了"圆融观"思想。圆者周遍之义，融者融通融和之义，要求人们破除偏执，圆满融通。如天台宗建立起一种包容一切、圆融无碍的理论体系，华严宗则提出了法界"圆融"思想：法界缘起，圆融自在。

由此可见，释家的因缘和合、中道圆融的和谐观，虽然都谈到了天人、人际关系，但更侧重于身心关系的和谐。在身心关系上，佛教提出了"心净则佛土净"（《维摩诘经》），认为只有内心的平和清净才有外在的和谐安宁；佛教还提出了著名的"六和敬"思想：身和同住，口和无诤，意和同悦，戒和同修，见和同解，利和同均。现代佛教则提出了"心灵环保"，以心灵清净来促进自然的清净。佛教主要是从净心修性出发，以心灵和谐来促进世界和谐。佛教认为只有内心平和与安定，才有外在的和谐与安宁。内有不和（不平）的心因，外有不平（不和）的事缘，彼此相互影响，推波助澜，才会形成种种冲突、暴力和战争。中国化的佛教——禅宗认为，外部的"净"来自心"净"，外在的

"和"来自心"和"。①

三　阳明山的"阳和"性格

在我看来，永州双牌境内的阳明山便具备了"和"的性格。何以如此？其理由如下。

从历史看，阳明山刚好浸润了儒释道"和"的精神、"和"的风骨。阳明山自然风光秀丽，历史文化底蕴深厚。阳明山之名见于载籍，始于清康熙九年《永州府志》："阳明山，去县治百里，在黄溪之尾。然山麓险绝，游者相望咫尺，无径可达。山最高，日始自旸谷出，山已明，故谓之阳明焉。"其得名完全依据自然风光。但笔者以为其先前在明代时的山名则更富于文化内涵。明洪武《永州府志》、隆庆《永州府志》在"山川志"与"人物志"中都记载州府东南百里左右有零陵"阳和山"，为德安人王真人修炼场所（封懿德真人），元初赐观"万寿宫"的事迹。

按"阳和"一词最早出现于《史记·秦始皇本纪》："维二十九年，时在中春，阳和方起。"记录始皇帝东游巡视。"阳和"这里指春天的暖气。在后世的运用中，"阳和"，有时借指春天，如南朝宋刘义庆《世说新语·方正》："虽阳和布气，鹰化为鸠，至于识者，犹憎其眼。"《旧唐书·于志宁传》："今时属阳和，万物生育，而特行刑罚，此谓伤春。"元萨都剌《雪中妃子》诗："疑是阳和三月暮，杨花飞处牡丹开。"有时借指温暖，如唐陈子昂《谏刑书》："狱吏急法，则惨而阴雨；陛下赦罪，则舒而阳和。"道家则多用来指阳气，如晋葛洪《抱朴子·至理》："接煞气则彫瘁于凝霜，值阳和则郁蔼而条秀。"唐方干《除夜》诗："煦育诚非远，阳和又欲升。"《素问》亦云："发生之纪，是谓启陈，土疏泄，苍气达，阳和布化，阴气乃随，生气淳化，万物以荣。"因此意又可指祥和之气，如唐李白《古风》之十四："阳和变杀气，发卒骚中土。"唐杨巨源《上裴中丞》

---

① 叶小文：《刍议儒释道之"和"》，《宗教学研》2006 年第 1 期。

诗："政引风霜成物色，语回天地到阳和。"《云笈七签·卷六十一诸家气法部六》云："东方一气和泰和（一气者，妙本冲用，所谓元气也。冲用在天为阳和，在地为阴和，交合为泰和也。），则人之受生，皆资一气之和，以为泰和，然后形质具而五常用矣。故《老子》曰：万物负阴而抱阳，冲气以为和也。"

由上引文献，我们至少可以断定，"阳和山"之名与此地的风景秀丽有关，与南方的气候有关，与道家修炼场所有关，可能很早就是湘南著名道场，只不过到王真人时方记入载籍。

而山名改为阳明，除清康熙《永州府志》所载自然原因外，推测也许与明嘉靖和尚秀峰禅定于此有关。不仅日出旸谷使山得明，恐怕学佛者的开悟坐化也是一种心地的透彻大光明。清康熙《永州府志》卷二十四《外志》载：秀峰"筑庵于黄溪之阳明山，山高与云齐，及见日出，故以'阳明'名之。秀峰修行数十年，得漕溪正传"。这样的记载与他后来的明心见性，与他的涅槃，应还是有些因果联系的，佛法里的智慧本身就是一种如日之光明，可以照彻天宇人心的。这样的文本暗示意味很强。

其实大儒王阳明也写过一篇有名的《象祠记》，那是他被贬为贵州龙场驿丞时所作，本来与阳明山无任何关联。但在这篇有名的文章里，他慨叹了阳明山一带的有庳："'胡然乎？有庳之祀，唐之人盖尝毁之。象之道，以为子则不孝，以为弟则傲。斥于唐，而犹存于今；坏于有庳，而犹盛于兹土也，胡然乎？'我知之矣：君子之爱若人也，推及于其屋之乌，而况于圣人之弟乎哉？然则祀者为舜，非为象也。意象之死，其在干羽既格之后乎？不然，古之骜桀者岂少哉？而象之祠独延于世，吾于是盖有以见舜德之至，入人之深，而流泽之远且久也。"榜样的力量无穷，考之舜的行事，舜生活在一个"父顽、母嚚、弟傲，皆欲杀舜"的不和谐家庭里。舜所做的（"克谐，以孝"）实质上是使个人与家庭、个人与婚姻、个人与社会、国家与百姓、人类与自然、个体的灵与肉等方面，都通过我们自身的努力，由不平衡（一种失衡）发展到平衡，由不和谐发展到和谐的过程。

台湾佛光山开山星云大师写过一篇《佛光山的性格》①，笔者也想套用此一说法。因了阳明山的自然风光，加之其深厚的文化底蕴，阳明山一样具有了灵性和性格。有人间的性格、有文化的性格、有教育的性格、有大众的性格、有慈悲的性格、有喜乐的性格、有融合的性格。如果要一言以蔽之，笔者以为这性格就是"阳和"：是一种温暖的祥和之气，是让人心灵得以休栖的和谐之境，是有容乃大的圆融之性。

四　"和"文化的培育与"和"文化的创意

所幸今日，阳明山的管理者在无意间接近了它的性格。阳明山"和"文化旅游节已一连举行七届。2006 年的"和谐社会与和美家庭"，2007 年的"世界因和而美"，2009 年的"绿色双牌、和美阳明"，2010 年的"和美阳明，魅力永州"，2011 年的"两岸阳明山，杜鹃传真情"，2012 年的"两岸阳明山，和美一家亲"，2013 年的"生态阳明山，和美两岸情"。虽然在创意上没有打开视野，但还是接近了阳明山的性格。至少是抓住了阳明山"和"的特点。

未来阳明山"和"文化的创意关键是打开视野，不同流俗，有自己的特色，有自己的唯一，以及别人不能复制的品牌优势。

那么，阳明山的文化创意该从何入手呢？笔者不揣浅陋，认为应从如下几个方面进行。

一是提炼并抓住阳明山的"性格"，阳明山是一座自然之山，也是一座"万和之山"，其自然景色中蕴含文化，文化中透视出自然的天地灵气，是"锦绣潇湘"内在心脏的一个独特之点——因为锦绣就是色彩鲜艳、质地精美的丝织品，比喻事物的美好，本身便隐含了人文的内涵，而潇湘便是自然的象征。阳明山本身便是天人合一的产物。

二是不要刻意挖掘台湾阳明山与永州阳明山的所谓历史渊源或是新编没有来由的"民间故事"。"和合"一个重要的方面就是机缘，也就是佛教所谓的缘起论。在某个时候因为台湾有一个阳明山，永州也有一

---

① 《星云法师、佛光山的性格》，《法音》1989 年第 2 期。

个阳明山，就是因为名字相同，二者结缘了，成为兄弟山了。而且一年又一年在培育"和美"的文化，国台办高层来了，台湾国民党高层也来了，大家在逐渐认同这样的"和"，这就够了，不要再找其他的理由了。十年二十年，一百年后它的渊源就有了，它的历史、它的文化也就有积淀了。正如台湾佛光山一样，它原本是一座荒山，但机缘来了：星云大法师 1967 年开山到今年也就是 46 年，你看它已成为台湾地区最大的佛教道场，成为"人间佛教"的圣地。星云法师 2013 年 11 月 7 日去了一次广东佛山，他说："中国寺庙、佛像很多，以佛命名的，只有佛山。"所以他来了而且一定要来，这就是机缘。

三是要用特色"和"文化资源构建特色文化生态旅游区。没有特色和个性就没有差异化竞争优势，就会缺乏发展的驱动力、持续力。它的特色在哪里，如果九嶷山是一座道德之山，阳明山就是"和美"之山，天地人和，天地之和，人际之和，身心灵与肉之和，可以分门别类建设不同的"和"的生态功能公园。要将创意设计与阳明山的生态资源自然结合、无缝结合，造成虽由人工却宛如天开的效果，同时也要接地气，要促进传统文化资源与现代文化资源融合。阳明山正在培育的"和"文化本身便是一种融合，今后还可以进一步加大不同文化资源的共生共融。

四是不仅要培育文化，也要培育市场品牌。"和"文化如何细化，"和"文化品牌如何推广，很值得研究，"和"文化节办了七届，但还只是流传于小圈子里，也就是说其大众品格还没有被充分发掘。除了政府行为推广，更要通过品牌传播转换成为大众的口碑传播。这就必须使品牌有特色、特别、特殊之性，才能积聚人才、人气、人缘。品牌传播推广应有这么三个阶段，首先通过广告或品牌推广活动召唤人气，进而让人们慕名而来，最后让人感到"就是人们想去的地方"，让人有一种心的归属感、心的栖息感。正如中央小城镇会议所指出的那样："要传承文化，发展有历史记忆、地域特色、民族特点的美丽。""要依托现有山水脉络等独特风光，让城市融入大自然，让居民望得见山、看得见水、记得住乡愁。"

五是把握好"乡土开发"与"乡土保持"的平衡之道，将文化生态旅游由浮光掠影升华为深度的文化旅游。作为城市周边的名山，能利用自然环境、人文景观和民风民俗来吸引游客，也可通过城乡合作的方式将原先只能在城市中才能欣赏的各种活动引入乡村民居，让远离城市的游客依然可以与城市文化元素"亲密接触"，还能将本土文化和传统艺术形式与现代化科技手段结合。它不仅可以提高文化生态旅游的吸引力，还能有效保护本土文化资源，如历史遗迹、民俗活动、传统手工品等。

（作者系湖南科技学院教授）

永州阳明山的旅游领头雁作用

潘剑锋

比较优势，一般是经济领域的一个范畴，是指一个国家或地区发展某种产业或生产某种产品与其他国家或地区相比所拥有的相对优势，它以要素禀赋为特征，是形成区域优势的基础条件。发挥比较优势对构建地区优势产业体系、促进产业结构优化、实现地区经济的快速发展具有重要的现实意义。从要素禀赋来看，永州的旅游资源十分丰富，融"奇、绝、险、秀"与美丽传说于一体，汇自然情趣与历史文化于一身，具有得天独厚的优势。而永州阳明山与台湾阳明山同名同姓、同根同脉、同文同源的"三同"效应，海内外绝无仅有，因而在永州旅游中应发挥牵引力或领头雁的作用。本文试图通过对永州比较优势的分析，就发展永州阳明山旅游品牌，充分发挥旅游领头雁的作用谈点粗浅认识。

一　永州发展旅游业的理论依据和优势分析

根据比较优势原理，一个地区的发展优势是相比较而存在的，即使经济发展落后地区也有自身的比较优势。这一原理为我们制定正确的产业政策、构建合理的产业布局、选择科学的发展战略提供了理论依据。在这一原理的指导下，一个相对落后的地区要实现经济起飞，首先要确定产业发展的主导方向，重点发展那些具有相对优势的产业，以此积蓄力量，实现产业结构的优化升级，逐步由"冰冻地带"步入"阳光地带"。黄南藏族自治州人民政府副秘书长谢忠兴在研究中认为，在我国，通过发挥比较优势实现经济腾飞的地区不乏其例。浙江就是利用丰富而廉价的劳动力资源，在扩散效应的作用下，发展具有地域特色的块状经济，形成了地区产业的比较优势。以"珠三角"为例，"珠三角"并没有计划经济条件下大规模建设工业化的历史，但它却在 20 世纪八九十年代几乎垄断了中国的日用消费品生产，成为工业化水平最高的地区，其成功的经验在于充分发挥本地区紧临海岸、交通便利等相对优势，发展了适合本地区技术经济条件的加工贸易型工业部门，利用国际分工实现了地区工业化。海南省则是利用其独特的地理环境和区位优势发展生态农业和旅游业，实现了经济与生态双赢的目标，从而由一个相对落后的地区发展成为相对发达的地区。由此可见，一个地区特别是落后地区在构建产业优势的过程中，必须首先认清本地区的要素禀赋，使本地区所拥有的资源、劳动力、区位等优势尽快转化为经济优势，争取在一个或几个产业部门取得突破，以此带动相关产业的发展，提升地区经济实力，逐步实现由低梯度地带向次发达地带的过渡。

那么，从要素禀赋情况来看，永州的比较优势在哪里呢？永州，现辖九县两区。总面积 2.24 万平方公里，人口 560 多万，由于受自然环境、资源、市场、资金、技术等因素的制约，"高投入、低产出，高消耗、低效益，高产值、低技术"的问题比较突出，在全省经济发展梯度中处在较低的层次上，第一、二产业很难在短期内形成自身的比较优势。

那么，在第一、二产业制约因素较多的情况下，永州发展以旅游业为主的第三产业是否具有比较优势呢？这需要对永州旅游资源及相关要素进行综合分析。首先，从旅游资源赋存情况看，永州有形成优势产业的潜力和条件，根据新浪永州旅游资源概况的概说，主要表现在以下几方面：

一是旅游资源富集。旅游资源十大类型中永州就有八大类。即自然旅游资源类、地文景观类、生物景观类、人文旅游资源类、历史文物古迹类、民族文化及其载体类、宗教文化资源类、城乡风貌类等。

二是旅游资源品位高。世界稻作农业之源、中国陶瓷工业之源、中华文明道德之源。永州山水融"奇、绝、险、秀"与美丽传说于一体，汇自然情趣与历史文化于一身。共有旅游资源 8 类 56 种类型 313 处景观，其中自然旅游资源 4 类 21 种类型 150 处景观，人文旅游资源 3 类 35 种类型 163 处景观。古陵、庙、楼、阁、塔、桥、古碑、石刻等历史文化古迹 2700 多处，其中国家级重点文物保护单位 8 处，省级文物保护单位 76 处。永州现有国家 4A 级旅游区 2 家、国家 3A 级旅游区 10 家、国家级农业旅游示范点 1 处、省级农业旅游示范点 4 处、国家级历史文化名村 2 处，现保存完好的古村落 80 多处。

三是民族风情独特。永州是瑶族祖居地之一，现有瑶族人口 55 万人，占全国瑶族总人口的 21%、全省的 74%，江华瑶族自治县是全国最大的瑶族自治县，有"神州瑶都"之称。永州的瑶族同胞至今还保持着具有本民族特色的传统文化和风俗习惯，风情古朴，令人神往。住竹木吊脚楼，饮瓜箪酒，喝泡茶，吃"盘王"腊肉（曾多次被国宴采用）、荷叶蒸米粉肉，穿大胸襟镶花边五彩服，睡八宝被；婚俗崇尚自由结合，主要婚姻形式是上门招赘（即招郎），婚事由女家操办，"坐歌堂"通宵达旦；每逢节日及婚丧喜庆活动，唱瑶歌、舞长鼓，极具浓郁奇特的瑶家风情。还有瑶家淳朴的民风，古香的习俗，热闹非凡的"敬鸟节"、妙趣横生的阿妹"斗牛节"、欢娱的"尝新节"。此外，流传数百年之久的地方戏剧——祁剧、祁阳小调、零陵花鼓，也有驰名湘桂的东安民间武术和永州工笔画，等等，都是极富特色的民俗旅游资源。

四是文化积淀深厚。永州是湘江、潇水的发源地，潇、湘二水贯穿全境。境内山清水秀、林深景幽。宋代著名文学家陆游说："挥毫当得江山助，不到潇湘岂有诗"，秀丽的山水孕育了众多的杰出人才。生于永州或长期生活在永州的重要人物，古有著名思想家、文学家柳宗元，杰出文学家元结，理学开山鼻祖周敦颐，大书法家怀素和何绍基；近有李达、李启汉、何宝珍、陶铸、江华、唐生智等著名人物。杰出的人才创造了繁荣的文化。唐代著名文学家柳宗元的《永州八记》、《捕蛇者说》，宋代哲学家周敦颐的《太极图说》、《爱莲说》，无产阶级革命家陶铸的《松树的风格》，代代相传，影响深远。专家们研究考证后，确立了永州历史文化"三源"之说。第一是湖湘文化的源头之一。长沙岳麓书院有一副对联："吾道南来，原是濂溪一脉；大江东去，无非湘水余波。"形象地揭示了永州与湖湘文化的深厚渊源。舜帝德化万民、选贤任能，周敦颐"出淤泥而不染"的高风亮节，柳宗元深刻的惜民爱民思想，与以经世致用为主要特征的湖湘文化一脉相承，成为湖湘文化的重要组成部分。第二是中华民族传统道德文明的源头之一。《史记》载："天下明德，皆自虞舜始"，中华民族道德文明始于舜帝而源于永州。从舜帝的"只为苍生不为身"到耕读传家、邻里和睦的千年古村上甘棠，再到柳宗元的民本思想、周敦颐高洁自爱，最后到心底无私天地宽的陶铸，历经数千年，延绵不绝。第三是世界稻作文化和中国制陶工艺的源头之一。在道县的玉蟾岩出土了一万二千年前的人工栽培稻谷化石和原始陶器碎片，是目前世界上已知年代最早的，比黄河流域的同类出土文物至少早五千年至七千年。湖南省社会科学院炎帝舜帝文化课题组公布了最新研究成果：中华民族的历史不是"上下五千年"而是一万年，甚至一万多年；其源头不在传统所说的黄河和中原地带，而是在湖南省永州地区。此外，永州还是瑶族发祥地、女书发明地和理学发源地。江永的千家峒是瑶族的发祥地，每年都有成千上万的海内外瑶胞来这里寻根祭祖。被称为千古之谜的江永女书是世界上唯一只在妇女中使用流传的文字，2006 年被列入国家非物质文化遗产名录。周敦颐以一篇《太极图说》奠定了他中国理学开山鼻祖的历史地位，中国理学文化从这里流播全国，影响后世。

　　五是自然景观秀美。永州"山青、水秀、洞奇、石美"，自然景观天造地设，是观光旅游、休闲度假的胜地。全境地处五岭山脉之都庞、萌渚、越城三岭之中，拥有九嶷山、阳明山、舜皇山、千家峒、金洞等五个国家级森林公园以及源口等四处国家级自然保护区，一处全国农业旅游示范点。森林旅游资源丰富，动植物种类繁多，森林覆盖率达59%，是生态环境保护良好、全国少有的一方天然绿色"净土"；境内的五岭山脉及所属各大高峰，集"雄、奇、险、秀、幽、神"于一体，秀如"三山"，奇如"五岳"；有万峰绝顶，连亘数百里，"五岭逶迤腾细浪"的雄奇壮观；有近若桂林山水的喀斯特地貌，峰林叠翠，群峰挺立，酷似桂林风光；宁远下关至九嶷的灌溪峰林，江水县城至桃川长达数十里的峰林长廊，山水相映，类似漓江山水；还有奇岩异洞 80 余个，洞内洞外景观不亚于七星、芦笛，且"别有一方洞天"；更有潇水、湘江，四季丰盈，晶莹碧透，两岸群峰况秀，青峦选翠，茂林修竹，奇岩幽洞，洞深泉鸣。加之双牌、涔天河等 18 座大中型水库，像颗颗碧玉明珠镶嵌在崇山峻岭之中，交织成"锦绣潇湘"长轴画卷，神奇壮丽。伟大领袖毛泽东的著名诗句"九嶷山上白云飞，帝子乘风下翠微"，使"天下万山朝九嶷"的九嶷山舜帝陵声名远播。佛宗七祖秀峰大师的坐化地阳明山，拥有"万亩天然杜鹃"，被载入世界吉尼斯纪录，有"天下第一杜鹃红"之美誉。被古代诗人赞誉为"天设湖南第一峰，宛然金字列晴空"的舜皇山，更是全国仅有的以中华始祖"舜皇"命名的天下名山。

六是地方特产丰富。永州属中亚热带常绿阔叶林区，系湖南动植物资源富集之地。全市有维管束植物 2712 种，占全省的 68%，占全国的 10%，其中被列入国家保护的珍贵树种达 46 种。属可开发利用的资源植物达 1760 种，仅药用植物就多达 1000 余种，其中珍贵药材拳头产品有天麻、杜仲、黄连、厚朴、罗汉果、当归、党参等 20 余种。全市有野生动物 1000 余种，其中被列入国家保护的珍稀动物有华南虎、黄腹角雉等 38 种；有水产动物 186 种，其中稀有珍贵鱼类有中华鲟、大鲵、竹鱼等，珍贵水产兽类有华东水獭（俗名水貂）。可说是物华天宝，得天独厚。永州的农业比较发达，名优特产很多，是国家确定的农业开发重点地区之一，是湖南的粮食、油料、烤烟、水果、甘蔗生产基地和全国发展杉木林、楠竹、柑橘、油茶的最佳期地带；全市已形成了以杉、松、竹、柑橘、香柚、油茶、油桐、茶叶烤烟、松脂等为主的名优商品基地。同时还盛产香米、香蕉芋、香菇、香姜、猕猴桃、罗汉果、红瓜子、红衣葱、道州灰鹅、江华苦茶、蓝山金柑、东安白果、永州薄荷、双牌竹根鼠、东安花猪、湘南黄牛、零陵麻鸭、九嶷斑竹、祁阳草席等农副土特产品，风格各异，驰名中外。江华"涛白"烤烟是生产熊猫牌香烟和出口的国宝烟叶。东安鸡、宁远血鸭、江华十八酿等特色菜肴，永州异蛇酒等地方特产，名扬天下。众多的名、优、特、新工农业产品和丰富的动植物资源，为旅游商品的开发和生产奠定了坚实的基础。

综合上述分析，永州具有发展旅游业相对优越的资源和区位优势。如果永州能够对所拥有的旅游资源的相对优势进行科学合理的开发和利用，使资源优势转化为经济优势，进而带动旅馆业、餐饮业、商贸业、客运业等相关产业的发展，就能够在旅游产业的扩张中不断提升全市总体产业水平，逐步实现从目前所处的全省发展梯度较低的贫困地带向全省次发达地带迈进。

二　永州发展旅游业的对策建议

旅游业作为一个新兴的综合性产业，正朝着全球化、大众化、知识化、产业化方向发展。面对新的形势和新的发展机遇，要把永州的旅游产业做大做强，就必须发挥永州旅游资源富集的比较优势，紧紧把握旅游业的基本特征，理清发展思路，找准产业定位，整合旅游资源，塑造知名品牌，强化开发措施，实现永州旅游业的快速发展。

（一）理清发展思路。制定一套切合实际的发展思路对永州发展旅游产业具有重要意义。今后一个时期，永州应充分发挥临近广东广西、通黔入川的区位优势，按照"南依桂林，北望南岳"的大旅游发展战略，统筹规划，突出特色，加大对旅游资源的整合力度，加强与省内外旅游区的联合协作，努力开发跨区域的旅游精品线路，实现资源共享与优势互补，促进旅游产业的总体扩张。在具体工作中，要坚持开发与保护并重的原则，充分发挥市场配置资源的基础性作用，最大限度地激发社会投资的积极性和市场主体的活力，加快旅游基础设施建设，挖掘旅游景点内涵，丰富旅游项目内容，完善景区配套功能，构建完善的旅游市场体系，推进旅游产品深度开发，打造特色优势品牌，增强旅游产业的联动效应，把旅游业培育成为全市重要的特色产业和新兴的支柱产业。

（二）找准旅游定位。旅游定位就是在准确把握本地区旅游资源现状和发展方向的基础上，确定出一个时期本地区旅游业发展的战略目标。近年来，特别是二广高速及湘桂高铁即将开通，会给永州的旅游业提供极好的发展机遇。在这一新的形势下，永州的旅游业要赢得机遇，在全省的旅游市场中站稳脚跟、求得发展，就要找准自己在旅游市场中的定位。依据比较优势理论，永州应以"人无我有，人有我优"的独特旅游资源做底牌，实施整体化集群式发展战略，通过制定完善旅游业政策措施，大张旗鼓地宣传造势和提供良好的旅游服务，提高永州景区的知名度、吸引力和市场占据力，争取用5—10年时间把永州景区发展成为长沙的南花园，并将永州打造成继张家界之后的湖南第二大旅游群区。

前面说，永州旅游资源富集，旅游资源十大类型中永州就有八大类。即自然旅游资源类、地文景观类、生物景观类、人文旅游资源类、历史文物古迹类、民族文化及其载体类、宗教文化资源类、城乡风貌类等。按照比较优势理论，我们打出永州是中国旅游资源最富集之地的旗号，这就是永州旅游的名片和特色，这一定能吸引人的。宋代诗人欧阳修说："画图曾识零陵郡，今日方知画不如。"历史文化悠久、山川风光秀美、民俗风情浓郁、地方特产丰富的永州，游山玩水互补，自然人文辉映，可以满足各类游客的多种旅游需求。

（三）打造特色知名品牌。旅游资源的相对优势并不等于旅游产业的竞争优势，旅游产业的竞争优势是动态的、变化的、发展的。一个地区要增强旅游业的市场竞争优势就必须通过对旅游资源的整合，着力塑造具有地方特色的知名品牌，形成旅游产业发展优势。根据永州旅游资源禀赋特点，借鉴外地经验，可将现有的旅游资源采取无偿划拨或有偿转让等方式交由具备资格的法人进行统筹规划、开发和经营，从而提高旅游资源开发利用的整体效能。在品牌的塑造上，建议永州旅游应确立"政府主导，科学规划，市场运作，集群发展"的旅游发展战略，走出一条"区域整合、优势互补、共塑品牌"的集群式发展之路，形成独特的"永州文化旅游现象"。因此，根据永州旅游资源的地域布置和打造特色品牌的要求，特构架"三层圈"旅游图，推出"一大两小"四个品牌，即以阳明山国家森林公园为大品牌，统揽全市旅游文化，精心打造，重点推介，使之广为流传，深入人心。同时辅之以零陵古城和九嶷山国家森林公园两个小品牌，以大带小，以小促大，推动永州旅游业全面发展。

根据永州旅游资源的地域分布和打造特色品牌的要求，特构架"三层圈"旅游图，即：

核心圈：以湖南省永州市双牌阳明山为核心圈，以"和山"为形象主题打造旅游景点；

延伸圈：以阳明山为核心，向外延伸，至双牌县、零陵区、冷水滩为延伸圈，以"古城"（零陵古城）为形象主题开展对台交流；

辐射圈：以阳明山为核心，向外辐射，至永州市全境为辐射圈，以"文海"为形象主题全面开展对台交流（包括舜文化、瑶文化、理学文化等）。

三　如何发挥阳明山国家森林公园旅游领头雁的作用

第一，打造阳明山生态旅游品牌。当代人的旅游需求价值导向倾向于生态。随着中国社会经济的发展和建设美丽中国的驱动，特别是环境污染的严重，人们对旅游需求价值倾向发生变化，将生态旅游作为一个十分重要的选择。

生态旅游作为一种天人合一的游憩方式，作为可持续发展战略在旅游行业的实现，作为旅游业的一种思维革命，正日益受到各国生态学界和旅游业界的重视而逐渐风行于世界各地。据世界旅游组织估算：生态旅游已占整个旅游业市场份额的30%；澳大利亚生态旅游年产值达1亿澳元；日本每年有20%—40%的游客出国从事生态旅游；不少非工业国家的生态旅游已成为其经济发展战略的组成部分，如卢旺达的大猩猩观赏、肯尼亚的野生动物观赏……哥斯达黎加的生态旅游外汇收入超过了传统的香蕉收入；坦桑尼亚的超过了咖啡；印度的超过了纺织和珠宝。据世界旅游组织预测：2015年，中国将成为世界上第一大旅游接待国、第四大旅游客源国，生态旅游面临极其可观的发展机遇。

阳明山具有优异的生态价值优势。阳明山自身文化底蕴厚重。阳明山佛文化源远流长，"和"文化古朴厚重，是一座和美之山、文化之山。"和"字中包含了"以和为贵"、"和谐共生"以及"和而不同"

的精神，这相辅相成的"三和精神"，孕育了当今中国和平发展的基本战略理念和"以和平发展为主题"的两岸关系大思路。阳明山是国内罕见的生态宝库，拥有国家一、二级保护动植物 101 种，境内森林覆盖率达 98%，原始次生林分布数万亩，华南最大的华东黄杉和红豆杉群落分布其中；境内年均气温 14.2℃，空气清新无比，平均负氧离子含量达 66800 个/cm^3，其中小黄江源达到 166800 个/cm^3。园内至今保存着成片的原始次生林群落，有华东黄杉、南方铁杉、红豆杉、水杉等国家一、二、三级保护植物 40 余种，全国罕见；药用植物 700 余种，珍贵药材主要有黄麻、杜仲、厚朴、黄柏等。此外，阳明山还有一级保护动物云豹、红腹锦鸡等，有穿山甲等国家二级保护动物 16 种，银星竹鼠等国家三级保护动物 61 种。公园还包括面积 1000hm^2 的自然保护区，科考价值极高。优势的生态环境、丰富的物种多样性，为阳明山海峡两岸交流基地的旅游开发提供了良好的自然资源依托。自然旅游资源和人文旅游资源的完美组合构成了阳明山最大的发展优势，这些资源不仅具有极大的欣赏价值，还具有重要的研究价值。

　　第二，独特的资源同名优势。山同名。永州阳明山和台湾阳明山同名同姓，两山同为森林公园，同为旅游胜地，均拥有较高的知名度，天生就是一朵连接海峡两岸的并蒂莲，相互映衬宣传。多年来，两岸阳明山名字同登各类报刊网络，互进大陆民众和台湾同胞的视野，产生了"1+1 > 2"的倍加效应，达到了任何广告都达不到的独特宣传效应。

　　阳明山万寿寺是湘桂粤知名佛教圣地，明嘉庆皇帝曾赐御联"明山千古仰，活佛万家朝"，至今有百万信徒。2000 年，蒋介石的侍从林楚南先生向万寿寺赠送《大藏金刚经》一部，2011 年台湾高僧道愿长老还代表台湾佛教界向万寿寺赠送舍利子。两岸阳明山拥有的独特同名效应，造就了两岸阳明山交流交往的庞大群体，为两地两山开展多样性、持续性、广泛性的交流提供了保证。

　　第三，快捷的区位交通优势。湖南阳明山地处湘南，毗邻两广，东接苍梧九嶷，南近桂林山水，西邻永州古城，北望南岳衡山，与国际旅游城市桂林仅相距 170 公里，与南岳衡山仅相距 160 公里。永连公路横贯旅游区，乘车到零陵古城和永州行政中心冷水滩区仅有 30km 路程，距二广高速及洛（阳）湛（江）铁路距离最远在 35km 之内，到永州机场只要 30 分钟，至长沙的行程约 3h。更重要的是阳明山接壤经济发达、客源市场广阔的广东省，阳明山至广州行程 4h，至泛珠江三角洲区域内的其他大中城市均可朝发夕至。就空间位置而言，湖南阳明山正处于永州旅游线路的中心地带，是永州旅游圈的轴心和坐标，是广东游客进入湖南和大西南的重要通道，这无疑为阳明山的客源提供了巨大的市场保证。

为此，永州应对现有的旅游品牌进行系统整合，将目前相对独立的民间艺术、风土人情、宗教文化、名胜古迹等旅游资源统一纳入到永州文化这个大品牌之下，统一策划，统一包装，统一宣传口径，统一营销策略，使全市上下形成协调一致的营销合力，努力构建永州文化品牌社会基础，提高永州文化品牌的影响力。而永州阳明山与台湾阳明山山同名、人同脉、文同源，因为有缘而相会，因"和"而结合。因此，我们可以以"台湾阳明山太远，永州阳明山更奇"为宣传理念，发挥其在永州旅游领头雁的作用，打造永州旅游的名片。近年来，两岸阳明山立足"三同"效应，已经开展了多样、持续、广泛的交流合作，架起了海峡两岸民众交往的重要桥梁，因此我们期待永州阳明山发挥更大旅游牵引力的作用。

（作者系湖南科技学院教授）

灵山秀水 和美阳明

邹礼春

巍峨的阳明山位于潇水之东，双牌县境内，与零陵、祁阳、常宁、宁远、新田等县（区）接壤，是五岭山脉最具特色的山系之一，其主峰海拔为 1624.6 米，为湘南最高峰。站在主峰山巅，"遥望苍梧九疑、衡岳、潇湘，凡数百里山川皆历历在脚跟眼底，其雄秀之气磅礴浑沦，虽三茅九华殆无以逾此"。这里，山高谷深，怪石嶙峋，姿态万千，高插云表，集神秘、原始、奇险于一身，犹如一道天然屏障横亘在湘南与湘中之间；这里，云天雾海、流泉飞瀑、溪流纵横、森林茂密、冬暖夏凉，宛如人间仙境，使人流连忘返。无怪乎，古往今来，不少文人墨客用"万岭绕重重，阳明第一峰"、"万丈危峰插紫霄，天门断处架仙桥"、"双峰秀插碧云端，万仞岩晓小众峦"等诗句来赞叹它的神奇、峻峭和美丽，来描述它的"古、奇、灵、秀"。

一　阳明山的厚重文化

阳明山是一座文化之山，其厚重的人文底蕴是历史长期积淀的必然结果。历代文人墨客在这座山上留下了他们的身影。唐宋时代的文学家柳宗元、欧阳修、吕温，明代尚书陈荐、地理学家徐霞客等历史名人在此留下了无数墨宝和览胜足迹，其中以柳宗元的《游黄溪记》最为人知。公元 813 年五月，柳宗元来到阳明山的大黄江源尽情游览，回到住所愚溪后，写下千古名著《游黄溪记》，篇首有这样一段对黄溪山水赞美："北之晋，西适幽，东极吴，南至楚、越之交，其间名山水而州者，以百数，永最善。环永之治百里，北至于浯溪，西至于湘之源，南至于泷泉，东至于东屯，其间名山水而村者，以百数，黄溪最善。"

"南朝四百八十寺，多少楼台烟雨中"，大凡中国的名山都与佛教或者道教连在一起，阳明山也不例外。阳明山佛教文化源远流长，素有"灵山福地"之称，是湘南的佛教圣地。汉代以后，这里就有寺庙庵堂建筑，有和尚尼姑修行，更有善男信女膜拜。白云寺、万寿寺、歇马庵、祖爷庵正是当时留下的旧迹。据清光绪年间重刊的《阳明山·祖爷岩志》记载："永（州）有阳明山之白云寺，乃前朝东汉建立也……有十八真人烧丹炼汞，飞身腾空，地址尚存。"据传，东汉时这里已经建起了寺院白云寺，寺中住持是东汉献帝刘协（189—220）特派的智安和尚。明代，阳明山隶属永州府宁远县，正德年间（1510），武宗皇帝的三女儿秀灵公主为逃婚，同时为寻求不老仙方，来到阳明山昭禅寺"尽驱寺僧，歇马建庵"。从此，阳明山成了湘南一带著名的佛教文化之山。到清朝末年，阳明山最大的寺庙阳明山寺，即现在的万寿寺，其建筑面积已达 2000 多平方米，分上中下三大殿，两侧还建有 8 栋大客房，以供香客食宿。

数十年来，在当地老百姓中一直盛传着蒋介石曾到阳明山拜佛问卦的故事。那是在抗日战争胜利后的 1946 年，一次，国民党在南岳召开高级会议，会议之后蒋介石闻听阳明山的七祖佛爷很灵验，于是，就秘密上了阳明山拜佛抽签，所抽签上说"胜在川，败走湾"，蒋介石当时不解。三年后，蒋介石败退到台湾，他再细细琢磨在阳明山那个签语，顿时恍然大悟。于是，他把台湾的草山改为阳明山。当然，当时蒋介石为什么将台湾的草山改名为阳明山，是为了纪念他在阳明山拜佛问卦的灵验，还是因为他崇拜儒家大师王阳明，抑或别的什么意思，我们不得而知。但 2002 年，台湾辗转送来了一套"中华大藏经"，这的确是事实！后来，林丰正、张荣恭等多名台湾政要也先后到阳明山祭拜。

阳明山还是一座有着革命传统的山。历史记载，1934 年 7 月 23 日，党中央、中央军委给红六军团及湘赣军区发出训令："中央书记处及军委决定，六军团离开现在的湘赣苏区转移到湖南中部去发展扩大游击战争，及创立新的苏区。"电报还就向湘南发展的路线、地域和行动作了具体部署："第一步应转移到独立四团行动的桂东地域，在转移中要迅速脱离敌人，以便到桂东的游击区域，高度迅速地发展游击战争和推广游击区域。""第二步应转移在新田、祁阳、零陵地域，去发展游击战争和创立苏区的根据地。"8月，红六军团9700余人在党中央代表任弼时和军团长萧克、政委王震的率领下进入阳明山地区。8月24日，任弼时、萧克、王震致电朱德总司令："潇水满河，渡湘水亦十分困难。我们意见，六军团在祁（阳）、零（陵）、新（田）、常（宁）、宁（远）地域之间的阳明山区及其附近地域为游击区，拟以阳明山为根据地……"25日，红六军团人马全部到达阳明山腹地，并在当地老百姓的指引和帮助下，经大黄江源左侧，穿过崎岖羊肠小道，经祖师岩、歇马庵，直取白果市，捣毁了阳明山区公所，活捉了特别区区长。红六军团凭着阳明山的天险和红军的英勇善战，多次击溃国民党部队的进攻，并开始在此做建立新的根据地的准备工作。后来，通过调查，发现阳明山虽人口稀少，地方偏远，有利于建立根据地，但由于周边地区贫穷落后，人口太少，且田地不多，特别是这里为汉、瑶民杂居，刀耕火种，靠红薯、玉米维持生计，群众基础较差，不便筹粮筹款，后勤供给无法跟上。另外，这时候湘系军阀和桂系军阀的10余个正规和地方保安师、团，已对阳明山形成了重重包围之势，进攻次数越来越多。在敌强我弱的情况下，阳明山已不是建立新的根据地的最佳选择。于是，红六军团当机立断，迅速绕过敌防区，回师往宁远方向进发，经新田、宁远、道县，折向西到蓝山，接着渡过潇水，进入了广西全州。

红军在阳明山停留的时间虽然短暂，但与老百姓结下了深深的鱼水之情。红军将士唤起民众"打土豪，分田地"，起来闹革命和英勇善战、奋勇杀敌的事迹，永远印在了阳明山人民心中，至今仍在阳明山及周边地区广为传颂。

二　阳明山的独秀风光

阳明山的神奇峻秀，《宁远县志》早有记载："阳明山，名山也。荒蟠百里，云峦，烟岫玲滢，霜紫雨青，浓妍淡韵，绝顶秀峰……"清朝的《阳明山志》也曾有记载："木石幽异，紫气腾空，地则银沙铺布，岭势虎踞虬蟠……"

行走在阳明山，常常呈现出一派"人在云中走，雾在脚底飞"的绝妙美景。晴天，丝丝白云在山顶停留；阴雨天，大雾笼罩有如蓬莱仙岛；雨后初晴的早晨，千山万谷淹没在茫茫雾海里，只有几个数得清的山头慢悠悠浮移在雾海上，朝霞撒下万道金光，大雾才羞答答恋恋不舍地袅袅而去；雨后阳光明媚，那一丝丝、一片片、一缕缕白云有的挂在树梢，有的停在山腰，有的沉在谷底，就像一只只白帆回到了港湾般的宁静。山上是小气候，晴云雾雨，瞬息万变，当云雾起处，朗朗晴空转眼就被浓浓蒙蒙的白茫茫的大雾遮盖得严严实实，数步之遥人形难辨，刹那间却又是雾腾霭涌如万马奔腾，日光刺破雾霭，顿时千山万水层林尽染，把整个阳明山打扮、衬托得如天堂仙境一般妙不可言。

在这似锦花海之中，最出名的当然要数高山杜鹃了。阳明山的杜鹃，花瓣大，多为重瓣，颜色为红色、紫色、白色，堪称中国南方一绝；阳明山的杜鹃，无峰不有，无谷不见，或夹杂绿树灌木之中，或点缀青草溪涧之侧，或恣意铺陈坡谷之间。特别是围绕阳明山主峰，有一片上万公顷的杜鹃花海。从阳明山顶到主峰的望佛台，山岭相连，一片清一色的天然生长的杜鹃花树，有几里路长，平日里，它是一片似让人修剪了的绿篱，而每年的 5 月初前后，这里便成了一片花的海洋，五彩纷呈，千姿百态。那红色的、紫色的、白色的杜鹃花儿，一朵朵、一丛丛、一团团，漫山遍岭，映红了天，照红了地。蜂儿在花丛中尽情欢歌，蝴蝶在花丛中翩翩起舞，小鸟儿在花丛中轻轻吟唱……

阳明山山体高大，山形秀美。境内有大小山峰 161 座，素享"北有庐山，南有阳明"之美誉。阳明山石怪峰奇，姿态万千，具有颇高的观赏价值，其中一天门、二天门、望母来等处，是上佳的赏石景点。

从入口处溯溪而上，众多的怪石，或卧，或立，点缀于路边水中，有的青苔遍生，有的平滑如镜……

阳明山水景观丰富多彩。境内溪流纵横，流泉飞瀑众多，有130多条大小溪流，40余口高山泉眼，30多处流泉飞瀑，还有湖泊、深潭数处。最有名的要数大黄江源瀑布群，水从山谷飞出成瀑，下跌成潭，瀑分7级，一瀑一潭接一瀑一潭，每瀑落差30多米，被誉为天下第一瀑。另外，还有五凼、龙潭、银蛇潭、小黄江源瀑布、猛虎跳涧等奇特景观。对此，《宁远县志》云："歇马庵，其下为龙潭，俗呼海口，水从潭底喷出，如瀑布，或遇大潮，则汪洋浩瀚，可溉田万亩，潭深不可测，沉石绫缦，百丈莫穷。"《阳明山志》也曾记载："龙潭宽止四尺，怪石嵌空，状若瓮口，上有细泉流注，大水常从潭底喷出。"潭湖两岸，森林茂盛，鸟啼婉转，溪涧蜿蜒，奇花异草，倒映水面，与溪中嬉戏的小鱼动静结合，相映成趣。山得水而活，水因山更幽，发源于阳明山的溪流空间对比强烈，节奏明显，溪流遇坑成潭，遇梯下跌，或纵身飞成一条瀑布，如蛟似练，吼声如雷，其景观之壮丽，令人叹为观止，真正是赏水的好去处。

三　阳明山的多样生态

阳明山地处中亚热带季风湿润气候区，气候垂直变化大，优势突出，小气候十分宜人，平均负氧离子66800个/cm^3，小黄江源更是高达166800个/cm^3。年均气温14.2℃，冬暖夏凉，能与庐山、承德、青岛三大避暑胜地媲美，堪称湘桂边境"热洲"上的"凉岛"，是人们避暑消夏的理想去处。

阳明山是华南、华东、华中三大植物区系的交汇点，森林覆盖率达98%以上，珍稀物种繁多，是湘南难得的物种基因库。阳明山上有成片上万亩的原始次森林群落、1.6万多亩的原始华东黄杉群落、2万多亩的原始南方红豆杉群落，另外，还有南方铁杉、水杉等国家一、二、三级保护植物40余种，全国罕见。特别是袈裟岭那一山300多亩面积的茂密古林，无论乔木还是灌木，都如巨刀横劈了一般平平坦坦，枝繁叶茂，翠绿喜人。山腰是南竹林海，一棵棵翠竹高大粗壮节稀，相传是"八仙"中铁拐李的一群羊变的，地方上有"竹筒当水桶，笋壳当蓑衣"之说。20世纪70年代中期，曾3次在北京的农展馆和广州交易会上展出，令世人叹为观止，被誉为"毛竹之圣"，其做出来的筷子不但经久耐用，而且"通气"，堪称世上一绝。阳明山还是一个天然的中草药宝库，药用植物达700余种，珍贵药材主要有黄麻、杜仲、厚朴、黄柏等。此外，阳明山还有国家一、二级保护动物云豹、红腹锦鸡、穿山甲等16种，银星竹鼠等国家三级保护动物61种，科考价值极高。2002年中南林学院（今中南林业科技大学）专家在阳明山又发现了44种在湖南罕见的植物树种和几种双牌特有树种。

　　阳明山之"阳"字象征着天地之"和"，阳明山之"明"为"日"与"月"之组合，象征了阳刚与阴柔之"和"。基于此，在建设"两型社会"的大战略下，阳明山的建设者们以山顶天然形成的巨大"和"字为基础，以两岸"和"为主题，以"和"文化节为载体，在阳明山上建起了世界第一个"和"字展馆，收藏了包括联合国原秘书长安南等知名人士亲自题写的"和"字1万多个，并拟铸造中华万"和"大鼎，建设中华第一个"和"文化主题公园，打造出独具魅力的"和"文化品牌，成为阳明山一道新的亮丽的风景线。

　　建设"两型社会"，发展生态文明，为阳明山的科学发展带来了千载难逢的机遇。建设和发展阳明山，生态文明是基本坐标，也是立山之本。缺少生态文明的价值理念和价值追求，阳明山厚重的人文底蕴和独特的旅游文化就会黯然失色，既失去了它的美丽，也没有了它的灵性。基于这一认识，近年来，永州市和双牌县坚持大视野抓规划定位，大手笔抓建设改造，大力度抓提升转型，通过"筑巢引凤"、"腾笼换鸟"，强力推进生态文明建设，全力打造这颗最有湘南特色的"绿色明珠"，努力推动资源优势、自然优势向经济优势和旅游文化优势转变，真正把阳明山建设成湘粤桂结合部集历史文化体验、休闲度假为一体的区域性文化旅游体验区和高端休闲度假目的地，力争在"十二五"期间打造成湖南省十大精品旅游区。

　　　　　　　　　　　　　　　　　（作者系双牌阳明山管理局局长）

附　录

永州阳明山文化研讨会综述

周　欣

　　"永州阳明山文化研讨会"于 2013 年 12 月 18—20 日在湖南永州召开。来自海内外专家学者 50 余人齐聚永州，对"阳明山的得名及其儒释道的关系"、"秀峰禅师及其交往"及"阳明山的文化开发"等议题，展开了广泛而深入的研讨与交流。

　　研讨会开幕式在湖南科技学院举行，本次研讨会主要分领导发言、主题报告、自由发言三部分。会议由湖南省舜文化基地首席专家、湖南科技学院副院级督导陈仲庚教授主持。开幕式上，校长陈弘教授首先代表湖南科技学院致辞。中共永州市双牌县委书记苏小康先生介绍了阳明山的文化内涵与旅游发展状况。中国佛教协会副会长圣辉大和尚以"阳明山文化挖掘"为主题，指出阳明山最大的资源在于保护性的开拓，保护山水秀丽、人文深厚、生态和美、历史悠久的自然特色，体现"神奇、神秘、神圣"的文化根脉，这是今后阳明山文化研究与旅游开发的最大课题。永州市委常委、宣传部长石艳萍讲话，指出阳明山文化是永州文化乃至湖湘文化的重要组成部分，两岸的阳明山已经成为两岸经济与文化的交流平台，研究阳明山文化是永州文化强市的重要举措，对传承中华文化的精髓有着重要意义，有利于促进永州与台湾的经济、文化合作。出席本次研讨会的市县领导还有：永州市社会科学联合会、市委宣传部蒋三立部长，中共永州市委统战部周生来副部长，永州市双牌县政协唐彦主席、蒋建辉副主席，永州市双牌县委办公室秦小国主任，永州日报社蒋剑翔总编。

　　会上，湖南省社会科学院党组成员、副厅级纪检员、湖南省湘学研

究院常务副院长刘云波教授，湖南省社会科学院哲学研究所万里研究
员，中国传媒大学文学院杜寒风教授，韩国国际大学孙兴彻教授，中南
大学公共管理学院刘立夫教授，湖南师范大学公共管理学院徐仪明教授
分别作了主题报告，湖南省湘学研究院办公室主任向志柱研究员参加了
会议。

本次研讨会出席人员主要为从事历史文献研究、中国古代哲学、佛
教道教研究的学者，分别来自韩国国际大学、中国传媒大学、湖南省社
会科学院、中南大学、湖南大学、湖南师范大学、长沙理工大学和湖南
女子学院等高等院校及研究机构。会议共收到论文 20 余篇，成果丰硕，
基本解决了有关阳明山文化创始的历史和文献问题，拓展了永州地域文
化的研究。

一

关于阳明山的来历，以及阳明山最早得名时间，阳明山与阳和山有
何联系，阳明山的命名与王阳明是否有关联，与儒、释、道的关系如何
等诸多问题，学术界此前尚未有过深度探讨。本次会议收到"阳明山
的得名及其儒释道的关系"相关论文 6 篇，是关于阳明山文化最为前
沿的讨论，对阳明山的历史渊源挖掘式的梳理，搭建了阳明山文化研究
的新平台。

湖南省社会科学院哲学研究所万里研究员的文章《从"阳明"语
义看阳明山之得名及其与王阳明的关系》，首先概括了以"阳明"名山
的三处山脉：（1）位于浙江东北部绍兴（古名会稽）地区之诸暨市枫
桥镇乐山村东北部与绍兴县交界处的会稽山，又名秦望山，该山被称为
道教第十洞的"阳明洞天"，一名"极玄大元之天"，得名于宋代之前，
洞天的具体位置在秦望山山后禹庙之西南，世称"古禹穴越之胜境
也"，为"群仙所栖"的"仙圣天人都会之所"。（2）位于湖南省西南
部永州市郊区、双牌县东北隅的阳明山，得名于明代嘉靖年间。（3）
位于台湾北端之台北市近郊、纱帽山之东北、磺溪上源谷中，原名
"草山"，1950 年，蒋介石为纪念明代学者王阳明，将该山区改名为阳

明山。进而从文献学的角度，对《子夏易传》、《周易口诀义》、《御纂周易述义》、《尚书要义》等文献中"阳明"语义内涵进行考释，重点讨论了探讨阳明山（洞天）与王阳明先生的关系："王阳明在贬谪龙场驿时途经永州，也有可能与南渭王府之人，包括菊坡在内有所接触……作为一座被视为修真证道之处所胜境的永州阳明山之得名，当与王阳明自号为'阳明子'一样，与道教之'阳明洞天'及儒家之'阳明境域'有关；换言之，阳明山应该是一座被认为阳明清气所弥漫之山，在此山悟真修道，可'以阳明之气塞吾其体也'。"

　　与万里先生文章相衔接，长沙理工大学刘范弟教授的文章《秀峰、蒋鳌、菊坡、南渭王与阳明山》指出：清代以前方志文献中未见对永州阳明山的记载，"阳和山"一词最早出现在洪武《永州府志》："阳和山，在城东北八十里，接道州界，乃王真人修炼之所。"这与"零陵之阳和山"位置不同，换言之，从弘治初年到嘉靖三十一年约六十年间，阳和山一"山"而二处。文章通过考证方志文献中对永州阳和山以及阳和山改名阳明山的记载，指出"明代弘治年间开始，阳和山就已从零陵、宁远交界处'搬到'了零陵东南近郊"。"在嘉靖以后的方志中，就仅有阳和山在零陵县东南近郊的记载了，这说明阳和山已结束了一山而二处的历史，阳明山已最终取代了阳和山的位置。"文章进而围绕文献方志中蒋鳌道士、菊坡王孙、南渭王与阳明山的关联，推论阳明山的最终得名，即南渭王所谥秀峰禅师肉身的坐化所在之山。两篇文章都为考证阳明山的命名，一篇讨论阳明山与王阳明的关系，一篇从地域的角度探讨，可谓相得益彰。

　　湖南科技学院张京华教授的文章《阳明山与朱彦滨》，以朝阳岩的二处石刻——《歌朝阳嵓用元次山韵》诗刻和《聚胜》榜书，推测第三代南渭王朱彦滨，字菊坡，别号"阳和道人"，并可能与阳明山又名阳和山相关。这一研究，完善了阳明山文献资料的文物，印证了南渭王孙朱彦滨与秀峰禅师的交友，是考证秀峰禅师肉身舍利藏于永州阳明山的新的依据。

　　湖南科技学院副教授朱雪芳博士的文章《阳明山"朝阳甫出"与王阳明"仁与万物为一体"内涵联系》认为：阳明山得名一是源于

《永州府志》："朝阳甫出，而山已明者，阳明山也。"二是有秀峰禅师
建庵于阳明山。"朝阳甫出"象征天地之德，生生不息的生道内涵，这
与王阳明"仁与万物为一体"一致，阳明山的无言"默示"天道的博
厚高明与王阳明的敏悟"默志"人道的高尚品格遥相呼应。

　　湖南省社会科学院历史研究所王安中博士的文章《阳明山与禅宗》
认为：（1）阳明山有禅脉，"阳明山的秀峰禅师，师从的是临济宗一
脉"，"从悟道方式上看，秀峰禅师与禅宗有着高度一致性。禅宗讲究
顿悟，秀峰禅师在参禅过程中同样有几次顿悟"，"从弘法的方式看，
秀峰禅师在继承前人的基础上有所创新"。（2）阳明山有禅缘，秀峰禅
师曾说："我生佛事因缘在此"，历代佛教高僧不乏在此参禅悟道。（3）
阳明山有禅意，"阳明山明代造寺，号曰万寿。旁有甘泉，凛齿芬颊，
日供千人，曾无涸竭。铺地细沙，皎如银倾，曦光激射，耀眼生花。信
证果之灵山，安禅胜境矣！"由此，揭示出阳明山与禅宗的渊源所在。

　　湖南女子学院副教授余强军博士的文章《道教南宗与永州阳明山》
指出："湖南一直是道教内丹学南宗的学术重镇。""元初道士李道纯开
创了道教内丹学中派法系，认为三家圣人只书一个'中'字示人，中
是儒释道三家之共同根本，三家融通就在这个中字。""今永州阳明山，
虽然此山非彼会稽阳明山，若以湖湘李道纯之启发王阳明'中和说'
的内在精神契合而言，此山更胜。"从而体现了阳明山发展中对儒释道
的融合。

二

　　会议收到"秀峰禅师及其交往"论文5篇，主要对秀峰禅师的行
止、肉身舍利的价值、所食"苦菜"及其交友等的研究。

　　中国传媒大学文学院教授、宗教与文化传播研究所所长杜寒风博士
的文章《阳明山秀峰禅师行止述评》，通过对秀峰禅师"悟道成佛"、
"曹溪礼六祖慧能"、"以身度世"等行止加以述评，指出南渭王谥秀峰
禅师为"七祖"，"六祖"与"七祖"一样，七祖的遗迹应成为礼佛的
一大圣地。

湖南省社会科学院宗教文化研究中心陈靖华副研究员的文章《阳明山秀峰禅师全身舍利发凡》，以僧人的舍利及其供奉崇拜为线索，探讨秀峰禅师坐化并以全身舍利驻世而被崇为"活佛"，并指出秀峰禅师肉身能成佛，是因为"阳明山的秀峰禅师或许也是一位'能洗心行法，使尘不相缘，根无所偶，返流全一，六用不行，昼夜中中流入，与如来法流水接，则自其肉身便可成佛'的智慧者"。

湖南省社会科学院哲学研究所副研究员张利文博士的文章《佛教肉身制度略论——从阳明山秀峰禅师临终偈说开去》，秀峰禅师是近代佛教史上留下全身舍利且在民间影响较大的一位明末禅师，秀峰禅师临终前留下的一偈："寄迹人间三十余，度生之愿尚未毕。留得色身登祖位，也将黄叶止儿啼。"这一临终偈表明了禅师对禅的开悟以及对肉身（色身）的正确态度。文章以此偈为引子，上溯佛教肉身制度的源流史，探索此一制度与原始佛教、中国道教、儒教之间相互影响的关系，指出如同《涅槃经》所谓"黄叶止啼"表达的是佛教中言教权变的思想。

湖南师范大学公共管理学院徐仪明教授的文章《阳明山秀峰禅师所食"苦菜"考》，在研究《神农本草经》、《桐君药录》、《唐本草》等文献的基础上，考证秀峰禅师所食"苦菜"，确认该苦菜即是茶，并指出："秀峰禅师在阳明山中仅靠茶叶维持生命达三四年之久，除了说明茶叶确有疗饥、益气力等功效之外，同时也证明了秀峰禅师所具有的苦修精神非同寻常，这种却谷之术也非任何人都能够做到的，食茶叶饮山泉的史实，充分说明秀峰禅师的确是一位得道高僧，后人给予其'七祖'的称号恰如其分，实至名归。"这一研究，不仅证明禅与茶之间的关系的确密切，即"禅茶一味"，而且促进了阳明山旅游文化产业的开发。

湖南省社会科学院哲学研究所副研究员周建刚的博士文章《分裂的世界：明代零陵名士蒋湘崖事略考》，在秀峰禅师创建道场、涅槃坐化、崇为"七祖"的过程中，零陵名士蒋湘崖（蒋鏊）起过很大的作用。蒋湘崖的生平事迹散见于明清时期的永州地方志，以及相关的明人文集、刊本中。文章以《隆庆永州府志》、《康熙永州府志》、《道光永州府志》、《康熙零陵县志》、《光绪零陵县志》为基本史料，考证蒋湘崖的传记资料、生平、交游等相关事迹，为阳明山文化研究提供了史料依据。

<h1 style="text-align:center">三</h1>

阳明山文化资源应怎样开发？如何形成文化品牌？特别是对"阳明山海峡两岸交流基地"的申报，"阳明山的文化开发"的 7 篇论文，有较强的借鉴和推动作用。

中南大学公共管理学院刘立夫教授的文章《永州阳明山佛教文化品牌如何打造》从文化研究的角度指出"佛教是阳明山的灵魂"，秀峰禅师的肉身舍利是阳明山最大的亮点，可以与六祖慧能媲美，"万寿寺"寓意为金刚不坏身。对于打造阳明山佛教文化品牌：（1）成立阳明山生态文化开发领导小组，全方位负责阳明山自然、人文资源的开发。（2）设立阳明山文化研究基地或中心，作为阳明山自然、人文资源开发的智库。（3）扩大对阳明山佛教文化的宣传力度，继续寻找秀峰禅师的真身舍利。文章对阳明山文化品牌的开发，提出了非常好的建议，极大地丰富和提升了阳明山旅游文化的价值。

湖南科技学院杨金砖编审的文章《阳明山文化底蕴初探》，就阳明山文化底蕴作了较为详细的概述，是探讨阳明山文化的核心范畴：（1）阳明山是一座风光旖旎的画山。（2）阳明山是一座光照红尘的秀山。阳明之名的由来，不仅仅源自"日出而明"，更有淡泊坚定而心底洞明的禅定之意。（3）阳明山是一座宗教向往的神山，元代王真人修炼之所以为道家所崇，后又因明嘉靖年间秀峰禅师涅槃于此，肉身不腐，获"临济正派"之称与禅宗"七祖"之誉，遂成为佛家名胜。（4）阳明山是一座儒家底蕴的圣山，阳明山以"和"文化为核心，"它以'和'的博大胸怀接纳着北面而来的中原文化的劲风与南面而来的海洋文明的骤雨，又以'和'的似水柔情滋养着本土文化的生长"。（5）阳明山更是一座沟通两岸的名山，蒋介石退守台湾，将台北草山更名为阳明山，阳明山成为海峡两岸交流的重要通道和平台。

湖南大学岳麓书院陈力祥教授的文章《论湖南永州阳明山文化彰显的四个基本维度》，认为永州阳明山文化彰显有四个基本维度：对阳明山上自然物加工形成的有形物而彰显其物态文化；因释道二教教徒遵守教规而彰显制度文化；因善男信女对佛道二教笃信而彰显阳明山之行为文化；因人之宗教情怀而彰显阳明山之心态文化。这四个维度是阳明山独具特色的文化名片。

湖南科技学院陈仲庚教授的文章《阳明山文化精髓：和合三教为一体》指出：和合文化是中国文化的精髓，在世俗生活领域和宗教生活领域均发挥了核心价值的作用。阳明山集中地体现了中国文化的精髓：儒、道、佛的三教合一——阳明山以道教闻名于天下，嘉靖年间秀峰禅师留下肉身舍利成为崇佛圣地，后又因王阳明"以阳明之气塞吾其体也"改名阳明山。因此，阳明山和合文化可从三个方面进行打造：道教与养生文化；佛教与养心文化；儒教与养民文化。文章对阳明山的"和合文化"作了系统的考辨，对阳明山和文化的打造，具有重要意义。

湖南科技学院潘雁飞教授的文章《"和"的历史底蕴与"和"的现代张力——论阳明山"和"文化的培育与创意》，在探讨"和"的历史渊源、"和"与儒释道的基础上，指出阳明山"浸润了儒释道'和'的精神，'和'的风骨"。如何培育阳明山"和"文化？一是提炼并抓住阳明山的"性格"——阳明山是一座自然之山，也是一座"万和之山"。二是不要刻意挖掘台湾阳明山与永州阳明山的所谓历史渊源或是新编没有来由的"民间故事"。三是要用特色"和"文化资源构建特色文化生态旅游区。四是不仅要培育文化，也要培育市场品牌。五是把握好"乡土开发"与"乡土保持"的平衡之道，将文化生态旅游由浮光掠影升华为深度的文化旅游。

湖南科技学院潘剑锋教授的文章《永州阳明山的旅游领头雁作用》，在永州发展旅游业的理论依据和优势分析基础上，重点讨论了以阳明山国家森林公园为大品牌的旅游发展建议：（1）打造阳明山生态旅游品牌，将自然旅游资源和人文旅游资源完美组合。（2）独特的资源同名优势，永州阳明山和台湾阳明山同名同姓，两山同为森林公园，同为旅游胜地，均拥有较高的知名度，天生就是一朵连接海峡两岸的并蒂莲，相互为映衬宣传。（3）快捷的区位交通优势，以"台湾阳明山太远，永州阳明山更奇"为宣传理念，发挥其在永州旅游领头雁的作用，打造永州旅游的名片。

双牌阳明山管理局邹礼春局长的文章《灵山秀水　和美阳明》认为：（1）"阳明山历史悠久，文化底蕴厚重，这不仅可以从许多神奇的传说体现出来，也可以从历代文人墨客的笔下得到浓墨重彩的展示，更可以从历史记载中找到准确无疑的答案。"（2）"阳明山山奇、水奇、景奇，自然风光一枝独秀。远眺群山竞秀，山波汹涌，峰如笋簇；近望峰回路转，层峦叠翠，绿林连连。纵目峰头三楚尽，潇湘秀色收眼底。"（3）"阳明山生态资源丰富，集自然美、生态美、和谐美于一身。建设'两型社会'，发展生态文明是阳明山立山之本，也是阳明山大发展大繁荣的根本路径和目标。"这是对阳明山总体的介绍，实际上也是阳明山未来发展的总概括。

（作者系湖南科技学院濂溪研究所讲师）

中外学者专家来我校参加阳明山文化研讨会

研讨会现场

本网讯（记者 张从瑜 实习记者 牛泽宇）12 月 19 日上午，来自韩国以及我国内地 50 多位专家学者齐聚我校参加由我校和双牌县委、县人民政府主办的"中国永州阳明山文化研讨会"。研讨会在我校综合信息楼八楼会议室召开，我校多名学术研究代表也出席了会议。会议由我校工会主席陈仲庚教授主持。

我校校长陈弘教授代表我校对莅临我校的专家学者表示欢迎和感谢。他说，"中国永州阳明山文化研讨会"是我校以永州历史文化为切入点，加强地方经济发展、社会服务的一次积极的探索和尝试，他衷心祝愿此次研讨会成功举办。他希望通过此次研讨会加强彼此学术交流，友好往来，并诚挚邀请各界专家学者常来我校交流指导。

中共永州市委常委、宣传部部长石艳萍，中国佛教协会副会长圣辉，中共永州市双牌县委书记苏小康从不同侧面就阳明山文化旅游的优势、阳明山的自然特色以及阳明山文化等问题深入探讨。

湖南省社会科学院党组成员、副厅级纪检员、湘学研究院常务副院长刘云波教授，湖南省社会科学院哲学研究所、宗教文化研究中心所长万里教授，中国传媒大学文学院宗教学与文化传播研究所所长杜寒风教授，韩国国际大学孙兴彻教授，中南大学公共管理学院博士生导师刘立夫教授，湖南师范大学博士生导师徐仪明教授分别围绕"阳明山文化与湘学文化之间的联系"、"从'阳明'语义看阳明山之得名及其与王阳明的关系"、"阳明山秀峰禅师行止述评"、"潇湘八景和韩国文学简介"、"阳明山秀峰禅师所食'苦菜'考"等依次作了主题发言。

在自由发言环节中，校工会主席陈仲庚教授、校学报主编张京华教授、中南大学哲学系陈力祥教授、湖南女子学院余强军博士、长沙理工大学刘范弟教授、阳明山森林公园管理委员会管理主任邹礼春、永州市双牌县委办公室主任秦小国、广西师大研究生侯永慧（原我校中文系学生）等纷纷就"阳明山文化"展开作了自由发言。

会后，参会专家学者将前往阳明山进行实地考察研究。

中国永州阳明山文化研讨会在
零陵古城召开

　　"明山千古仰，活佛万家朝。"12 月 19 日，由湖南科技学院和中共双牌县委、双牌县人民政府主办的"中国永州阳明山文化研讨会"在零陵古城召开。中国佛教协会副会长圣辉，永州市委常委、宣传部长石艳萍，湖南省社会科学院党组成员、副厅级纪检员刘云波，湖南省社会科学院哲学研究所所长、宗教文化研究中心主任万里，中国传媒大学文学院宗教学与文化传播研究所所长杜寒风，韩国国际大学教授孙兴彻，湖南科技学院院长陈弘出席并讲话。

　　圣辉在会上建议阳明山的旅游规划一定要有前瞻性、超越性，一定要保持它现有的原生态，加大宣传力度，让全世界人民知道它的神秘、神奇与神圣，都来爱护它、向往它、朝拜它，由此凸显出自身的核心价值观。石艳萍在会上讲了三点意见：首先，阳明山既有自然的大美，又有文化的内涵，阳明山文化是永州文化乃至湖湘文化的重要组成部分之一。如今两岸的阳明山已经成为两岸经济与文化的交流平台，所以说阳明山文化值得研究和挖掘；其次，研究阳明山文化是永州文化强市的重要举措之一，对于承中华文化的精髓有着重要意义，有利于促进永州与台湾的经济、文化合作；最后，我们既要研究阳明山丰富的文化内涵，又要搭建好交流平台，为繁荣永州的文化建设，促进永州的经济发展多作贡献。

　　本次研讨会共邀请国内外专家学者 50 余人，收到学术论文 23 篇。中南大学博士生导师、教授刘立夫，教授陈力祥，湖南师大博士生导师、教授徐仪明，长沙理工大学教授刘范弟，湖南省社会科学院研究员、博士向志柱，湖南女子学院副教授、博士后余强军，湖南省社科院副研究员、博士周建刚、张利文、王安中以及湖南科技学院教授陈仲庚、张京华等人在会上纷纷发言，对阳明山的文化建设献计献策。

阳明山已成为海峡两岸经济文化交流平台

　　永州日报讯（记者 孙存准）12月19日上午，阳明山文化研讨会在湖南科技学院举行。市委常委、宣传部长石艳萍出席并讲话。中国佛教协会副会长圣辉，省社会科学院党组成员、副厅级纪检员刘云波等来自省内外专家50多人出席了研讨会。

　　石艳萍在会上说，阳明山文化是永州文化乃至湖湘文化的重要组成部分，海峡两岸的阳明山已成为两岸经济文化交流的平台，研究阳明山文化是永州文化强市的重要举措，对传承中华文化的精髓、促进永州与台湾的经济文化合作有着重要意义。要认真研究和挖掘阳明山文化的丰厚内涵，积极搭建交流平台，切实为繁荣永州文化、促进全市经济社会发展做贡献。

　　会上，与会专家踊跃发言，畅谈了各自对阳明山文化的研究成果，并就如何开发、发展阳明山文化旅游献计献策。